U0806334

所有问题，七步解决

解决复杂问题的简单方法

BULLETPROOF PROBLEM SOLVING

The One Skill That Changes Everything

[美]查尔斯·康恩（Charles Conn）
[澳]罗伯特·麦克林（Robert Mclean） / 著
杨清波 译

中信出版集团 | 北京

图书在版编目（CIP）数据

所有问题，七步解决 / (美) 查尔斯 · 康恩, (澳) 罗伯特 · 麦克林著 ; 杨清波译. -- 北京 : 中信出版社, 2021.1（2026.1 重印）

书名原文: Bulletproof Problem Solving : The One Skill That Changes Everything

ISBN 978-7-5217-1790-7

Ⅰ. ①所… Ⅱ. ①查… ②罗… ③杨… Ⅲ. ①企业管理—研究 Ⅳ. ①F272

中国版本图书馆CIP数据核字(2020)第069375号

BULLETPROOF PROBLEM SOLVING: The One Skill That Changes Everything
By Charles Conn and Robert Mclean；ISBN: 9781119553021
Copyright ©2018 by Charles Conn and Robert Mclean
All Rights Reserved. This translation published under license. Authorized translation from the English language edition, published by John Wiley &Sons . No part of this book may be reproduced in any form without the written permission of the original copyrights holder.
Copies of this book sold without a Wiley sticker on the cover are unauthorized and illegal.
Simplified Chinese translation Copyright ©2021 by CITIC Press Corporation.
All Rights Reserved.
本书仅限中国大陆地区发行销售

所有问题，七步解决

著　　者：[美] 查尔斯 · 康恩　[澳] 罗伯特 · 麦克林
译　　者：杨清波
出版发行：中信出版集团股份有限公司
　　　　　（北京市朝阳区东三环北路 27 号嘉铭中心　邮编　100020）
承 印 者：三河市中晟雅豪印务有限公司

开　　本：787mm × 1092mm　1/16　　　印　　张：21　　字　　数：260千字
版　　次：2021年1月第1版　　　　　　印　　次：2026年 1 月第 15 次印刷
京权图字：01-2020-0742
书　　号：ISBN 978-7-5217-1790-7
定　　价：88.00元

版权所有 · 侵权必究
如有印刷、装订问题，本公司负责调换。
服务热线：400-600-8099
投稿邮箱：author@citicpub.com

目 录

CONTENTS

序

在麦肯锡公司，如果你解决问题的能力被说成“滴水不漏”，那么这是对你的最高赞誉。现代咨询公司的成功运作需要诸多技巧和智慧，但究其根本，则是创造性地解决问题的能力。

近年来，随着经济与技术的快速发展变化，我们需要解决的问题日益增多、难度日益加大，人们逐渐意识到拥有缜密地解决问题的能力是多么重要。如今，某个国家可能会聘请我们帮助它解决公共卫生问题，以应对埃博拉病毒的再次暴发，也可能会聘请我们帮助它制订某一新型消费品的数字化营销策略。尽管可以利用的数据越来越多，但人们的思维门槛也随之提高了。因此，我们需要滴水不漏、思维缜密的人来解决问题。

无论从事什么行业，无论在企业、非营利机构还是在政府部门，你都无法预测即将出现的新问题及其应对之策，无法做到未雨绸缪。单纯依靠快速适应传统、面向行业的培训方法是不够的，成功驾驭这种变化的唯一方法是成为一个灵活的、有创造性的问题解决者。这就是为什么世界经济论坛将解决复杂问题的能力列为 21 世纪首屈一指的能力。全球所有的组织机构在招募人才时都将这种能力排在众能力之首。

或许令人惊讶的是，学校并没有教我们系统、全面地解决问题的方法，甚至很多商学院也没有开设此类课程。你可能会在根本原因分析或者当前流行的高效团队建设和设计思维中发现此类内容，但这些还远远不够。本书介绍了一套全新的解决问题的系统，这是麦肯锡公司多年来一直使用的方法，久经考验，屡试不爽。

查尔斯和罗伯特在本书中所演示的七步问题解决法浅显易懂，不需要特殊的数学才能——尽管两位作者在书中明确表示解决问题有时候可能需要复杂的分析技术，但也解释了这些技术往往比你想的更容易理解。这种七步问题解决法具有迭代性，非常灵活，可以帮助你快速找到粗略的答案，也可以让你慢慢微调存在细微差异的答案。它告诉我们如何克服决策中的偏见——近年来我们看到的此类偏见数不胜数。这种方法几乎适用于所有类型的问题，从个人生活决策，到商业与非营利性问题，再到社会面临的艰巨的政策挑战。

我长期坚持跑步，因而特别喜欢罗伯特对于是否要做膝关节手术的分析。同时，我对通俗易懂的分析方法印象深刻，因为它可以帮助选民思考自己对渔业和教育经费等领域复杂决策的反应。我十分喜欢阅读本书有关商业策略或提高盈利能力的案例。尽管当前存在一些非常棘手的社会和环境问题，但这种方法能为我们解决最棘手的挑战（包括应对气候变化和肥胖问题）提供思路。

恐怕没有人比查尔斯和罗伯特更合适撰写此类著作了。当年我们刚开始在多伦多担任顾问时，查尔斯就起草了麦肯锡公司关于解决问题的第一份报告“缜密解决问题的七个简单步骤”——这是自公司创立以来我们最需要掌握的职业发展文件之一。我认识罗伯特35年多了，一开始我们一起做了一个项目，帮助澳大利亚第一大公司首席执行官合理利用时间。在麦肯锡公司工作期间，罗伯特、查尔斯与其他同事合作，共同确立了我们今天仍在使用的发展战略层位法。二人离开公司之后，我很高兴能够看到他们作为企业家和非营利机构的变革者，继续运用他们解决问题的方法。近年来，我亲眼看见查尔斯将这种独特的思维方式带进罗德信托基金的战略发展和转型中。

解决问题的能力是21世纪的核心技能。幸运的是我们现在有了这部秘籍，它可以让所有的问题迎刃而解，并且所有人都可以效仿。

麦肯锡公司荣誉总裁

鲍达民

引言

21 世纪解决问题之道

对于商界和社会来说，解决问题的能力从没有像今天这样重要。人类面临的问题比以往任何时候都更艰巨，更复杂，更瞬息万变。随着科技与商业模式的飞速变化，我们之前接受的职业培训方法已经过时。学会如何厘清问题，创造性地将其分解为易于处理的不同部分，并有条不紊地解决问题，这已经成为 21 世纪职场人士的核心技能，也是跟上时代步伐的唯一方法。但是，在我们的学校、企业和组织机构中，教授解决问题的方法却越来越少，我们需要一种全新的方法。

我们先从下面这个定义入手：

> **解决问题**是指在**情况复杂、形势不明**、没有明确解决方案时进行决策。在决策过程中，为了得到满意的**结果**而付出努力是值得的。

我们都清楚，问题如果处理不当，就可能给企业、社会、人类健康以及环境带来严重后果，就会让我们付出高昂的代价。本书介绍的这种久经考验的系统方法任何人都能学会，只要他想提高自己解决问题的能力——无论是企业决策者还是非营利组织中的工作人员。本书提供的这套行之有效的方法是我们在麦肯锡公司学到并帮助其发展起来的。到目前为止，这种七步问题解决法一直在麦肯锡公司使用，还没有与外界广泛分享。个人、团队、公司高管、政府决策者以及社会创业者——任何一个面对复杂棘手问题的人，都可以使用这种方法。这种系统解决问题的方法能够帮助你找到称心的工作，提高工作效率，实现自我价值，甚至能够提升个人生活品质。这些说法可能有夸大之嫌，但我们清楚七步问题解决法确实有效。

解决问题的能力

当今时代重视创造性解决问题的能力，这是由商业和社会的原有秩序遭到大规模破坏引起的。互联网、机器学习能力以及生物科学技术的革命性发展对各个领域提出了新的挑战，进而催生了新型商业模式。商业行为以及应对社会与环境挑战的新规则正在形成。要想成功，就需要前所未有的解决复杂问题的技巧。如果你是一名面临无序竞争的产品经理，你需要制订制胜策略，掌控各种资源，从而赢得竞争。只有你的制胜策略能给出令人信服的理由，你又拥有足以支撑你的重要观点的分析，你才能获得资源。如果你是某个非营利组织的团队领导，面对的是长期处于劣势的群体，与该群体有关的新倡议层出不穷，而此时你希望得到董事会的支持，那么你必须阐明自己的变革之道，将问题与干预措施以及结果联系起来。

各个组织机构在试图灵活、高效地应对这个新世界时，扮演的就是解决问题的角色——致力于解决重要问题、分析根本原因、组织团队参与短期工作计划、分配任务、确定工作日程。纵观我们的职业发展过程，我们不难发现组织机构所看重的能力在不同时代发生的变化：从战略能力转变为执行能力，再转变为解决复杂问题的能力。

20 世纪 70 年代和 80 年代，组织机构强调的是战略能力，90 年代之后这种能力被执行能力取代，包括集中精力完成工作。这一点在拉姆·查兰与拉里·博思迪合著的《执行》以及一些有关企业流程再设计的书中都有体现。[①] 然而，强调执行能力是有先决条件的，即你的战略方向要正确，并且能够适应新的竞争，而这种竞争通常不会来自你所处的行业，所以你不能一味地想当然。

管理能力的发展

能力	战略能力	执行能力	解决复杂问题的能力
时期	1970—1989年	1990—2015年	2015年以来
挑战	竞争领域与方式	完成工作	高效、创造性地解决问题

① Larry Bossidy and Ram Charan, Execution: *The Discipline of Getting Things Done* (Random House, 2008) .

当今时代，组织机构重视的是解决问题的能力，因而我们预计，这将进一步激发人们培养团队解决复杂问题的能力和批判性思维的能力的兴趣，也就是《数学公司》一书作者所谓的“心智力量”。[①] 另一方面，机器学习和人工智能在处理快速变化的系统中的重要性日益增加。人们在解决问题时将越来越多地利用机器学习方面的进展来预测消费者行为、疾病、信用风险，以及其他复杂现象的模式，这些现象被称为“机器力量”。

为应对 21 世纪的挑战，心智力量和机器力量必须密切合作。机器学习把问题解决者从繁重的计算工作中解放出来，并增强了组织在应对外部挑战做出更快反应时所需的模式识别能力。要使这种伙伴关系发挥作用，21 世纪的组织机构需要能够迅速适应新环境、迅速学习新技能并自信地处理新问题的员工。世界经济论坛在其《未来工作》[②] 中把解决复杂问题的能力置于 2020 年十大职业技能之首，下页就是其列出的公司老板看重的重要技能。

很明显，增加的就业机会主要集中在非常规性、认知性领域，而不是常规性、手工性质的领域。非常规任务与认知能力的交叉点是解决复杂问题的核心。最近在《麦肯锡公司季度报告》中，一篇文章的作者提出这样一个观点：越来越多的职位要求员工具备更深入的专业知识、

① Josh Sullivan and Angela Zutavern, *The Mathematical Corporation: Where Machine Intelligence and Human Ingenuity Achieve the Impossible* (Public Affairs, 2017) .

② *Future of Jobs: Employment, Skills and Workforce Strategy for the Fourth Industrial Revolution* (World Economic Forum, 2016) .

2020年十大技能

1. 解决复杂问题的能力
2. 批判性思考问题的能力
3. 创造力
4. 人事管理能力
5. 团队合作能力
6. 情商
7. 判断与决策能力
8. 服务意识
9. 谈判能力
10. 认知能力

更独立的判断力和更好的解决问题的能力。[①] 我们已经看到，许多公司非常重视分析能力和解决问题的能力，将其定为员工招聘的基本标准。《纽约时报》评论员戴维·布鲁克斯进一步得出这一结论，他说："无论你是在自助餐厅还是在工厂的质检线工作，公司都只雇用那些能发现并解决问题的人。"[②]

---

① Boris Ewenstein, Bryan Hancock, and Asmus Komm, "Ahead of the Curve: The Future of Performance Management," *McKinsey Quarterly*, May 2016.

② David Brooks, "Everyone a Changemaker," *New York Times*, February 18, 2018.

教育方面的不足

既然创造性地解决问题的能力是21世纪的一种重要能力，那么学校方面是如何帮助学生培养这种能力的？在这方面学校做得远远不够。教育机构在编纂和传授最佳解决问题之道方面仍处于初期阶段。教育和技能主任兼经济合作与发展组织（OECD）秘书长特别顾问安德烈亚斯·施莱歇是这样解释培养学生解决问题能力的必要性的："简而言之，世界不再仅仅因为人们知道什么就奖励他们——因为谷歌知道一切，而是奖励他们能用他们知道的做些什么。在这一点上，解决问题的能力是核心所在，也就是参与认知过程、理解和解决问题的能力，其中解决问题的方法并不明显。"[①]

经济合作与发展组织国际学生评估项目（PISA）于2012年开始测试学生独立解决问题的能力，并于2015年在评估中增加了合作解决问题的能力的测试。早期测试的一个有趣发现是，教学生更好地解决问题涉及其他能力，学校仅仅教好阅读、数学和科学素养是不够的。创新能力、逻辑能力和推理能力是提高学生解决问题的能力的关键。这就是本书的内容。

学校面临的挑战是向社会证明它们的毕业生已经具备解决问题的能力，能够适应工作要求。评估大学学历是否能提高批判性思维能力

① Beno Csapo and Joachim Funke (eds.) , *The Nature of Problem Solving: Using Research to Inspire 21st Century Learning.* (OECD Publishing, 2017) .

的一种方法是大学学习评估 +（CLA+ 测试）。它是由非营利组织美国教育援助委员会（CAE）开发的一种方法。2017 年，《华尔街日报》报道，在 200 所采用这种测试方法的高校中，“大部分采用大学学习评估 + 的高校在批判性思维能力方面都取得了明显的进步”——尽管一些名校的新生和大四学生在成绩上没有太大的差别。[①]

大学提高学生批判性思维能力和解决问题的能力的有效方法很多，比如分析古典诗歌《贝奥武夫》、讲授逻辑结构、设置需要展示解决问题能力的实践小组项目等。我们从《华尔街日报》那篇文章以及大学教学实践中得到的信息概括起来就是：人们开始重视学生解决问题的能力，并且希望在学位课程中增加解决问题的能力的课程比重。但是，至今我们尚未看到有关这方面的一套通用的理论体系或方法。

七步问题解决法

本书的核心内容是创造性地解决问题的七步问题解决法，让我们先从下面这些关键问题开始。

1. 如何准确定义问题以符合决策者的需要？
2. 如何分解问题并提出可供探索的假设？

① Douglas Belkin, “Exclusive Test Data: Many Colleges Fail to Improve Critical-Thinking Skills,” *Wall Street Journal*, June 5, 2017.

3. 如何在该做和不该做的事情中分出轻重缓急？
4. 如何制订工作计划，分配分析任务？
5. 如何决定收集和分析事实来解决问题，同时避免认知偏见？
6. 如何综合分析结果，提出自己的见解？
7. 如何表达自己的见解，说服他人？

七个步骤

本书将带你认识这七个步骤，通过实例增加你的理解，进而让你掌握这种方法。我们介绍了多种分析问题的方法，以帮助你实现这些步

骤。这些方法包括灵活试探法、分析捷径、粗略计算以及一些更为复杂的方法，比如博弈论、回归分析和机器学习。同时，我们还介绍了如何在解决问题的过程中处理常见的认知偏见。

本书最后两章明确讨论了当不确定性很高且相互依赖或系统影响很大时我们该如何解决问题。我们坚信，即使是社会上那些所谓的“棘手问题”，也可以得到很好的解决，比如肥胖和环境恶化问题。此类问题比较棘手，问题起因纷繁复杂，受外部因素影响较大，需要人类改变自身的行为方式，并且有些解决方案可能会带来意想不到的后果。这些章节适合处理高级复杂问题的人阅读，但其中的案例非常有趣，任何对商界和社会需要解决的重大问题感兴趣的人都不妨拨冗一读。

高风险

问题解决好可能会挽救生命，可能会改变公司、非营利组织以及政府的命运。问题解决不好通常会让人付出高昂的代价，有时还会造成严重的后果，正如我们在挑战者号航天飞机事故中看到的那样。

挑战者号航天飞机

分析中的一个致命错误

1986 年 1 月 28 日，挑战者号航天飞机在执行第 10 次任务时，起飞后 73 秒在佛罗里达州的卡纳维拉尔角上空爆炸。这一结果对现场观看飞机起飞的宇航员家人、美国国家航空航天局的航空工程师、负责发射任务的工作人员以及美国航天项目自身来说，都是一场悲剧。而我们这些在电视上看见这一悲剧的全球观众，只能想象当时的恐怖场面。挑战者号航天飞机的爆炸是火箭推进器上面的一个O形环失效引起的——这个不起眼的橡胶环堵塞了热气排放。这个结论出自罗杰斯委员会和物理学家理查德·费曼给出的事故报告。

尽管人们对挑战者号航天飞机事故的研究已经过去了好多年，但它依然与本书的内容有关。这场事故并不像大多数人认为的那样仅仅因为一个失效的O形环，而是因为没能解决问题——关于这一点了解的人寥寥无几。O形环失效是由大自然引起的：航天飞机发射当天佛罗里达州气温骤降——之前的最低发射气温是53华氏度（11.6摄氏度），而当天发射时的气温是21华氏度（零下6.1摄氏度）。在这种低温条件下，橡胶O形环无法膨胀打开。

这一错误的起因在于，发射人员没有对航天飞机发射时O形环和气温之间的关系进行全面缜密的分析。只有对成功发射和失败发射的全部数据进行分析，我们才能弄清楚如此低温条件下发射航天飞机的风险。美国国家航空航天局认为失败的概率为十万分之一，费曼认为失败的概率可能接近百万分之一，而最近贝叶斯研究人员经过重新分析，认为在当时的气温条件下发射航天飞机失败的概率接近百分之百。我们将在第6章中详细讨论挑战者号航天飞机这一案例。

陷阱与常见错误

人们在介绍他们解决问题的方法时，我们注意到他们总是强调自己在某一方面做得非常出色。有人会自信地把自己定义问题的方法说成是“五位一体”（具体、可量化、可操作、有意义、有时限）；有人会强调自己在归纳和演绎逻辑方面的能力；有人会强调自己的工作计划分工明确、责任到人；有人会强调自己在收集信息、分析问题方面的能力；也有一些人会提到自己另一方面的能力，即能采用金字塔原则撰写令人信服的、体现管理思想的报告。但是，我们发现，极少有人说他们能面面俱到地做到所有这些内容，同时提出解决问题、克服偏见的方法。要想解决好问题，必须协调好所有步骤，这就是七步问题解决法的强大和独特之处。

尽管学校、商界以及非营利组织越来越重视解决问题的能力，但是我们发现，人们对于如何缜密地解决问题还是认识不清，意识不到陷阱，也会犯一些常见的错误。

1. 对问题阐述不清。对许多问题的阐述缺乏针对性，含混不清，没能围绕决策者的标准和条件进行表述，缺少问题解决后的行动指示，或者缺少解决问题的时限或需要达到的精确程度。在问题阐述不清的情况下急于分析问题无疑是在浪费客户的时间，是无法让客户满意的。
2. 妄下结论。人们往往根据经验或比较妄下结论（“我之前见过这种情况”），没有检验一下这种方法是否真的适合所要解决的问题。此类结论是由易得性偏见（仅仅依靠手头的事实）、锚定偏见（选择你已经看到的数值范围）或者确认性偏见（只看符合你偏见的数据）误导产生的。

3. 无法分解问题。我们很少看到有问题不经分解就能解决的。悉尼一个研究哮喘病的团队只有按照发病率和严重程度对哮喘进行分类，才能对该问题产生深刻的认识。悉尼西部地区的哮喘发病率只比北部地区高 10%，但是死亡率和住院率却高出 54%~65%。该团队熟悉将哮喘病与社会经济地位和森林覆盖率联系起来的研究。事实上，悉尼西部地区的社会经济地位很低，森林覆盖率大约是北部地区的一半，每日最大悬浮细颗粒物（PM2.5）数量比北部地区高出 50%。在发现分解问题的正确方法之后，该团队集中精力解决关键问题，最终提出一种创新方法，通过自然途径解决呼吸道健康问题，比如提高森林覆盖率以吸收悬浮微粒。

4. 忽视团队结构和规范。我们在麦肯锡公司以及其他组织机构中积累起来的团队解决问题的经验，充分证明了团队成员经历不同、观点迥异的重要性。团队成员应当思想开放，充满活力，彼此要既能竞争又能合作，通过团队努力减少各种偏见的影响。最近以预测为内容的著作强调了这一点。[①] 决策者把减少决策偏见列为提高绩效的首要目标。[②] 例如，本书作者之一罗伯特曾经为之服务的一家食品公司试图退出一项亏损业务。如果它在损失 1.25 亿美元的时候接受现实，退出该业务，损失也就到此为止了。但是，该公司一心想要追回账面损失（原始成本的一种衡量方法）。这种规避损失的做法——沉没成本偏见，导致它在几年后最终退出该业务时损失超过 5 亿美元！在拥有相似背景和传统等级制度的管理团队中，群体思维使得管理者很难清楚地看到真正的替代方案。这是商界普遍存在的一个问题。

5. 分析手段不完善。有些问题通过简单计算就可以解决，而有些问题需要时间和复杂的技巧。例如，有时候再多的回归分析也无法替代一个在现实生活中精心设计的实验，因为该实验允许控制变量，并对有效的反事实进行检验。有时候分析之所以失败，是因为团队缺乏合适的分析手段。我们经常看到对资产出价过高的情况，这是因为团队使用的是过去的收益倍数，而不是未来现金流的价值。我们有时也能看到对资产出价过低的情况，这是因为与金融期权类似的扩张期权和放弃期权没有得到

---

① Philip Tetlock and Dan Gardner, *Superforecasting: The Art and Science of Predic-tion*（Random House, 2015）.

② Tobias Baer, Sven Hellistag, and Hamid Samandari, "The Business Logic in Debi-asing," *McKinsey Latest Thinking*, May 2017.

明确的估值。本书第 8 章详细介绍了澳大利亚必和必拓能源公司（BHP）解决此类问题的方法。

6. 无法将结论与行动过程联系起来。以分析为导向的团队通常在分析完问题后会说“我们的任务完成了”，但不会考虑如何综合处理复杂的概念，并将其传达给不同的受众。例如，生态学家指出，自然景色和城市绿地有利于人类健康，但在为生态系统服务的技术语言中，这一信息常常是缺失的——也就是说，在阐述蜜蜂在授粉中的重要作用、树木在吸收悬浮微粒中的作用，或者集水区在提供饮用水方面的作用时，这一信息经常是缺失的。这一点在空气污染方面体现得尤为突出。空气污染与人类呼吸道健康有关，比如哮喘病和心血管疾病。[①] 在这种情况下，你如果能自圆其说，并设法阐述清楚行动过程，将其与人类健康联系起来，就一定能吸引观众并让他们付诸行动。

7. 把解决问题的过程视作一次性事物而不是反复性事物。极少有问题能够一次性得到彻底解决。我们讨论的问题通常比较复杂，需要反复进行假设、分析和归纳，每进行一次，你对问题的理解就会加深一次。我们给出一些例子，证明在理解问题的过程中有必要进行反复的假设、分析和归纳。

---

① *Planting Healthy Air*（The Nature Conservancy, 2016）.

本书重点内容

这是一本工具书。我们采用高度可视化的逻辑树方法，使用 90 多张图，详细研究分析了 30 个现实生活中的例子。这些事例来自我们的经验，我们与一群牛津大学的罗德学者一起研究了整整一夏天，涉及的问题五花八门，比如旧金山湾区合格护士的供应问题、澳大利亚一家矿业公司的资本投资决策问题、减少艾滋病在印度传播的问题、伦敦的空气污染和公共健康问题、智能家居行业的竞争问题，甚至包括应对环境变化的问题。有些例子的观点比较新颖，有些与常理相悖。这些案例背后的真实事件创造了数十亿美元的价值，拯救了数十万人的生命，改善了三文鱼等濒危物种的未来生存条件。

如果你想更好地解决问题，本书将告诉你如何只使用些许的整体结构分析能力和数学能力就能做到这一点。个人做出的决定往往会对自己的一生产生影响，比如职业选择、居住地选择、储蓄计划或手术的选择，而这些决定往往没有经过充分的考虑。这些都是我们在书中给你介绍的例子，以此说明结构化流程的价值，它们可以提高你对自己生活前景的预期。

解决问题的有关案例

作为公民，我们都希望更清楚地了解当前的各种问题，并能够贡献自己的力量解决问题。有人可能会说："这个问题对我来说太复杂、太政治化了，我无法提出自己的意见。”我们希望你能改变这种想法。当今世界几乎没有比气候变化、肥胖、减少传染病传播和保护物种更棘手的问题了。本书将告诉大家如何在当前的社会层面上解决这些问题。

个人

- 是否应当在屋顶安装太阳能电池板？
- 是否应当支持学校发行的公债？
- 选择在哪座城市生活？
- 居住地是否影响健康？
- 是否进行膝关节镜检查？
- 如何评价历史上有争议的人物？
- 我的积蓄够用吗？
- 应当选择从事什么职业？
- 在打网球时应当把球发到哪个位置？

组织机构

- 皮卡装备公司的定价问题
- 分析竞争对手——家得宝公司与赫欣格公司（Hechinger）
- 无人机救援/海上侦测鲨鱼：机器学习
- 机场运营能力
- 强生公司的发展战略
- 无人机公司的阶梯战略
- 是否应当在法庭上维护我们的知识产权？
- 矿山勘探中的偏见问题
- 利用机器学习预测睡眠呼吸暂停
- 利用机器学习规划公交线路
- 对医院心脏病发病风险进行分类
- 炼油厂战略沟通问题
- 美国艺电公司：A/B测试
- 解决组织机构中的众包问题
- 旧金山湾区合格护士的供应问题
- 如何进行长期资源投资？
- 市场份额损失的根本原因

公共政策

- 保护太平洋西北部的三文鱼
- 印度的艾滋病问题
- 如何应对气候变化？
- 肥胖问题能否得到解决？
- 挑战者号航天飞机事故
- 如何减少过度捕捞？

对于从事分析工作的大学生和研究生，我们希望这本书能成为你们的重要资源——这套全面的工具和方法能帮助你们更好地解决问题，你们也会反复用到这些工具和方法。对于管理者，我们将阐述如何评估你的竞争对手的表现，确定竞争的出发点和竞争方式，以及如何在纷繁复杂的环境中制订竞争策略。

我们的目标很简单：让读者在生活的各个方面都能更好地解决问题。你没必要非得获得研究生学历才能成为高效的问题解决者，但你确实需要充分的准备，你需要掌握解决问题的步骤，积累解决问题的案例，你需要通过反复尝试学会解决问题之道。诺贝尔经济学奖得主赫伯特·西蒙下面这句话充分体现了本书的核心内容："所谓解决问题，就是把问题呈现出来，从而使解决方案一目了然。"[①]

① Herbert Simon, *The Sciences of the Artificial* (MIT Press, 1968) .

第 1 章

学习解决问题的万全之策

七个步骤

20 世纪 80 年代，查尔斯在商学院上学时想要进一步了解当时正在崛起的日本企业，于是他给数十家日本公司写信，询问它们是否愿意接受他前去进行暑期实习，结果大多数公司根本没有回复。正当查尔斯觉得自己那个暑假可能没有地方实习时，他收到了主营照相机与打印机业务的佳能公司宇津美先生的回信，信中说佳能公司准备聘用查尔斯作为其第一个西方实习生，于是他立即乘飞机去了日本。

此次日本之行听起来是一次有趣的冒险，但同时也让他震撼不已。他被暂时安排到东京远郊区的生产计划部工作，住地却在佳能公司男员工宿舍，其间需要转 3 次火车，花费 90 分钟。查尔斯不会讲日语，也看不懂日语，因而分配给他的工作乍听起来几乎无法完成：建立工厂选址模型。查尔斯对此不抱任何希望——他怎么知道在哪里建工厂？这似乎应当是专家才能解决的问题。

但是在一名同事兼翻译的协助下，查尔斯开始采访这个团队，了解该团队在世界各地不同工厂选址决策方面的经验，逐渐发现了相关的选址模式。他明白了其中涉及的各种因素，包括当地政府的鼓励政策、当地的税率、工资水平、原料运输成本等，并最终弄清楚其中哪些因素更重要，哪些不重要。最后，查尔斯绘制出一份逻辑关系图，该图显示了变量、影响的方向或符号以及变量的权重。他利用以往工厂选址决策时的数据对模型进行测试，并与高级团队一起提高了模型的准确性。最后，这个小模型成为该部门在做出复杂的工厂选址决策时的核心工具。这一工具的意义在于，只需要一页纸你就能看明白此前淹没在文山会海中那复杂的权衡取舍，明确标准的逻辑，并为讨论变量的权重打开了大门。

这件事挽救了一次原本可能是极为糟糕的实习，更重要的是，它使查尔斯认识到相对简单的逻辑结构和方法在解决问题时的关键作用。这是本书的核心内容。

不同的人对解决问题有不同的看法。罗伯特问自己 7 岁的孙女在学校表现如何时，她回答说："爷爷，我非常善于解决问题。" 这无疑是最令他欣慰的话语。当然，他孙女说的实际上是在学校里做数学逻辑题。遗憾的是，学校很少会系统地教授那些解决问题的基础内容，也很少与日常生活中的问题结合起来。我们认为，解决问题意味着能对个人的生活、职场，以及政策领域中的复杂挑战做出更好的决策。

我们在书中介绍的解决问题的方法几乎能够解决所有类型的问题：从简单的线性问题，到错综复杂的棘手问题。本书采取一种简单而有效的方法来定义问题、分解问题，采用有效的分析工具分析问题的关键，然后综合所有的发现，阐明解决问题之道。虽然过程有开始也有结束，但我们还是鼓励大家把解决问题的过程看作一个循环的过程，而不是一个单向的直线过程。在每一阶段，我们都能提高自己对问题的认识，并能利用这些认识改进我们之前的解决方案。

这一章我们会从整体上概述解决问题的万全之策，向大家介绍后面章节将要详细阐述的解决问题的七个步骤。我们会演示如何利用逻辑关系图发现问题结构，关注解决问题的途径。我们提供了几个简单的案例帮助读者入门。后面的章节将介绍一些高级技巧，用于解决更复杂、更棘手的问题。

缜密解决问题的循环

缜密解决问题既是一个完整的过程，也是一个循环。这个周期可以依靠手中现有的信息在任何时间段内完成。一旦达到一个初步的结束点，你就可以重复这个过程，加深对问题的理解。

我们经常这样说："目前的方案是什么？"这意味着我们要求团队在项目进展过程中的任何时刻——而不仅仅是在项目结束时，都能条理清晰地总结我们对问题的深刻理解和解决方案的路径。这一创造积极假设的过程是本书的核心内容。它甚至可以帮助你面对令人畏惧的"电梯测试"。所谓电梯测试，指的是当你这个菜鸟级的团队成员在电梯里遇到单位一号领导时，对方问你："项目进展如何？"我们都遇到过此类情况。此时此刻你会感到惊慌失措，大脑一片空白，语无伦次，答非所问。接下来的几页所涉及的缜密解决问题的过程可以帮助你打破这种尴尬局面，把电梯测试变成一次升职机遇。

我们介绍的这种解决问题之道可以单独尝试，也可以在团队中进行。如果你是独自一人在解决问题，我们建议你在思考问题时构建一个你能够与家人和同事一起使用的流程，以获得团队在解决问题时所具备的那种更高的客观性和其他克服偏见的好处。

图 1.1 显示了解决问题的七个步骤。

图 1.1 缜密解决问题的循环

第一步：定义问题

如果问题的背景和范围没有被描述完整，就很可能会出现错误。解决问题的第一步是要求参与决策的所有人在定义问题方面达成一致。我们可以根据几个标准来检验对问题的定义：问题具体而不空泛；可以准确量化其成功指数；定义中既有时间限制，也有决策者的评判标准限制；定义中明确包含要采取的行动。第一步看起来似乎制约因素很多，但确立根本目标有助于很好地解决问题。

第二步：分解问题

定义完问题之后，接下来就要将其分解成（或拆分成）不同部分或小问题。我们将采取不同类型的逻辑树将问题分解成不同部分，从解决方案的不同假设出发进行分析。“破解”问题既是一门艺术，也是一门科学——揭示问题的症结所在，从而找到更好的解决方案。在这一阶段，经济学与科学方面的理论框架为更好地理解解决问题的驱动因素提供了有益的指导。在分解问题时我们通常会尝试不同的切入点，目的是看哪个切入点的效果最好。

第三步：划分优先级，适当取舍

这一步是要确定逻辑树中哪些枝杈对问题的影响最大，其中也包括你对哪些枝杈的影响最大，然后将最初的注意力集中在这些方面。我们使用了一个简单的矩阵，表示每个杠杆的影响大小和移动杠杆的能力，据此对逻辑树进行修剪。划分优先级有助于我们有效地找到解决问题的关键路径，最大限度地利用团队的时间和资源。

第四步：制订工作计划和时间表

定义完问题、划分好优先级之后，你需要为每一部分制订计划，用于收集信息和分析问题。这一工作计划和时间表将为团队成员分配具体的分析任务，规定完成任务的时间节点。我们将教给大家如何制订最合理的工作计划，快速准确地找到解决方案。制订工作计划的同时最好也制订团队规范，主要围绕能够生成不同观点、借鉴专家意见、职场场景演练以及打破团队等级来进行，力争得到最佳方案。合理的团队规范和做法能帮助我们避开决策时常见的陷阱与偏见，包括确认性偏见、沉没成本偏见以及锚定偏见。

第五步：分析问题

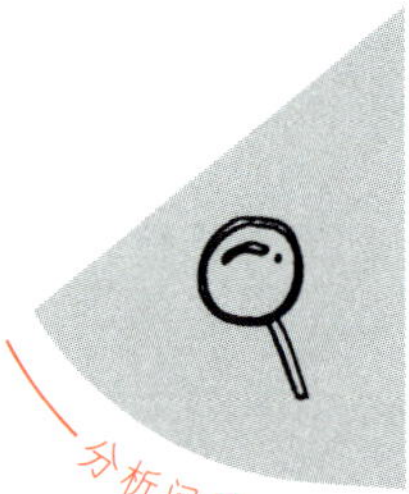

数据采集与分析通常是这一过程中最漫长的一个步骤。为了快速、简洁起见，我们从简单的试探法入手——通过捷径或经验法则，争取从一定程度上理解每个问题的组成部分，并快速划分优先级。这能帮助我们理解需要在哪些方面付出更多努力，尤其能帮助我们弄清楚何时何地需要采取更复杂的分析技巧，其中包括博弈论、回归分析、蒙特卡罗方法和机器学习。大家无须担心，因为我们很少用到复杂的技巧，即便用到了，新的在线分析工具也会使它们比你想象的更容易理解。为了让团队时刻进行重点分析，我们经常使用目前的方案，以情境、观察和初步结论的形式总结我们当时对问题的理解，并通过团队讨论来验证这些假设。

第六步：综合分析

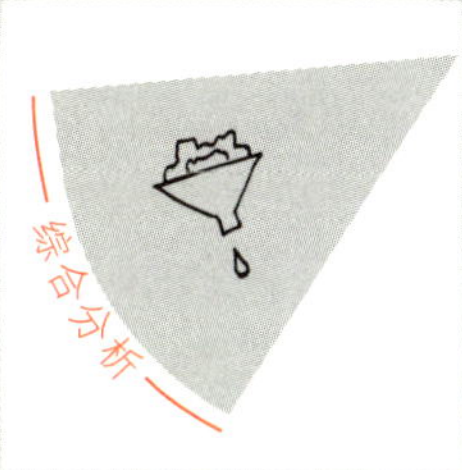

从独立分析中得出结论并不代表问题得到了解决。我们必须把分析结果整合成一个逻辑结构，测试其效度，然后进行综合分析，让别人相信你的解决方案合理有效。在这一步骤中，出色的团队合作非常重要。

第七步：阐明观点

最后一步是归纳结论，把问题本身和经过定义的问题联系起来。有效的沟通通常会采用支配性的思想或论点。这种思想或论点来自你从前面步骤中提炼出的情境、观察与结论逻辑。你的综合分析结果为此提供证据，并将其整合成不同组成部分的论点，符合归纳或演绎逻辑。它要么以行动步骤开始，要么提出一系列问题来激发行动，这取决于观众的接受程度。

海量的逻辑树

我们使用逻辑树或问题树对问题进行可视化分解，主要采用几种类型，其中包括假设树和决策树。大家在本书提供的案例中可以看到它们。当初我们在麦肯锡公司认识到逻辑树的作用，从那之后我们发现它们非常利于解决问题。为什么呢？因为它们有以下这些作用。

- 能够清晰可视地呈现问题，所有人都能够理解问题的不同组成部分。

- 如果应用得当，它们能够全面地呈现问题，因为所有相关内容都可以体现在逻辑树中。
- 能够产生明确的假设，可以用数据和分析加以测试。

我们的逻辑树有时候比较简单，有时候相当复杂，但它们都是从速写本或白板开始的。

从案例分析入手

为了阐明解决问题的万全之策，我们选择的这些案例分析代表了不同种类的问题，很多读者都会遇到这些问题。接下来的几章我们将详细介绍这些案例的影响和作用。

1. 悉尼机场的运营能力能否满足未来的需求？
2. 我现在是否应当在房顶安装太阳能电池板？
3. 我应当搬往何处？
4. 创业公司应该提高其价格吗？
5. 我应该支持镇上中小学及学前教育（K-12）的教育征税吗？

这些相对简单的案例可以体现解决问题的七个步骤的轮廓，但主要还是要利用逻辑树帮助你呈现问题并将其分解成可以处理的不同部分。之后的几章会更详细地介绍其他步骤中的细节，用以解决更复杂的问题。

案例1：

悉尼机场的运营能力能否满足未来的需求?

罗伯特在担任麦肯锡公司招聘主管、负责为公司在澳大利亚和新西兰招聘员工时，麦肯锡咨询公司决定打破传统的 MBA（工商管理硕士）招聘模式，努力争取把优秀的物理学家、科学家、律师、工程师和文科毕业生吸引到公司中来。但是在面试过程中，有关商业案例的讨论总是让很多非常有希望的面试者处于不利境地。因此，罗伯特的招聘团队在面试时提出一个非商业案例，即“悉尼机场案例”。该案例相当简单，却很好地诠释了七步问题解决法。

所有面试者都已飞抵悉尼机场，并且都知道报纸上关于当时是否需要再建一个机场的讨论。悉尼机场拥有世界上最繁忙的 10 条航线中的 2 条，所以这是一个真实的例子。在面试过程中，面试官给了面试者一个简单的问题定义（第一步：定义问题）：“悉尼机场的运营能力能否满足未来的需求?”并询问他们对这一问题的看法。问题陈述围绕着客运机场的容量展开，面试者无须花太多时间讨论可能需要建设第二个机场的政策因素，比如更便利、更安全，或者环境因素，比如噪音，甚至是替代方案，比如连接大城市的高速列车。正如我们稍后看到的，问题定义的界限对于预先达成一致非常重要。

面试者通常会问一两个问题，得到明确答复之后他们便简要阐明自己解决问题的方法。罗伯特招聘团队的预期是什么？他们想看一下面试者是否会采用逻辑结构的方法帮助他们解决问题。以书面形式显示问题的各个部分要容易得多，因此我们鼓励面试者使用白板或便笺簿。这通常是一个反复尝试的过程，通过纠正错误最终解决问题。这就是第二步：分解问题。图 1.2 显示的是一个简单的初次尝试。

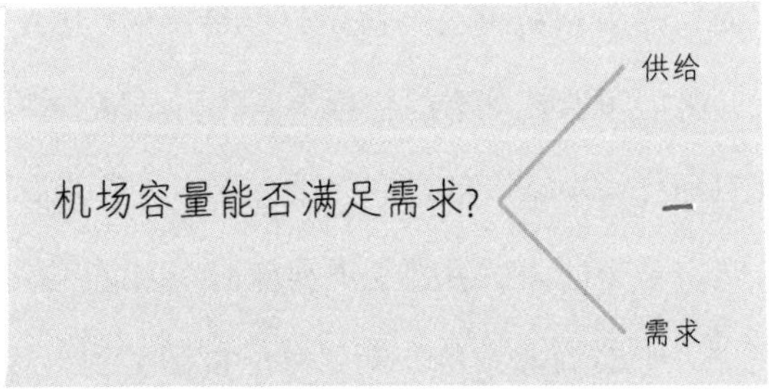

图 1.2 悉尼机场初次分解问题

在这个案例中，解决问题最简单的方法就是将机场容量定义为（着陆跑道的）供给少于需求。你可以用一棵更复杂的逻辑树表示还有其他途径可以到达悉尼（而且你可能会因为说明这些途径对需求的影响而备受赞誉），但在这个相对简单的案例中，你可能不需要如此麻烦。

当然，优秀的面试者可能会做出更深刻的解释。图 1.3 展示了定义机场供给能力（跑道数量、每条跑道的容量以及利用率）和需求（悉尼在地区需求中的份额）的一种方法。从短期来看，机场跑道的数量是一定的，跑道的容量（主要由机型决定）也是一定的。

面试者通常会通过对 GDP（国内生产总值）增长、燃料成本和悉尼相对于其他目的地的位置吸引力做出不同的假设，以此来解释他们模拟需求增长的方法（参见图 1.4）。

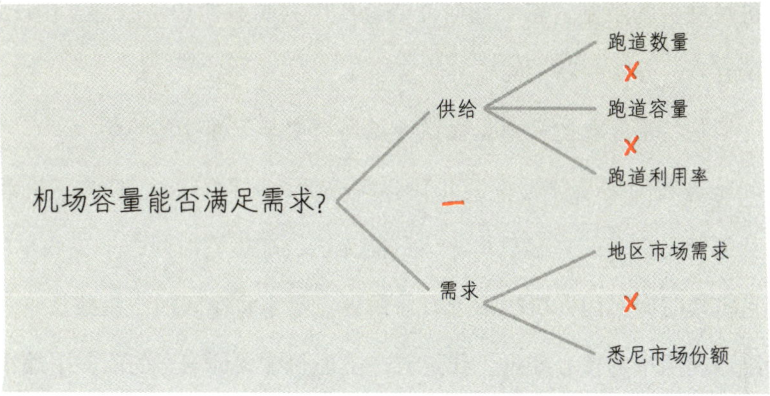

图 1.3 悉尼机场第二次分解问题

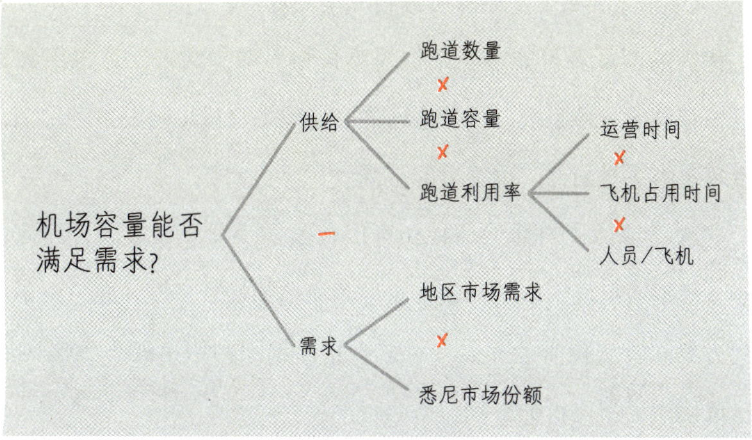

图 1.4 悉尼机场第三次分解问题

但是，解决这一问题最有效的方法是深入了解跑道利用率，因为它是交通调度人员能够积极管理的少数变量之一。跑道利用率是由运营时间、飞机运行间距和每架飞机的人数决定的。运营时间受宵禁、天气和机械维护的限制。思考如何改变这些因素是第四步（制订工作计划）和第五步（分析问题）的核心所在。

罗伯特最喜欢的答案是面试者说出类似于下面这样的话：

跑道利用率是关键，因此我会关注运营时间、每小时的飞机数量以及每架飞机上的乘客数量。你可能无法改变运营时间，午夜到早晨6点是宵禁时间，因为机场附近有居民区。至于每小时的飞机数量——这是跑道利用率的核心变量，我想看一下能否在保证安全的前提下缩小起飞和降落的间隔时间。第三个因素是每架飞机上的乘客数量，这实际上取决于有利于大型飞机的舱位定价和高峰时段使用轻型飞机的政策。（这涉及第六步和第七步的综合分析和阐明观点。）

优秀的面试者可能也会建议提高价格以减少需求。这也不失为控制机场容量的一种手段，尽管这可能会导致悉尼机场损失市场份额，悉尼市政府经济规划部门也不可能接受。

这种简单的逻辑树上的枝杈可以用数学手段联系起来，因此，通过修改规划者可能影响的变量，可以为简单的场景建模，并呈现不同的替代方案。真正优秀的面试者可能会指出跑道利用率提高20%对乘客数量或使用大型飞机的影响。

悉尼机场实际上是如何操作的呢？数年后，悉尼机场建了第三条跑道，并通过研究案例中确定的关键变量设法应对交通流量显著增加带来的影响。尽管目前机场管理局表示反对，但悉尼将在未来十年内建设第二个机场。

案例2：

罗伯特现在是否应当在房顶安装太阳能电池板？

几年前，罗伯特觉得可能是时候在他们位于澳大利亚农村的房屋上安装太阳能电池板了。罗伯特和太太保拉一直想做点儿事情，以减少他们生活中的碳排放量，却难以做出决定，其中包括减少（现在已经取消了）电力公司提供的补贴、降低太阳能光伏的安装成本，以及对未来入网电价水平的质疑（即电力公司购买你家多余的自发电能的价格）。现在是否可以安装了？罗伯特决定采用他从麦肯锡公司学到的方法来解决这个问题。首先他从下面这个假设入手：“我们现在应当安装太阳能电池板。”他没有就此得出结论，也没有不顾事实去证实它，而是用这个假设提出论据来反驳或支持它。

罗伯特认为，如果下面的标准都能达到，这个假设就可以成立。

- 如果投资回收期有吸引力，时间不超过 10 年。
- 如果太阳能电池板的成本下降速度减慢，他就不应该再等到以后以低得多的成本进行投资。
- 如果他生活中的二氧化碳排放量有实质性的减少——根据他的意思是 10% 或者更多（航空旅行除外，这里指的是他在生活中可以独立削减的碳排放量）。

罗伯特清楚，明确限定问题的范围可以使问题得到精准、快速的解决（第一步）。

这种问题乍听起来相当复杂，因为其中有些我们不熟悉的术语，比如入网价格、低碳生活。逻辑树帮助罗伯特在一幅图中看清了该问题的结构，并帮助他把问题分解成不同部分进行分析。一开始他列出自己需要解决这个问题的原因和理由。当然，你也可以这样思考：如果罗伯特要肯定地回答这个问题，他必须相信什么？下定决心安装太阳能电池板的主要原因是什么？图 1.5 显示的是罗伯特对逻辑树的第一次修剪（第二步和第四步）。

罗伯特要解决的第一个问题是安装太阳能电池板的投资回收期是否具有吸引力，因为如果经济上不划算，另外两个问题就没有必要解决了。投资回报时间计算起来非常简单，用安装太阳能电池板和光伏逆变器的成本除以每年节省的电费就可以了。其中的分母包括两部分内容：

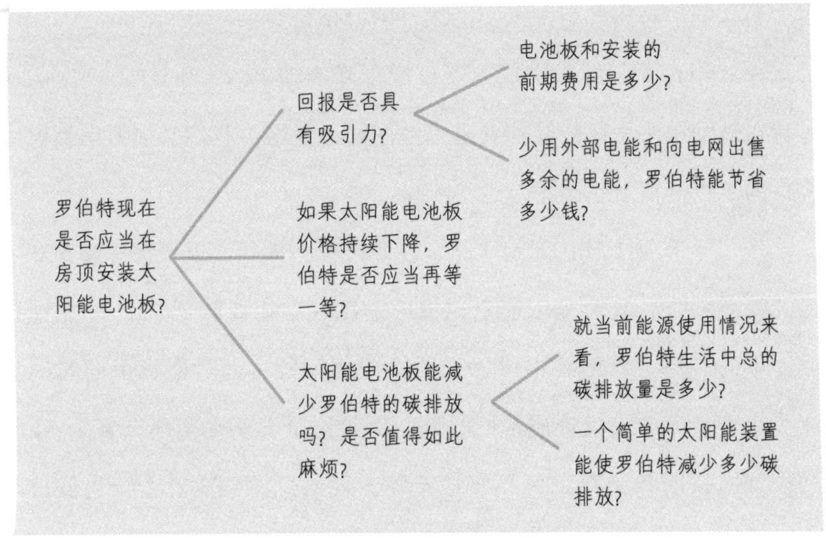

图 1.5　第一次修剪：有关太阳能电池板的逻辑树

一是安装之后少交电费的预估净值，因为他使用的是自家电能；二是以电网回购价格向电网出售电能的收入。只要你知道太阳能功率、屋顶朝向、太阳能电势和发电效率，这种分析基本上可以用太阳能电池板安装商提供的在线计算器完成。罗伯特简化了分析过程，没有计算蓄电池的费用，因为这虽然会增加成本，却可以增加蓄电能力。这样计算下来，每年节省的费用大约是 1 500 美元，投资成本为 6 000 美元多一点儿，投资成本回收期大约为 4 年（第五步）。

接下来的问题是，他应当立即投资还是再等一等，等到电池板价格再降一些？罗伯特知道，在 2012 年到 2016 年几年的时间里，一瓦特的光伏发电成本降低了近 30%，与早期的太阳能光伏发电成本相比，更是降低了近 90%。他不知道将来价格是否会继续下降。上网查询一番之后，罗伯特得知有关太阳能设备的价格是否会降低尚不确定，但至少未来 3 年每瓦特的发电成本不可能下降 30% 以上。同样不确定的还有旨在鼓励销售太阳能光伏的未来电网回购价格。我们必须考虑到电力客户的零售价格上涨因素。

按每年节省 1 500 美元计算，假如再等上 3 年，就会浪费 4 500 美元。如此一来，安装太阳能电池板的前期成本需要降低 75% 才能抵得上 3 年的等待。罗伯特本可以采用净现值分析，即考虑货币的时间价值，而不是简单的投资成本回收期。但是这个案例无须那么复杂：4 年的投资回收期意味着 25% 的年收益率，他对此感到满意，认为值得现在就安装。

最后一点，罗伯特想要测算一下安装太阳能电池板之后自己生活中的二氧化碳排放量能减少多少。这取决于两件事，一是他所取代的是哪种能源（在这个案例中是煤炭还是汽油），二是与他的用电量相比他的发电量是多少千瓦时（kWh）——他从第一步中可以知道自己的用电量。罗伯特简化了分析过程，采用的数据是澳大利亚人均碳排放量，结果发现自己这个简单的太阳能装置能减少超过 20% 的碳排放。这个案例中的投资回报率相当可观，因此罗伯特本可以剪掉逻辑树上的这个枝杈（第三步），从而节省一些时间。但是他和保拉对这项投资还有多个目标。

无论何时进行这种分析，你都有必要问一下可能会出现什么差错，每一步的分析存在什么风险。

在这个案例中，供电公司有可能会降低安装太阳能电池板的补贴。如果想减少损失就需要马上行动起来。供电公司也可能降低从罗伯特那里购买多余电能的入网电价——事实上它们后来确实也是这样做的。但由于投资回收期只需要 4 年时间，所以风险应该不大。

图 1.6 利用一个更为复杂的逻辑图把罗伯特的分析结果呈现出来。

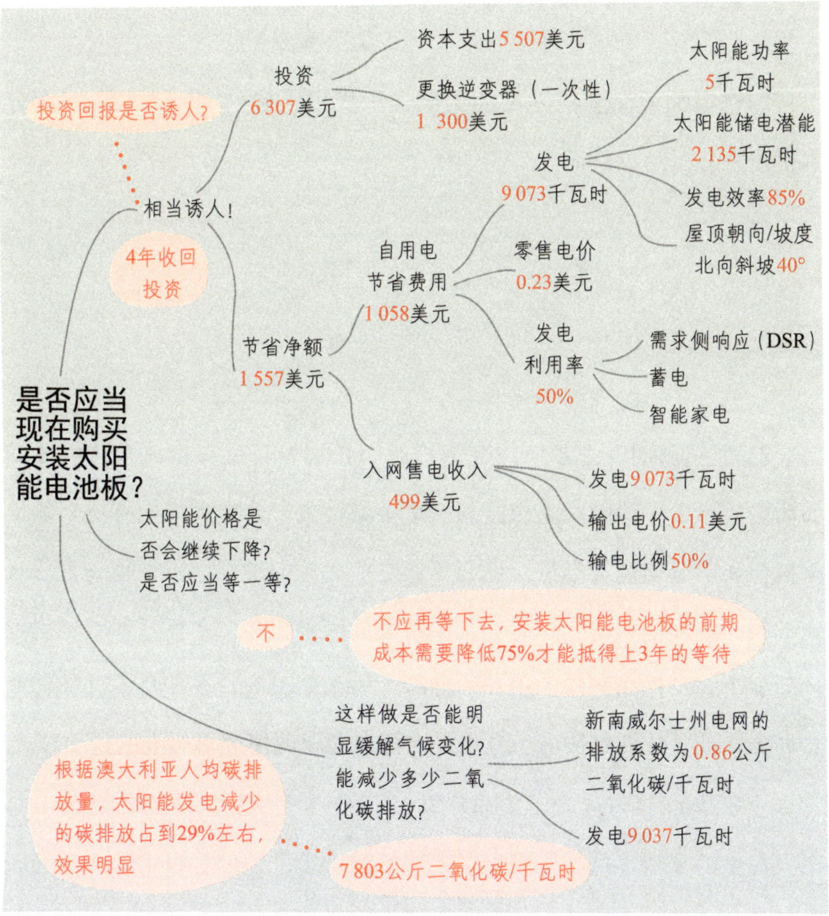

图 1.6 分解问题

假设：房屋类型：独立平房；屋顶朝向：北向；坡度：40°；可用屋顶面积：40 平方米；安装设备功率：5 千瓦时；遮阳物：无。图中用于计算的数字来自澳大利亚 2017 年的数据。

只是简单地在网上查了一点儿资料，罗伯特就把这个相对复杂的问题解决了：他应该现在就安装太阳能电池板，因为投资回报相当诱人，推迟安装、等着降价得到的回报抵不上现在安装获得的收益。并且，罗伯特和保拉还有另外的收获，那就是可以将他们的碳排放量减少近 30%（第六步和第七步）。

能获得如此满意的结果的关键在于提出正确的问题，并将问题分解，使之变得简单易懂。

案例3：

我应当搬往何处？

21 世纪初期，查尔斯住在洛杉矶。在卖掉自己与他人合伙创办的公司之后不久，他的家人想搬到一个小城市去，希望那里能有更多的娱乐机会和十分出色的学校。他们喜欢之前去过的滑雪小镇，也一直喜欢大学城。但应当如何选择呢？其中涉及的因素很多，单凭短暂游览得到的印象很容易做出错误的选择。此时，查尔斯想起自己在日本佳能公司时处理过的工厂选址问题，于是他采取类似的方式进行决策。

全家人都参与进来，集思广益，孩子也不例外。他们先是列出每个人在乎的事情，这样一来，个人喜好就确定了他们心目中什么样的城市才是理想的安家之所。全家人一致认为学校因素排在首位，其次是自然环境和娱乐活动，最后是一些能带来炫酷的城市体验的因素。查尔斯又加上了该城市应当具备赚钱机会这一因素。所有人热烈讨论之后，这些因素得到大家的认可（第一步）。于是他们决定根据这份清单上列出的因素选定一些城市，在家人一起度假时前去参观考察（参见图 1.7）。

优质生活的因素	具体表现
适合孩子的出色学校	师资力量雄厚 小班教学 教育经费充足 学校选择余地大：公立、私立、特许学校 毕业生进入名校比例高
干净的环境，丰富的户外活动	空气质量、水质量高 四季分明 日照充足、降雨充沛 河流适宜垂钓 郊游便利 适宜滑雪和山地车运动
炫酷友好的城市环境	市中心步行街 艺术馆、剧院、图书馆 交通便利 格调高雅的咖啡馆与餐厅 有朋友住在该城市？ 是否是大学城？ 治安如何？
赚钱机会	前景看好的小公司 当地经济多元化 距离查尔斯工作的西海岸不太远

图 1.7 家庭讨论会：到哪座城市去生活

在开始分析这个问题时，查尔斯将其分解成家人看重的几个大的因素，然后确定其中的子因素，最后确定的是体现每个子因素的可测量指标或变量，比如表示气候变量的日照时间或舒适指数（体现在温度与湿度上）（第四步）。这项工作做起来略显烦琐，不过查尔斯发现大部分数据都可以在网上查到。根据家人的意见，他给每个变量都标注了一个相对权重，体现了每个因素对他们最终决定的重要性。

他围绕大约20个变量绘制了一张逻辑图，收集了大约12个城市的信息（第二步）。图1.8就是他绘制的逻辑树，数字表示的是权重。

查尔斯在收集了一些小型大学城和山地城市的信息之后发现，有些变量是重复的，也有些变量其实对挑选居住城市没有太大帮助。于是他对逻辑树进行了一番修剪，简化分析过程。这就意味着有些城市无须前去考察。同时也表明，他之前认为重要的一些因素，比如距离机场和枢纽交通的距离，可以包括在通勤时间这样一个简单的量化指标里，也就是从每座城市到西海岸的时间，因为与查尔斯有工作关系的大部分新兴公司都位于西海岸。之前分析中包括的另一个变量是社区安全或治安问题，但后来他们发现在中意的社区中这不是一个区别性因素，所以也被剪掉了（第三步）。

查尔斯把每个因素的所有数据都转化成一个从1到100的通用量表，然后赋予其权重。对数据进行标准化处理的方法很多，但这些方法大都比较简单，而且可以在网上查到。大家可以看到，有些变量的斜率是正的（例如，日照天数越多越好），而有些是负的（例如，较长的通勤时间）。因此，在这个案例中，马萨诸塞州的阿默斯特市在旅行时间上得到的100就是负权值。不难想象，我们可以用更复杂的线条形状来表示加权变量，比如降雨，你想要一些降雨，但肯定不会想要太多。图1.9显示的就是查尔斯的分析结果（第五步）。

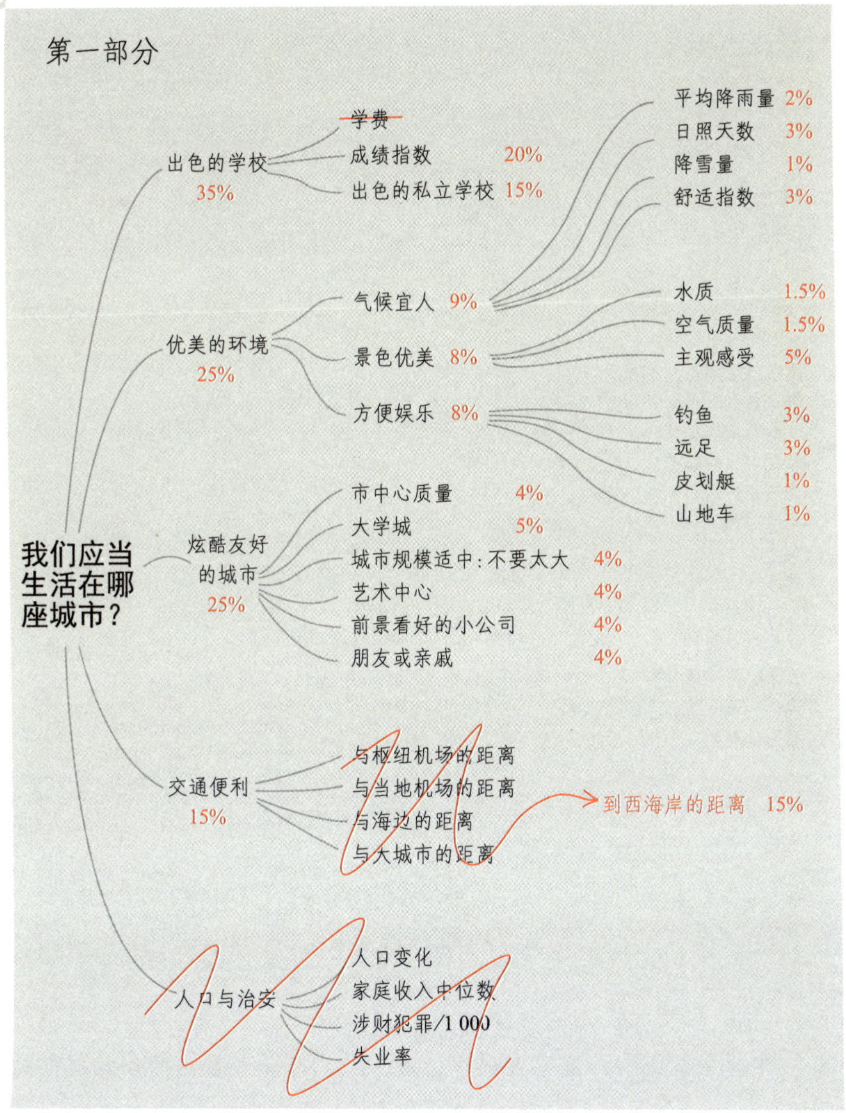
第一部分
我们应当生活在哪座城市？
出色的学校 35%
学费
成绩指数 20%
出色的私立学校 15%
优美的环境 25%
气候宜人 9%
平均降雨量 2%
日照天数 3%
降雪量 1%
舒适指数 3%
景色优美 8%
水质 1.5%
空气质量 1.5%
主观感受 5%
方便娱乐 8%
钓鱼 3%
远足 3%
皮划艇 1%
山地车 1%
炫酷友好的城市 25%
市中心质量 4%
大学城 5%
城市规模适中：不要太大 4%
艺术中心 4%
前景看好的小公司 4%
朋友或亲戚 4%
交通便利 15%
与枢纽机场的距离
与当地机场的距离
与海边的距离
与大城市的距离
到西海岸的距离 15%
人口与治安
人口变化
家庭收入中位数
涉财犯罪/1 000
失业率

图 1.8 在哪座城市生活

最佳选择是……

标准化表格

	权重	加州希尔兹堡	加州布拉格堡	俄勒冈州本德	加拿大维多利亚	科罗拉多州博尔德	马萨诸塞州阿默斯特	科罗拉多州斯廷博特	爱达荷州凯彻姆
年均降雨量	2%	71	24	0	58	82	29	100	92
日照天数	3%	100	91	39	0	74	35	79	52
降雪量（英寸[①]）	1%	0	0	4	4	36	36	100	62
水质（最好=100）	2%	0	7	45	41	100	35	94	57
空气质量（最好=100）	2%	0	33	36	33	38	73	82	100
舒适指数（最好=100）	3%	30	46	40	46	100	0	86	80
飞到西海岸的时间（最差=100）	15%	0	17	33	17	33	100	50	58
私立学校可用指数	15%	100	0	17	67	83	83	17	83
成绩指数	20%	46	0	38	65	97	100	78	76
朋友/亲戚	4%	100	0	0	0	0	0	0	100
大学城	5%	0	0	100	100	100	100	0	50
艺术中心	4%	50	25	0	100	100	75	0	75
市中心质量	4%	67	33	0	67	67	50	50	100
当地自然景观	5%	25	50	0	50	50	0	100	100
有发展前景的小公司	4%	60	0	40	60	100	80	0	20
城市规模	4%	51	100	90	21	0	94	98	100
娱乐活动	8%	50	40	60	50	70	20	60	90
	100%								
加权指数总分		48	20	34	51	70	70	52	76

图 1.9　最佳选择是……

在这个案例中，这家人最终达成一致，选择了爱达荷州的凯彻姆市（第六步和第七步）。他们之所以都同意这个选择，是因为他们都同

① 1 英寸 =2.54 厘米。——编者注

意理想城市的构成因素，并且知道如何取舍。在决定搬家到爱达荷州的凯彻姆市这一点上，查尔斯有意接受了一个重要的权衡点——到西海岸上班的通勤时间比其他城市要长。

有时候我们能听到批评的声音，针对的就像这个例子中系统地解决问题的过程，好像我们是通过一个虚假的过程来证明我们自己从一开始就想到的结果。但是这个例子不存在任何虚假的成分：凯彻姆市甚至没有被列入最初备选考虑的城市名单，只是在去往那里拜访朋友之后才临时加进去的。但我们必须指出，这种分析存在的一些风险。博尔德与阿默斯特两个城市的总分值同凯彻姆市十分接近，一些细小的差异体现在查尔斯对娱乐活动或市中心质量等因素的赋分上——这些因素主观性较强，而这些差异对最终得分产生了很大的影响。在这个案例中，查尔斯一家可以到每个城市实地考察，亲自感受一下这些定量变量，从而规避风险。

这个选择居住城市的案例告诉我们如何从有关问题或因素入手列出一份简要的清单，把各个因素进一步分解成指标变量，然后赋予它们具体的数值和权重。剩下的工作就是根据考虑好的分类进行简单的计算。这种逻辑树和分析方法可以解决很多与选择有关的问题。查尔斯和罗伯特利用它解决过许多问题，比如购买哪座公寓，选择什么样的老板，当然还包括工厂选址问题。

案例4：

创业公司定价问题

在过去几年里，查尔斯的一位朋友创办了一家公司，主要生产一种设计独特、巧妙的皮卡配件。这家名为“皮卡装备”（Truckgear）的公司每年大约销售 1 万套设备，销量增长很快。该公司采取现金收付制，收支基本平衡（现金收付是指不计入折旧资产的会计费用）。查尔斯投资了这家公司，并帮助制订公司战略。

初创公司在创业初期会面临很多棘手复杂的问题，并且与大公司相比，它们的现金资源有限，团队成员短缺，在解决问题时难免捉襟见肘。皮卡装备公司不得不针对如下问题做出决策：是否应该拥有自己的制造工厂，需要在哪些细分市场竞争（卡车配件市场有新配件市场，也有二手配件市场，各自都有几个销售渠道）？是否应该拥有自己的销售团队？营销费用应该是多少？而最主要的是，在现金有限的情况下，增速应该是多少？有如此多的问题要处理，难怪初创公司团队会夜不能寐！

最近，该公司面临一个重要决策：是否提高产品价格（第一步）？三年来公司一直坚持最初的定价——550 美元左右。随着产品性能的提高，原料与生产成本都提高了，这就降低了利润率，降低了每套设备创造的现金收入。显然，与老牌公司相比，在刚起步的初创公司中现金的作用更重要，因为它们的外部资金来源要少得多。皮卡装备公司面临的困境是这样的：如果市场对价格上涨反应消极，那么公司发展可能会降速，销量甚至会下滑。

这种问题没有完美的答案，但我们可以采取一种特殊的逻辑结构对其进行评估——利润杠杆树（第二步）。我们想深入研究决策的关键因素，这种逻辑树在数学上是完整的，所以我们可以用它来模拟不同的假设。

图 1.10 是这种逻辑树的简化版。

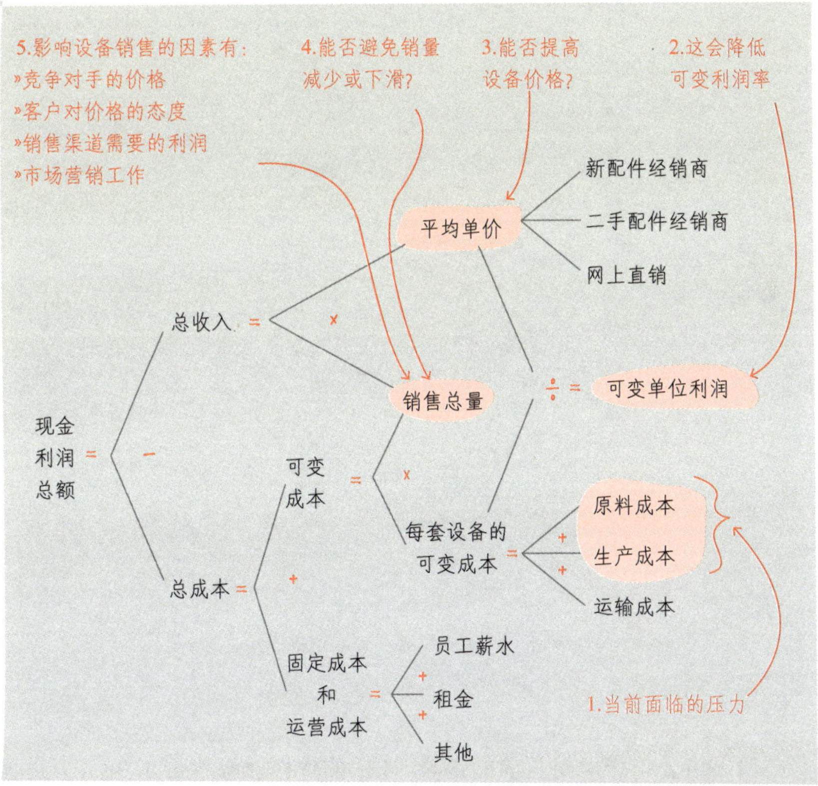

图 1.10 皮卡装备公司的利润杠杆树

大家能够看到这一逻辑树是如何将皮卡装备公司的问题可视化的：成本压力降低了每套设备的可变利润——在这种情况下，公司能够在不减缓销售增长，甚至不减少销量的情况下提高每套设备的价格吗？

图 1.11 呈现的是皮卡装备公司的具体数据。

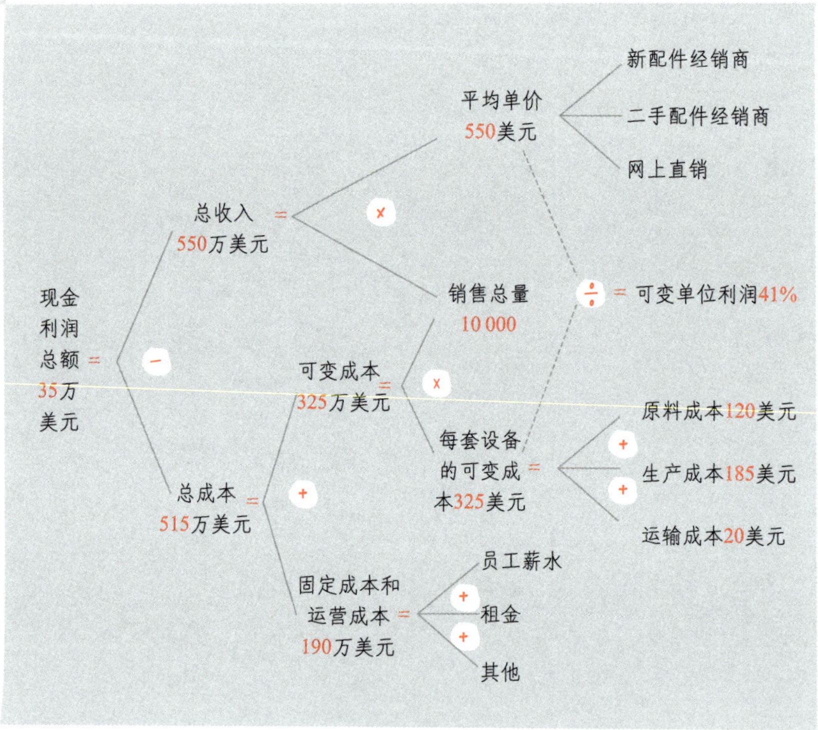

图 1.11 皮卡装备公司的价格决策

如果该公司能保持目前的销量，7% 的价格涨幅将带来 38.5 万美元的现金盈利能力改善，这一大幅增长有助于为更多的营销和销售项目提供资金。不过我们也发现，设备销量只需要下降650套就能抵消价格上涨带来的好处（第五步）。究竟该怎么办呢？

价格上涨是否会导致现金利润总额减少（或许没有那么严重，可能会导致增速放缓）取决于竞争对手的定价、客户对价格的反应（经济学家称价格弹性）、第三方经销商销售渠道是否会接受价格上涨带来的较低利润及市场营销工作成效。该公司发起了一项针对近期客户的大规模的电话调查，结果发现：

- 大部分客户对基于成本的适度价格增长的反应并不强烈。
- 竞争对手的产品在价格上大致相当，但在功能上有很大的不同。
- 经销商不愿意为了适应价格上涨而降低利润率。

该公司还评估了是否可以通过减少固定管理费用，或者将制造业务内部化来达到同样的效果。但目前公司除了少量的员工和租金费用，几乎不需要其他成本，所以第一种方法不可选。由于目前现金资源有限，所以投资极其昂贵的生产和组装设备也没有什么意义（第三步）。总的来说，小幅提价以恢复单位利润率是值得冒险的（第六步和第七步）。

这种金融树特别适合解决涉及替代策略的货币权衡的问题。你可以用它来解决几乎任何类型的业务问题。我们将在后面的章节展示更多复杂的版本。

案例5：

查尔斯是否应该支持当地学校的教育征税？

在查尔斯之前居住的那座爱达荷州的城市里，公共教育资金主要由房地产税和州销售税支持。房地产税每年按房产价值的百分比征收。如果当地某个学校董事会提出一个更大的战略投资，那么它会通过纳税人投票的方式寻求批准，要求额外征收税款，以支付为此目的而发行的债券。在21世纪最初10年的后期，布莱恩县学校董事会提议发行超过5 000万美元的债券，以支持全县的大量投资。由于该县人口只有2万，所以根据居民房产大小，这项征税可能会让房主每年多花数千美元。

作为纳税人和公民，人们一直面临着这样的决定：征收消费税，一次性公投，或者是否支持某个候选人提出的新的州政策或国家政策。这些问题似乎很复杂，常常受到党派辩论的左右，因而不是我们普通人能直接解决的问题。

查尔斯知道有媒体报道，美国的中小学及学前教育（K-12）落后于全球其他国家的教育水平，因此，如果他的房子真的能改善当地的教育水平，他原则上会支持对房子增加税款。但他想知道，投票支持学校发行的债券是否真的会对缩小当地的教育差距产生影响（爱达荷州的学校考试成绩排在美国各州中下游）。

查尔斯不是教育政策方面的专家。他首先问了一个简单的问题：与其他国家相比，美国K-12教育的关键问题是什么？拟议中的学校税是否能解决这些问题（第一步）？他知道，在大多数司法管辖区内，美国在每个学生身上的花费都很高，是世界最高的，而且他知道，与其他国家相比，美国学生的总体成绩处于中等水平。于是他提出下面几个问题。

- 学生人均教育经费投入是多少？
- 智商或人口统计状况如何？
- 教师与学校水平如何？

查尔斯的研究表明，问题的关键在于教师与学校。没有任何数据表明，学生人均教育经费投入水平（美国高于大多数国家）或学生的智商水平（与其他国家相当）是美国学生成绩不佳的原因（第三步）。一项又一项的研究表明，学生在国际考试中的成绩差异很大，其中最主要的原因在于教师特点和学校环境。随后，查尔斯继续研究教师和学校的哪些因素对学生成绩影响最大，结果发现，下面这四个因素的重要性大致相同（第四步）。

- 教师数量与班级规模。
- 师资质量（教育程度、经验与教育培训）与教师待遇。
- 学校环境与设施。
- 教育技术。

接下来，他分析了拟议中的债券将在多大程度上为这些因素提供融资。结果表明，资金主要针对的是清洁能源和学校设施这些影响较低的因素，很少被分配给排名较高的因素，特别是与教师招聘、工资和培训有关的因素（第五步）。基于这些理由，查尔斯决定不支持这种债券。图 1.12 显示了决策树中的分析结果。

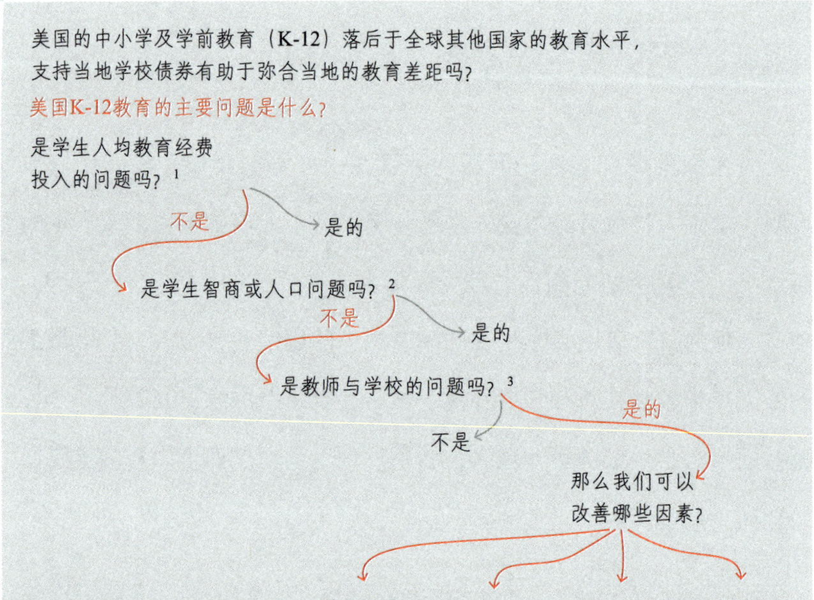

	教师数量+班级规模	师资质量	学校环境+设施	教育技术+资金
该因素在弥合差距中的预计效果	中等偏下	高	低	中等
学校征税会为该因素提供资金吗？4	不会	不会	会	会

1. 经济合作与发展组织国际学生评估项目数据库。
2. 智商研究。
3.《全球最优秀的学校是如何脱颖而出的》，麦肯锡公司，2007年9月。
4. 校董会通过10月征款选举，特里·史密斯，2009年。

图 1.12 爱达荷州针对K-12教育的征税活动

这一分析说明了什么才是在社会层面上解决政策问题的万全之策：它需要一个真正的问题，将问题用一系列子问题表述出来，并指导研究和分析。查尔斯收集了有关教育绩效的事实和学校债券计划支出分配的细节。他只花了几个小时进行设计和上网研究，就帮助自己从一个情绪化的决定（“我支持教育，关心当地学校的绩效”）转变为一个理性的决定（“考虑到税收的分配方式，我不支持这种征税”）（第六步和第七步）。

几年后，学校在第三次尝试征收税时，征税措施包括为儿童早期教育和更多教师培训提供资金，该提议被投票通过。

下面几章将更详细地研究缜密解决问题的七个步骤，介绍更复杂的问题及更复杂的解决方法。

第 1 章要点回顾

- 合理解决问题是一个过程，而不是一个快速的心理计算或逻辑推理。它甚至适用于非常复杂的问题，比如在全球选址建厂的问题，正如查尔斯在佳能公司实习时经历的那样。
- 我们在书中概述的解决问题的过程是一个由七个步骤组成的循环，每个步骤都很重要，随意跳过一些步骤可能会导致很多错误。
- 最重要的一步是用逻辑的方式将问题分解为各个部分，这样就可以分离出最重要的分析。逻辑树是我们主要的工作工具，它们使我们很容易看清问题的结构。

- 对分析进行优先级排序是非常重要的，这样就可以避免处理那些对答案贡献不大的问题——我们称关键路径。
- 需要一个明确的工作计划给团队成员分配分析任务、确定完成时间（本章不需要详细的工作计划，因为问题都很简单）。
- 如何进行分析——使用简单的工具或复杂的工具——对解决问题的成功很重要。我们总是从简单的估计、启发式分析或经验法则开始。
- 直到你能综合分析结果，并通过阐述问题说服某人采取行动，问题才算彻底被解决。
- 对不同的问题，我们使用不同类型的逻辑树。在本章中，我们展示了用于商业问题的在数学上使用的完整的演绎逻辑树，用于决策的加权因子分析，以及用于遍历复杂选择的决策树。

练习

1. 个人问题：用逻辑树表示一下你是否应该换工作——可以尝试使用决策树或者因素权重树（比如你住在哪里，但是工作特点对你来说很重要）。或者，你也可以用逻辑树表示你想买的新房子或公寓，看看有没有你想要的加权特征，然后把它们与附近的房源进行比较。

2. 商业问题：为你的企业或社会企业列出第三季度详细的利润树。

3. 社会问题：为英国是否退出欧盟（英国脱欧决定）画一个逻辑树。

第2章

定义问题

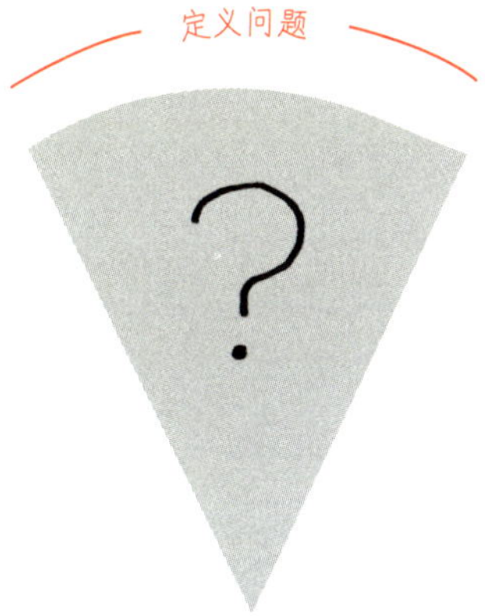

对你正在解决的问题有一个清晰的定义，这是缜密解决问题的关键出发点，应该是相对简单的。但是，在解决问题时，有相当数量的失败源于糟糕的问题定义。在还没弄清楚问题的范围、成功的标准、时间范围或所需的精确度的情况下，团队和个人就蜂拥而入，进行数据收集或专家访谈。

这必然会导致失望。漫无目的地进行数据收集和初始分析肯定会增加很多不必要的工作量。在计划解决问题时，你必须明确考虑决策者的态度和对问题的界定，否则最终得出的答案往往会偏离目标。

20 世纪 90 年代，查尔斯在经营 Citysearch（美国本地搜索服务商）时就亲眼看到了这种错误。Citysearch 是一家互联网城市指南公司，有时与当地报纸合作，有时与其展开竞争。当时的报纸是当地的广告之王，已经有 100 年的历史了，尽管之前出现过首家广播电台，然后是电视台。毫无疑问，作为行业新手，这家小型互联网公司照样掀不起多大浪吧？

在那些年里，查尔斯与许多报纸行业的高层打过交道，目睹了一种基于错误问题诊断的根深蒂固的傲慢。这些管理者认为，围绕新竞争的问题陈述是:“新兴互联网公司是否有更好的内容（新闻和其他内容）来赢得读者?”他们的结论是，报纸所具备的编辑内容是新竞争对手无法匹敌的，因此不需要太担心。查尔斯应邀在 1997 年美国报业协会年度会议上发表主旨演讲时指出，竞争性的攻击将随之而来，会威胁到分类广告近乎垄断的地位，比如汽车、房地产、就业以及私人专栏等领域。当时会场一片沉默。这个暴发户竟然无视他们对世界的认知，跟他们讲什么市场问题！演讲结束没有一个人鼓掌，场面尴尬至极！

在接下来的几年里，形势的发展同查尔斯的预期一样。在线分类广告领域的新玩家如雨后春笋般涌现，并逐渐蚕食报纸在这些领域长期占据的统治地位。消费者仍然需要报纸上的编辑内容，但他们开始在网上寻找工作、汽车、房子和约会对象，这剥夺了传统媒体的主要收入来源。许多知名报纸接连出现经营惨淡或被合并的情况。事实证明，这种情况在颠覆性技术或商业模式创新中十分常见。现有的玩家实际上看不到来自新竞争者的威胁，因为他们的心态以及他们对问题范围的定义，使他们对这种威胁视而不见。[①] 这里的要点很清楚：正确地定义问题，包括问题的范围，对于缜密解决问题至关重要，并且可以成为一种重要的竞争优势。

恰当的问题陈述有很多特点。

---

① See, for example: Clayton M. Christensen, *The Innovator's Dilemma: When New Technologies Cause Great Firms to Fail* (Harvard Business School Press, 1997) .

- 以最终结果为中心：对要解决的问题做出明确的说明，用最终结果表现出来，而不是用活动或中期结果表示。
- 尽可能做到具体、量化。
- 明确时限。
- 明确传递决策者的评价与问题界定，包括必要的准确性和目的。
- 表述中留有足够的创新空间，并且充分设想预料之外的结果——范围过窄的问题可能会人为地限制解决方案。
- 在尽可能高的层次上解决问题。要着眼于整个组织，而不是仅仅针对某个部分或部分解决方案进行优化。

与我们合作的团队有时会使用助记符号 SMART 来记住这些特征：问题陈述是否具体（specific）、量化（measurable）、以行动为导向（action oriented）、相关（relevant）和及时（timely）。SMART 涵盖了大部分因素，但并不全面——一定要做到以最终结果为中心，并且要在最高层次上解决问题。

我们通常无法用一个句子囊括所有这些特征，所以我们会选择使用问题定义记录图，用它体现所有内容，如图 2.1 所示。

如何让问题陈述更凝练：以太平洋三文鱼为例

让我们用一个具体的例子来说明如何让问题陈述更凝练。查尔斯

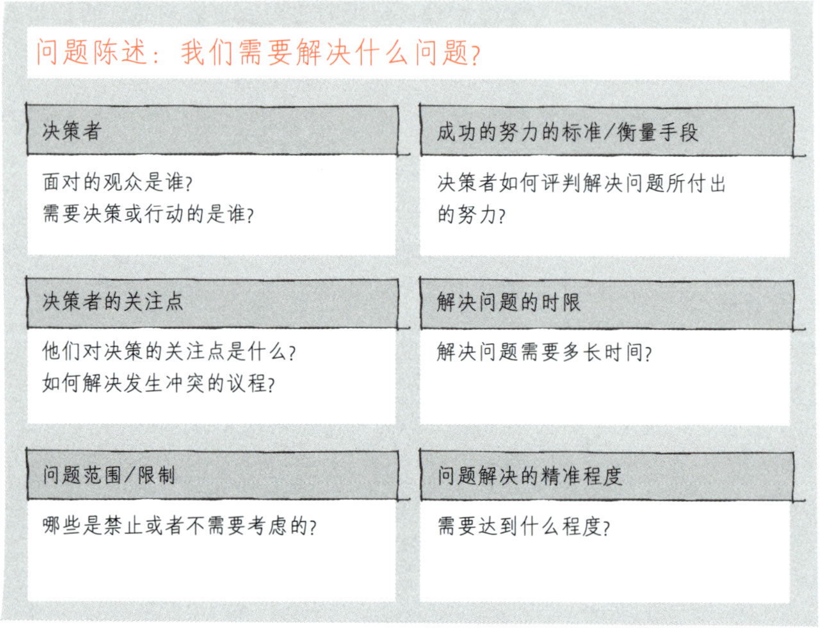

图 2.1　问题定义记录图

受新成立的戈登和贝蒂摩尔基金会的邀请，研究如何保护太平洋野生三文鱼，它是北太平洋雨林生态系统中非常重要的物种。由于管理不善，大西洋标志性的三文鱼物种数量大幅下降，这造成大规模的生态系统破坏和社会经济损失。该基金会的创始人希望这种情况不要发生在太平洋。正如你看到的，这个问题比我们第一章讨论的问题更严重、更复杂。但是，你会发现同样的原则也适用于解决更难的问题——你只需要在这七个步骤中的每一步上都多下点儿功夫。

该研究团队掌握的信息是：太平洋三文鱼是北部雨林生态系统中的一个关键元素，有时它们由于在这些系统中扮演的角色而被称为“顶级物种”。近5亿太平洋三文鱼本身就是一个庞大的生物种群，它们对淡水和海洋生态系统有着巨大的影响。它们为许多动物提供营养，为商业渔民提供工作，为当地人提供食物和文化意义，为垂钓者提供娱乐。它们对当地经济的发展具有巨大的推动作用，能提供海洋营养物质，有助于森林生长。在这个幅员辽阔的地区，三文鱼对环境、经济、气候和食物网的重要性怎么估计都不过分。但是，它们遇到了麻烦，至少在其历史活动范围的许多地方都遇到了麻烦。人类在土地利用和渔业管理方面的发展，对三文鱼的栖息地和数量都产生了影响。

该团队希望扭转这种下降趋势，但坦白地说，他们不确定该从哪里入手。该基金会是一个新成立的基金会，但它致力于一种长期的慈善模式，即只专注于几个项目，并在相当长的时间内为其提供资金。基金会创始人是一位举世闻名的工程师，他的个人价值观对于基金会发展的四个宗旨具有关键作用，其中之一就是只从事具有可量化结果的项目。其他三个宗旨是重要性（从事真正重要的项目），只从事该基金会可以发挥真正作用的项目（从事能体现基金会作用的项目），以及从事从长远来看能够体现组合效应的项目。这意味着，它所提供的捐款将投资于那些相互促进、相互支持的能力和成果。基于此，最初的问题工作图类似于图2.2。

该团队发现这个定义清晰的问题非常有用。他们知道，如果进展良好，他们将有多达15年的时间来解决这个问题，并有非常可观的财政投资。但团队也遇到一些实质性的限制，必须在内部将其解决。它必须在经常进行的高级别审查中证明自己正在迅速解决这一问题，并且必

问题陈述：目的是大量增加野生太平洋三文鱼的数量

决策者	成功的努力的标准/衡量手段
» 基金会环保项目负责人 » 基金理事会 » 其他股东：环保组织、其他捐助者、政府机构、渔业公司以及当地团体	» 基金会四大宗旨 1．重要性 2．基金会的作用与影响 3．可量化的结果 4．投资组合效应 » 团队能证明基金会倡议的方法的可信度吗？
决策者的关注点	**解决问题的时限**
» 新基金会做的第一个项目 » 想要打造良好声誉 » 想要证明新的慈善模式	» 长达15年，但必须证明我们可以设计项目，并吸引大众每年进行审查检验
问题范围/限制	**问题解决的精准程度**
» 基金会不喜欢直接的政治政策或锋芒毕露的宣传（强调科学，淡化政治；强调实用，淡化活动） » 每年可投入1 000万～1 500万美元 » 关注结果而非活动	» 需要证明该项目可以在一代人的时间内产生生态系统规模的结果

图 2.2　太平洋三文鱼问题工作图

须制订战略，确保该战略能在一定时间内改善生态系统，并且可以进行量化检验。它必须构建能力与关系的组合效应，以利于基金会其他环保工作的开展。而且，作为该基金会的第一个团队，更重要的是它要向更多的捐赠团体和环保组织表明，针对环保捐款的重点组合方法能真正发挥作用。这些都是很高的限制性门槛，但是提前知道成功的门槛是什么将非常有用。

同样，知道什么是被禁止的，并理解问题解决方案的范围的含义也十分重要。在三文鱼这个例子中，我们知道基础的宣传活动不能成为主要策略，大规模的直接政治造势也不合适，因为该基金会不喜欢这些做法。

让我们回到问题陈述本身。基金会以拯救太平洋三文鱼为其首批资助项目之一，原因之一是它与基金会的核心价值观——可量化的宗旨明显契合。毕竟，你可以数一下鱼的数量，对吧？不过你会发现，事实上，处理这个问题比表面上看起来要困难一些。

太平洋沿岸分布着五种不同的太平洋三文鱼，从加利福尼亚州到不列颠哥伦比亚省、阿拉斯加、俄罗斯的堪察加半岛和库页岛地区，一直到日本海域。有些物种在某些地方生活得很好，而许多则不那么好。由于许多因素的作用，每年物种的总数都在上升或下降。其中一个最大的因素是海洋环境或多或少导致了三文鱼所吃的较小生物的减少。它们遵循与海洋温度有关的大致时间模式，被称为“太平洋十年涛动”。虽然这听起来有点儿像气候学术语，但实际上它意味着我们很难区分和解释三文鱼数量年际变化的原因。简言之，三文鱼的数量不容易统计，也不容易用严格的数字来确定一项新政策或渔业管理计划的正面或负面影响，或是一块新的保护栖息地的作用。对这个团队来说，这意味着测量需要更长的时间，它需要对海洋生产力等不可控因素的影响做出估算。

通过之前的分析和与潜在受助人一起工作，团队对问题的理解不断加深，问题的陈述也不断得到发展和改进。最重要的是，该团队更加强调维持三文鱼种群的多样性，并充分发挥生态系统所有要素的功能。种群多样性意味着同一种类的较小种群以各种不同的方式利用河流和海洋，吃不同的食物，在不同的时间沿不同的路线迁徙。不同亚种群结构的多样性有助于总体种群更好地抵御环境的冲击，从而有助于种群长期保持数量。图 2.3 呈现了这一发展过程，并对这些问题陈述的质量进行了评估。正如你看到的，解决计算三文鱼数量难题的办法之一是引入足够多的概念，以利用现有的海洋承载能力，这是由食物供应和栖息地驱动的一项措施。这为正常合理的三文鱼数量设定了一个标准，因为亚种群的丰富性和多样性充分利用了所有可用的海洋容量，这是一个比任何一年的单纯数字都更有用的概念。

每一个问题陈述都反映出基金会三文鱼团队对这个问题的了解越来越深刻，因为他们与三文鱼管理机构、部落组织、商业捕鱼组织、运动垂钓者团体、三文鱼研究人员和环保组织一起反复研究了这一过程。通过反复研究，该团队加深了对问题的理解，从而使其策略更加清晰，更利于达到预期结果——同时在进行过程中让所有利益相关者都站到同一阵营。

这一演变过程也涉及基金会内部关于希望达到的适当目的的讨论。与涵盖整个北太平洋生态系统水平的项目相比，范围较窄、侧重三文鱼管理的区域项目可能会更快取得进展，但对整体环境、人类和生态系统福祉的影响可能相对较小。所涉范围较窄，可能很难使公众对环保的态度发生根本性转变，这将增加从其他基金会吸引资金的难度。另一方面，这些范围中的任何一个都有可能受到更严重的全球环境威胁的影响，比如气候变化。

	问题陈述	优点	缺点
第一次修剪	要持续大量增加野生太平洋三文鱼的数量	»简单 »看似可以测量	»测量比较困难 »忽视了物种多样性 »没有同整个生态系统的健康联系起来 »足够具体吗?
第二次修剪	要持续增加野生太平洋三文鱼的数量，并且能测量其影响，确保它们所生活的环太平洋北部水域保持多样化，生态系统功能良好	»表达出结果 »显示了重要性 »体现了长期目的 »可以计算鱼的数量	»这是生态系统项目还是与物种有关的项目? »仅靠三文鱼数量并不能提供临界值：多少是多?什么时间完成?
第三次修剪	通过保护三文鱼种群，充分利用海洋自然变化的承载能力的潜力，在北太平洋维持一个功能良好的三文鱼生态系统	»确定具体的自然机制来回答阈值问题 »满足基金会其他标准 »把生态系统同物种生存联系起来	»尚未科学地理解海洋承载能力 »可能受到其他因素影响

图 2.3 有关三文鱼问题陈述的演变发展过程

定义最高级别的问题：钢铁公司的投资

这样做的目的是为你的组织在定义问题时找到合适的规模和范围。在麦肯锡公司工作时，我们经常会遇到一些问题，这些问题可以从最高级别的重新定义中受益。例如，罗伯特的团队曾被要求为一家大型钢铁公司审查一项60亿美元的资本设备投资计划。这项工作看起来很简单：评估每项投资的成本和收益。但当他们深入研究这些数据时发现，比较棘手的问题是成本态势缺乏竞争力，无法实现现金创收，这一问题比计划投资新工厂和新机器要紧迫得多。研究团队说服客户首先解决成本问题，解决企业现金增值缓慢的问题。客户需要大幅降低管理成本，并且只选择计划投资的一小部分项目才能获得成功。有了这些变化，公司才能实现现金创收，才能生存下去。

在可能的情况下，在解决问题时，允许在范围或宽度上有一定的弹性是有利的。这为前面介绍的罗伯特在那家澳大利亚钢铁公司的发现提供了空间。但同样重要的是，它也为以创新手段解决问题提供了空间。范围较窄的项目有助于快速解决问题，但它们往往会导致盲目地使用传统的问题空间概念。旧的模式和框架不太可能产生突破性的想法。人们常常对这种想法感到惊讶：咨询公司聘用初出茅庐的工商管理硕士（MBA）能够为拥有资深管理团队的组织创造出新价值。答案在于，新眼光和新的分析方法能够给老问题带来新视角。

定义问题的另一个重要原则是尽可能在最高级别上解决问题。对于较大的组织来说，过于细化和过于着眼于局部的解决方案通常不是最优的方式。在商界，在业务部门级别进行资本配置和投资决策时，你经常会发现这个问题。你会发现，对一个部门有意义的决定对整个公司没有什么意义。因此，只要有可能，就要把解决问题的努力集中在你能运作的最高级别上，而不是只为小部门的利益解决问题。在钢铁公司的例子中，客户想要解决合理的资本预算问题，但在更高级别上定义问题是其产生自由现金流的能力，因而罗伯特说服股东对企业进行再投资。

同样，查尔斯的三文鱼研究团队也发现，针对较小区域的解决办法并没有很好地发挥作用，因为三文鱼会迁徙到其他区域，并聚集在共同的远洋觅食地。减少商业捕捞或在某一地区选择更有针对性的渔具的解决办法可能会因其他地区捕鱼压力的增加而失效。北太平洋区域是解决这个问题的合适区域。

扩大问题的范围：印度阿瓦汗艾滋病项目

正如我们在示例中展示的那样，恰当地定义问题或限定范围可以产生巨大的积极影响。印度阿瓦汗艾滋病项目是在反复的重组和重新处理之后才取得成功的。我们在下面的补充内容中阐述了改进定义问题的视角有多重要——它在 10 年内将感染艾滋病病毒的人数减少了 60 万。该团队起初遵循了传统的公共卫生（或供应方）方法，这带来一些深刻见解，但在需求或消费者方面，通过让性工作者参与制订解决方案，他们取得了突破性进展。根据对一项假设的早期测试的结果，该团队就一个在印度各地推广的工具包达成一致意见，该工具包内置了社区参与的流程，并包含了之前经常被忽略的性工作者的声音。图 2.4 显示的是有关问题陈述、假设和数据之间“纵向转换”的另一个例子，目的是获得最准确的问题陈述。

陈述问题

减少艾滋病在印度的传播

2003年，比尔及梅琳达·盖茨基金会资助了印度阿瓦汗艾滋病项目，以回应人们对印度艾滋病传播日益加剧的担忧。10年之后，医学杂志《柳叶刀》的研究人员预测该基金会的干预行动让超过60万人避免了艾滋病病毒感染。[1]限定问题的范围是印度阿瓦汗艾滋病项目取得成功的关键。

阿瓦汗艾滋病项目团队在麦肯锡公司前资深合伙人阿肖克·亚历山大的带领下从供求两个方面对问题进行重新界定。他们实地分析，了解行为和原因，并采取行动，特别强调社区间的交流。

正如阿肖克所言："我们希望加强公共卫生措施（供应方）。除了提高认识，我们还强调一线卫生工作者使用数据——事实上，就是了解需要分发多少安全套。我们同时在需求方面做出努力，使性工作者能够团结起来为安全等共同问题斗争。用商业语言来说，这相当于打造了更活跃、更有意识的消费者，并且需求方面的势头也在增强。"[2]

随后该团队转向需求方，询问性工作者对于艾滋病传播的看法。他们列举了太多发生在要求无保护措施性行为的男性身上的暴力事件。该团队证明了暴力与性传播感染艾滋病病毒之间的高度相关性。阿肖克·亚历山大和他的阿瓦汗艾滋病项目团队将这一点视为工作中的突破性进展。接下来，该团队探讨了如何减少对妇女的暴力行为。他们的结论是，由社区工作人员组成快速反应小组，通常律师和当地报社的记者也会参与其中。用阿肖克的话来说，这种方法"迅速走红"，因为印度所有社区都接受了阿瓦汗艾滋病项目中提出的这一干预行动。

比尔·盖茨2017年年初给沃伦·巴菲特的信中[3]这样写道："印度性工作者坚持为其客户使用避孕套的决定阻止了艾滋病病毒进入普通人群，这一点有据可查。"医学杂志《柳叶刀》的研究人员也指出："自阿瓦汗艾滋病项目启动以来，在高危人群中持续使用避孕套的人数大幅增加。"重要的是，他们还可以在大幅减少艾滋病病毒感染的同时，相应减少对妇女的暴力行为。

---

1. 医学杂志《柳叶刀》中文章作者为迈克尔·皮科尔斯。
2. 信息来自与阿肖克·亚历山大的私人通信。
3. 信息来自Gates Notes.com/2017 Annual Letter。

图 2.4

通过纵向转换得到合理的问题陈述

问题陈述使事实呈现越来越有利于定义问题。我们发现，回答一些必须回答的问题是优化问题定义的关键。例如，罗伯特曾受邀帮助一个团队研究非营利组织能力建设投资不足的问题，这是澳大利亚政府生产力委员会调查的主要结果。他问了下面这些问题。

1. 是所有的非营利组织都是如此，还是个别情况？
2. 大公司和小公司都是如此吗？
3. 这可能是可用资金或优先事项引起的吗？
4. 是不是所有的非营利部门都是如此？
5. 是运营效率投资不足，还是管理复杂系统投资不足？

其中一些问题可以用已知数据来回答，但另一些问题需要采访部门领导，需要从他们那里获得答案。研究团队得出的结论是，大多数（但并非所有）非营利组织都存在投资不足的问题，对于雇员不足50人的小型组织来说更是如此。这是因为非营利组织几乎没有可自由支配的能力建设资金。在服务提供模式有问题的部门，情况更为严重。最后一点，投资不足在管理复杂系统方面尤其如此，即使针对运营效率的能力建设，也存在资金不足的问题。据此重新编写的问题陈述从一个非常宽泛的陈述变成一个针对非营利组织的陈述，这些组织难以为能力建设提供资源，尤其需要为复杂的系统环境升级服务提供模式。优化问题陈述的努力可以获得丰厚的回报。下一章我们将展示恰当的问题陈述与合理假设之间的联系，你会发现，恰当的问题陈述能带来更合理、更可测试的假设。对此你无须惊讶。

设计思维和七个步骤

我们遇到的最常见的问题陈述与用户体验有关。设计思维已经发展成一种有效的工具，人们可以用它来解决消费者的需求和用户体验的问题。它通常被用于产品或服务设计方面，有时也超出这些领域，此时创造性在解决问题时显得非常重要，能够带来理想的结果。我们经常被问及设计思维与我们的七步问题解决法的关系。我们认为二者是一致的、互补的，特别是在需要理解用户体验的情况下。在本书提供的案例中，用户体验是解决问题的核心，并有助于设计思维的形成，例如我们之前给出的案例——选择在哪座城市生活、印度的艾滋病问题以及是否进行膝关节镜手术等。

设计思维通常表现为一个过程，非常类似于我们提到的七个步骤，但其阶段略有不同：产生共鸣、定义、构思、构建、测试和交付。这六个步骤是一个迭代和变化的过程，图 2.5 呈现的就是这一过程。虽然呈现出的似乎是一个逐步把关的顺序过程，但这些步骤通常不是线性的——它们可以并行发生，而且随着人们认识的提高，这些步骤可以不断重复。

我们提出的七步问题解决法和设计思维之间有明显的相似之处：产生共鸣和定义问题这两个步骤与问题陈述方法密切相关；构思这一步类

似于我们围绕假设分解问题，然后进行测试的过程；构建和交付这两步与我们的工作计划和分析步骤相对应。同我们提出的方法一样，设计思维也是高度迭代的——随着认知程度的加深，需要不断回顾之前的阶段。

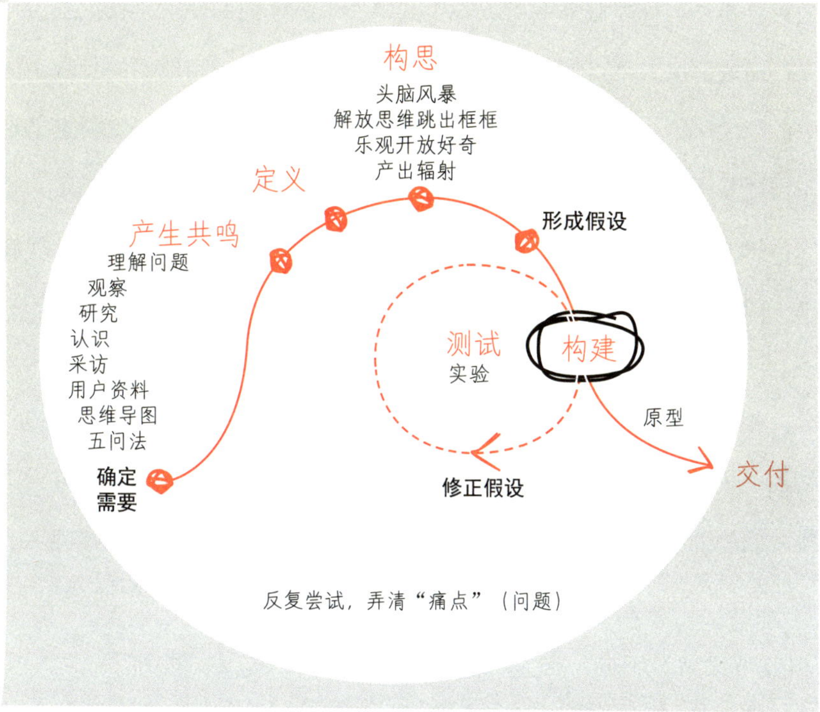

图 2.5　设计思维

确定了设计者的方法和态度之后，设计思维可以让团队使用创造性的问题解决过程寻找创新的解决方案。以用户为中心的方法是解决这类问题的基础——在这种方法中，要花大量的时间感受和理解用户及其

“痛点”。这需要长期、耐心、持续的交流沟通，包括采访、观察和研究。我们愿意将设计思维融入七步问题解决法之中，尤其是当新颖和创造性的想法对解决方案至关重要的时候。

设计思维通常从了解用户的潜在需求开始。因此，设计思维方法的第一步是与你要服务的对象产生共鸣，了解他们的需求，认识到为什么产品或解决方案可能是相关的，以及如何将其应用到他们的日常生活中。产生共鸣、构建—测试—重新定义、二次构建—测试—重新定义这一循环基于这样一种思想，即你不必根据历史数据和直觉做出决定。相反，决策可以根据用户对成功或失败原型的反应而不断变化。设计思维关注的是用户理解、研究以及利用原型反复尝试。这是一种有效的工具，可以和七步问题解决法结合起来使用，尤其在消费 / 产品领域。

把精力放在定义问题上是值得的，因为它能赋予你一个明智的开端和一个高效的过程。反复修改问题的定义是非常有价值的。想方设法挑战问题的陈述和范围，这会在你的解决方案中给你更大的创造力。

第 2 章重点回顾

- 恰当地定义问题是解决好问题的起点。如果做得不好，就有可能浪费时间，决策失利。有句话说得好：“问题定义恰当，问题也就解决了一半。”提前投入时间是值得的。
- 定义问题不仅仅是问题陈述。你需要知道问题涉及的范围、解决方案的时间限制、所需的精确度以及影响决策的任何其他因素。

- 尝试使用一个具有挑战性的反命题或反事实来测试问题陈述的合理性。可以围绕客户行为、竞争对手的反应，或监管机构在问题上的立场展开。
- 在纵向转换数据、进一步了解问题时必须反复提炼问题陈述。
- 扩大范围、放宽限制、增加团队成员的多样性，以此将创造力带入问题定义之中。
- 在这个阶段尝试添加设计思维的因素，特别是要增加用户或决策者积极的情感共鸣。

练习

1. 把今年你们单位的首要任务作为一个问题陈述来写，然后根据恰当的问题陈述的标准对其进行测试。如果你从公司总裁的角度来写，会有什么不同？如果你从竞争对手的角度来写，又有什么不同？
2. 列出你所在地区的三大问题，如环境恶化、犯罪率、就业率、阿片类药物滥用等。为其中一个问题准备一份问题陈述，列出你需要知道的有关该问题的事实和分析。花一个小时进行网络调查和电话采访，收集数据。然后进行二次修剪，重新撰写问题陈述。

3. 定义你在与银行往来时遇到的问题。你在用户体验中的痛点是什么？如何通过产品或流程更改来解决这些问题？

4. 设想一种未被满足的消费者需求，并将设计思维贯穿其中。

第3章

分解问题和划分优先级

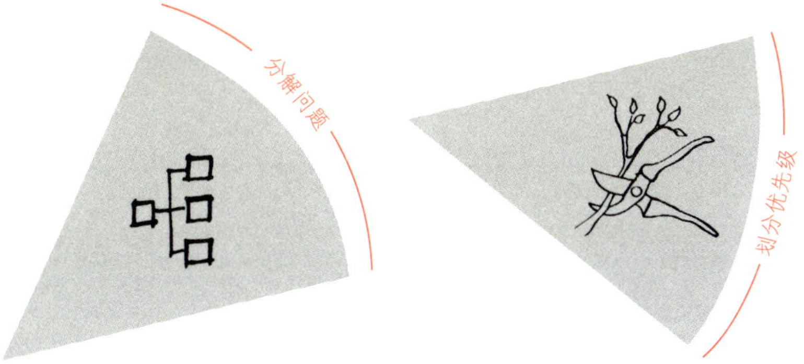

引言

恰当地分解问题是七步问题解决法的核心。任何能产生实质性后果的问题都十分复杂，如果不按照逻辑将其分解成不同部分以帮助我们理解其驱动因素或原因，就无法解决问题。所以，解决问题最重要的一步是：把问题分解开来，以帮助我们发现解决问题的潜在途径。与此同时，当我们能够清楚地认识问题的所有部分时，我们就可以确定哪些部分不需要处理——这些部分要么太难更改，要么对问题影响不大。善于分解问题可以让你迅速认识问题。当你发现哪种逻辑树更适合解决问题时，奇迹就出现了。这就像切割钻石的计划——用正确的方法切割钻石十分重要。

切割钻石的类比很有趣，但其中存在风险，因为这使得问题分解看起来太困难了，好像这只是专家的工作。事实上，我们任何人都可以从在线文献综述开始，对问题的各个方面进行研究，从而产生自己的想法。这是一种头脑风暴活动，针对的是问题的基本情况和要素，形成初步的逻辑树，然后开始分解问题。

在本章中，我们将介绍如何使用逻辑树分解问题，对各部分进行跟踪分析，增强解决问题的意识。我们将介绍几种适合在早期或后期解决问题的逻辑树，或者适合不同类型问题的逻辑树，包括因素/杠杆逻辑树、演绎逻辑树、假设逻辑树和决策逻辑树。有些问题可以凭直觉得出答案，有些问题则需要更多的耐心去加深理解。这一章将介绍如何使用分解手段或试探法处理个人、组织和社会层面的问题，帮助人们更快、更好地解决较为棘手的问题。我们还将讨论问题各要素之间的优先顺序，剪掉逻辑树中对解决问题意义不大、不值得为之浪费时间的枝杈。最后，我们将讨论团队和个人解决问题的过程，这更利于分解问题、划分优先级，更不容易出现决策偏差。

逻辑树的类型

逻辑树实际上是一种结构，我们可以用它清晰地认识问题的各个元素，并跟踪记录问题的不同层次——我们将其比作树干、树杈、细枝和树叶。你可以把它们从左到右、从右到左，或者从上到下排列，只要能看得更清楚就可以。有很多方法可以做到这一点。事实上，我们几乎总会尝试两三种不同的分解问题的方法，为的是找到对问题认识最深刻的方法。我们可以把逻辑树看作对问题的心理认知模型。更合理的逻辑树能够更清晰、更完整地体现问题各部分之间的逻辑关系，也更全面，没有重叠——这些我们都将加以讨论。

下面是逻辑树结构的一个简单示例：计划修建砖墙的任务可以被视

为一个工序，也可以被视为各组成部分的总和——二者都能产生不同的见解，并且有助于我们直观地认识修建砖墙的任务（参见图 3.1）。

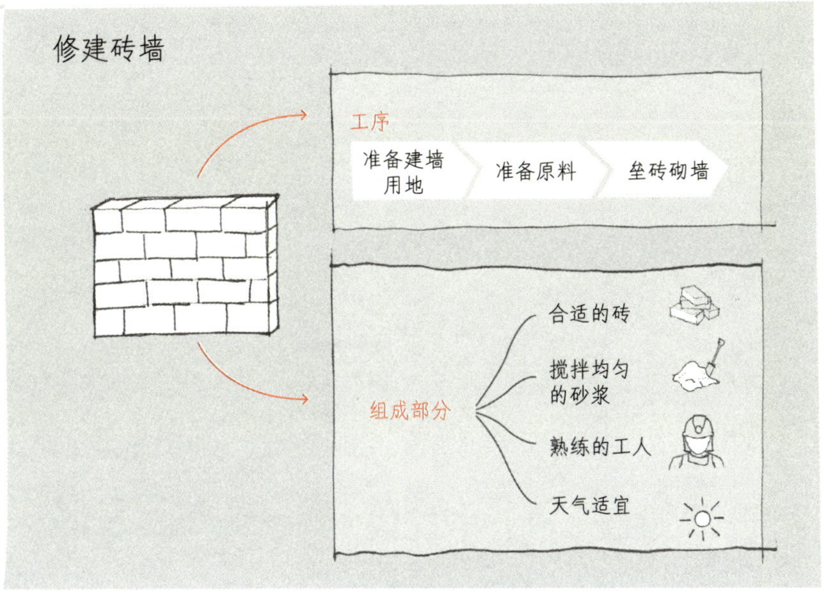

图 3.1 分解问题的许多方法

图 3.2 显示的是我们在实践中发现的一些有用的不同的逻辑树结构，以及对它们在什么时候使用最合适的认识。在此过程的初期，我们通常使用要素或因素逻辑树，并经常进行归纳（从阐明一般原则的具体案例中学习），以帮助我们定义基本的问题结构。在这之后，经过反复应用数据和分析之后，我们通常会根据问题的性质转而使用假设逻辑树、演绎逻辑树或决策逻辑树。这里唯一的规则是，必要的时候，需要

从具有普遍性问题元素的逻辑树转向具有明确假设需要测试的逻辑树。模糊的概念不能推动分析或行动——这才是问题的关键。

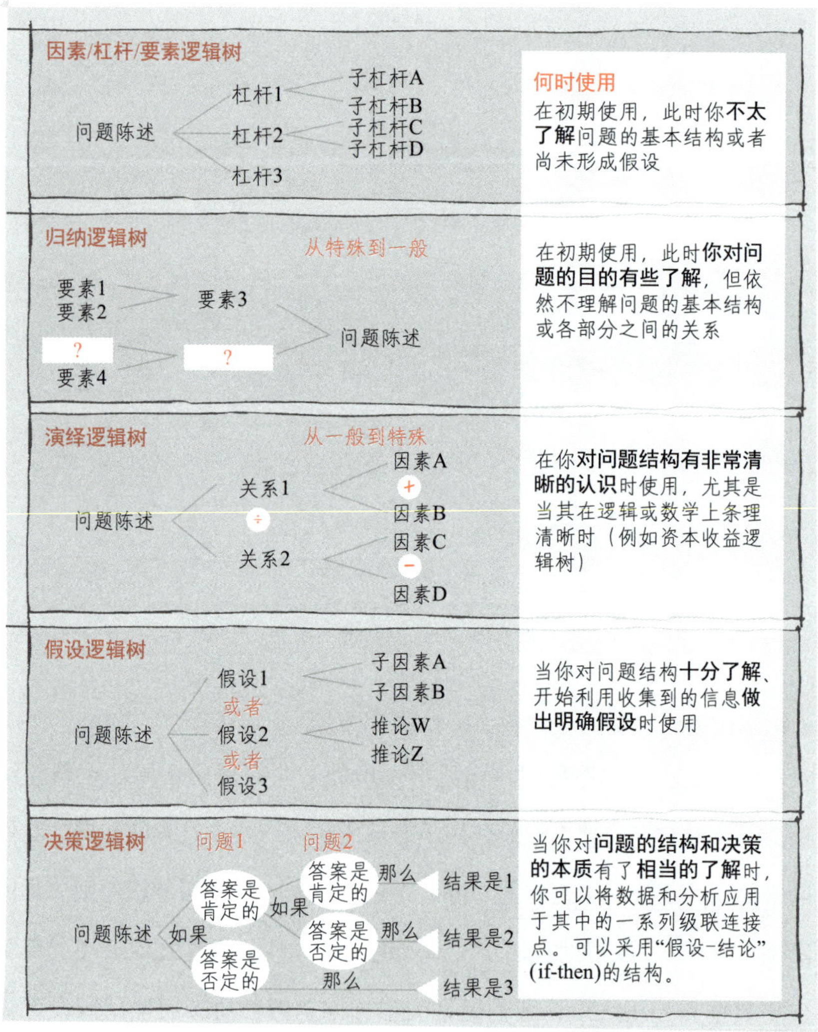

图 3.2　逻辑树的类型

一开始当你能够清楚地陈述问题，但是还没有对问题有一个详细的了解、无法提出有利的解决方案时，通常可以使用最简单的逻辑树——要素逻辑树或因素逻辑树。构建逻辑树的目标是找到帮助我们解决问题的杠杆。从要素入手，集中收集数据，最终得出可以测试的合理假设。要素或因素只是构成问题的最明显的元素，就像前面修建砖墙的例子中的砖块和砂浆。通常来说，你可以通过简单的网络查询和团队头脑风暴找到足够的信息，对问题进行初步分解。让我们通过下面的案例分析说明这一点。

案例研究：

拯救太平洋三文鱼——从最初的要素逻辑树到改进的假设逻辑树

图 3.3 展示的例子就是这种要素逻辑树，也叫杠杆逻辑树。查尔斯在保护三文鱼的工作中使用过，我们曾在第二章中做过初步介绍。这种逻辑树在解决问题的过程中很早就被查尔斯团队开发出来，当时查尔斯所在的基金会一心想要解决问题，但没有掌握定义问题的所有要素和关系。

因此，该团队开发了一个初步的要素逻辑树，开始处理这个问题。为了达到这个阶段，我们阅读了所有能找到的有关三文鱼的资料，并与许多三文鱼保护专家进行了交流。这需要几天，而不是几周的时间——我们的经验是，你只需要把初始研究做足，做出经过首次修剪的一棵逻辑树，以这棵逻辑树的结构为向导，接下来的研究效率会更高。

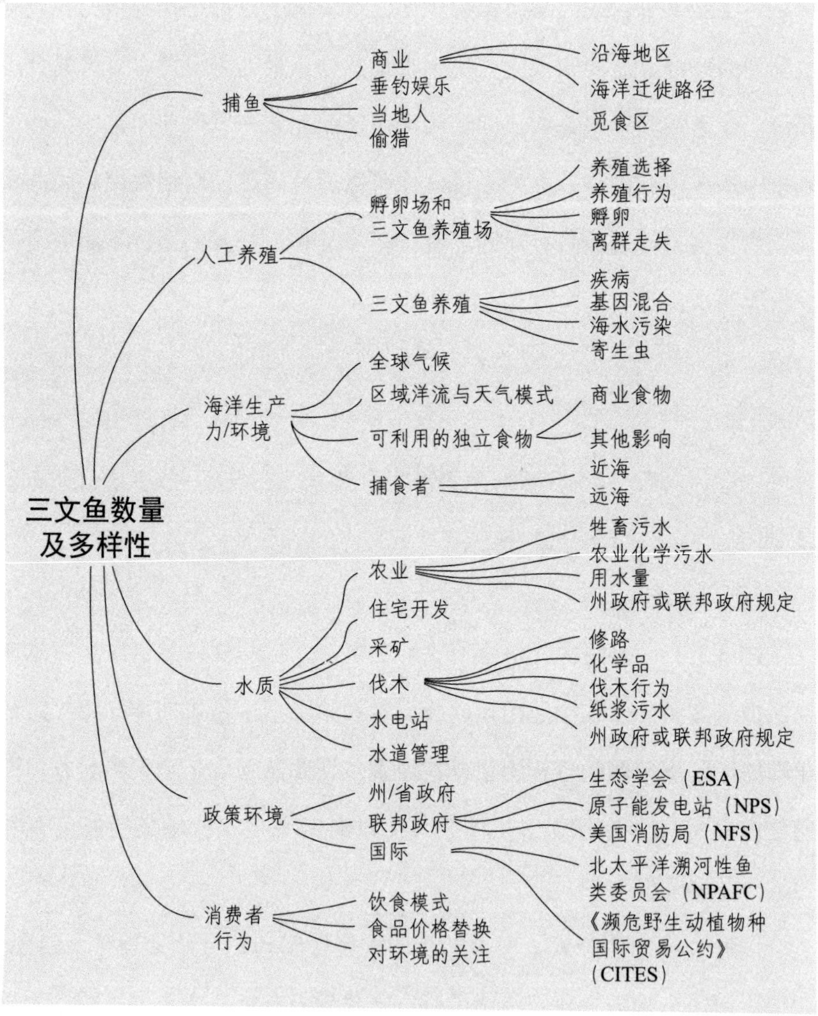

图 3.3　三文鱼数量及多样性

正如你看到的，第一次修剪的这棵逻辑树内容很多。它帮助我们看到影响三文鱼生存的主要因素，但从中我们得不出太多的见解，因为它仍处于要素层次，没有明确的假设。我们知道淡水流域的水质和海洋环境条件对太平洋三文鱼的数量和多样性非常重要，商业捕鱼和其他渔业活动、孵化场和养殖场、消费者行为以及政府政策的影响也是如此。我们可以看到该问题的一些二级和三级层次，但我们没有深刻理解任何因素的重要性，也没有理解我们的捐款可能影响哪些因素。因此，我们无法提出假设来指导我们的数据收集、分析和排序。但我们确实得到一个较为全面的列表，它列出了影响三文鱼生存的因素。我们也确实设计出几个干预措施的层次。这为该团队下一阶段对三文鱼的研究以及确立各因素之间的关系指明了方向。这是一个良好的开端，但仅仅是个开端而已。

有关太平洋三文鱼第一阶段的要素逻辑树在其他方面也存在缺陷。它没有解决重要因素之间的实质性区域差异，没有显示出每个杠杆影响力的大小，并且在政府政策因素中造成严重的混乱，因为该因素作为一个单独的主题领域被提出来，并没有显示其在水质保护、渔业和人工养殖等方面的实际影响。

在此，我们有必要停下来介绍一下逻辑树构造中的一个重要概念——MECE。MECE 代表的是“相互排斥，全无遗漏”。因为这一逻辑树混淆或重叠了一些枝杈，所以它并没有体现出“相互排斥，全无遗漏”。虽然有点儿拗口，但它确实是一个非常有用的概念。

逻辑树的枝杈应当是：

互相排斥	逻辑树的枝杈不重叠，也不包含同一因素或要素中的部分元素。这有点儿难以理解，但这意味着问题的每个主干或枝杈的核心概念是独立的，不是分散在多个枝杈中的。
全无遗漏	作为一个整体，逻辑树包含了问题的所有元素，而不仅仅是其中的一些元素。如果其中缺少了某些元素，就很可能无法找到问题的解决方案。

图 3.4 提供了一种直观的方法。

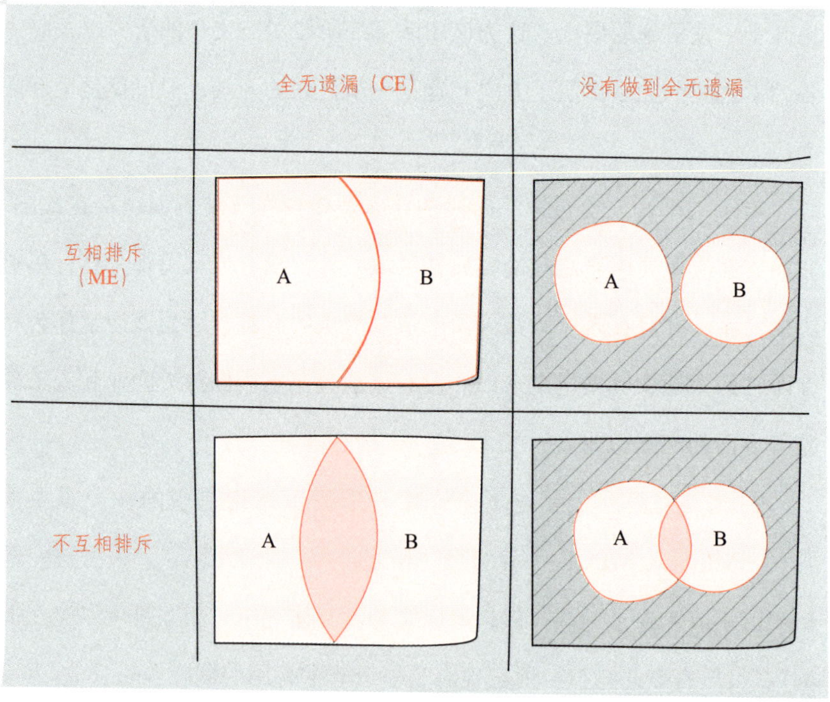

图 3.4

举一个与我们第一章介绍的皮卡装备公司竞争案例相关的例子：如果使用资本回报逻辑树来评估零售商的业绩，可以把现有的门店销售放在与新的门店销售不同的枝杈中，使之相互排斥。为了做到全无遗漏，一定要使逻辑树包含所有的销售渠道，包括已有门店、新开门店和线上销售。如果你很难从逻辑树中得到清晰的假设，检查一下它是否真的做到了“相互排斥，全无遗漏”。

不断重复是七步问题解决法奏效的关键。在查尔斯团队研究了文献综述之后，他们会见了许多专家，并与环保组织、政府机构、政策研究人员、渔民和加拿大“第一民族”领导人建立了联系。他们委托三文鱼研究人员进行探索性的科学研究，并对他们的三文鱼逻辑树进行提炼，把一个简单直观的要素逻辑树变成假设逻辑树。从图 3.5 可以看出，这一逻辑树结构更合理，更能体现“相互排斥，全无遗漏”，也有更多积极的提问，并重点对特定区域和干预措施类型进行了分析。这些都不是这个阶段非常具体的假设，但可以让该团队与新伙伴合作，获得初始拨款，力争取得一些初期成果（包括禁止在加拿大不列颠哥伦比亚省以北扩大三文鱼养殖范围），并加深基金会对持续 15 年、投入 2.75 亿美元帮助保护太平洋三文鱼这一项目的理解。接下来本章要讨论的是，在稍后的阶段，该团队可以修剪掉逻辑树中一些影响较低或难度较高的枝杈，这有助于集中精力解决问题，取得更好的结果。

演绎逻辑树

演绎逻辑树的名称源于逻辑演绎的过程。演绎推理有时被称为自

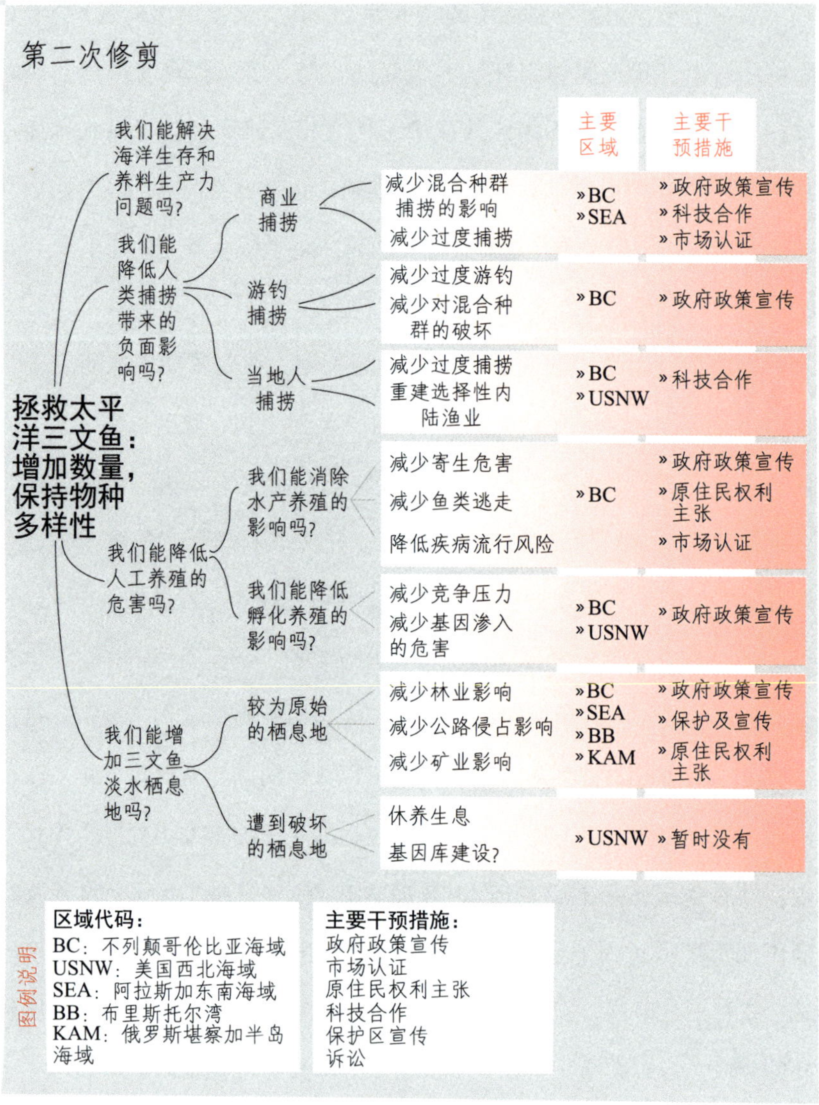

图 3.5 拯救太平洋三文鱼

上而下的推理，因为进行演绎推理时，我们是通过具体的数据和论断从一般规则或原则得出结论的。经典的演绎论述结构是这样的：

- 一般性论述：所有钟表匠都需要眼镜。
- 具体观察：莎莉是个钟表匠。
- 演绎结论：莎莉需要一副眼镜。

演绎逻辑树的结构与此类似，其中的问题陈述有时可以用数量表示，各枝杈在逻辑或数学上通常是完整的，因而各要素的总和就是问题陈述的预期目标。当我们非常了解某个问题的逻辑结构，尤其是当分割框架具有数学属性的时候，我们就可以使用这种逻辑树，正如我们在第一章看到的利润杠杆回报逻辑树。这种逻辑树更复杂的版本包括不同行动的投资成本，而不仅仅是对盈利能力的影响。

为什么要分析投入资本的收益？投入资本收益率（ROIC）表示公司是如何将投入资本转化为利润的。从算术上讲，它是两种要素的乘积：利润空间（有时被称为销售回报）和资本周转率（销售与投入资本的比率）。投入资本收益率可以用来对公司进行比较，理解影响公司投入资本收益的杠杆，不用考虑所有权结构（债务和股权）和过剩现金。如果你对商业问题感兴趣，那么可以学习一下这种逻辑树。接下来这个案例研究的重点是使用投入资本收益率逻辑树来了解两个企业之间的竞争。你还可以在图 3.9 中看到一个更通俗的例子。

案例研究：

家居建材王者之战——赫欣格与家得宝

随着行业的变化，商业模式经受着激烈竞争和市场动荡的考验。通过使用投入资本收益率逻辑树，查尔斯得以确定是哪些杠杆推动了家居建材行业两个竞争对手的盈利能力和公司发展。查尔斯为一家咨询公司工作，该公司被赫欣格家居建材公司选中，负责制订向新市场扩张的计划。定义问题这一步显示，为了成功地扩张市场，公司必须与正在崛起的同行展开竞争。这一逻辑树帮助他所在的团队发现，一场史诗般的战斗正在酝酿。事情如下所述。

赫欣格公司于1919年开设了第一家五金店，将营销战略重点放在零售消费者身上，而不是承包商身上。这推动了体验式家居建材业的发展。这家家族企业在20世纪前半个世纪中开始缓慢扩张，1972年上市后，它计划以更快的速度扩张。当时，五金行业以每年近12%的速度增长，是美国经济发展速度的两倍多。不断上涨的房价增加了房主对房屋维修和改善家居条件的关注。

> 该公司（赫欣格）有着令人羡慕的业绩记录，包括连续39个季度的单股正盈利……
>
> ——1984财年布朗分析师报告

凭借出色的业绩和充满希望的行业预测，赫欣格公司正寻求开拓新市场。该公司账面上可用于市场扩张的现金有1.3亿美元，并且拥有强大的资深员工队伍——所有连锁店150名经理拥有9年或更长时间的工作经验，因此公司管理层对他们创建市场份额的能力充满信心。

然而，咨询团队通过分析发现了一个赫欣格公司没有预料到的问题。从1979年开始，美国南方一家小型竞争对手家得宝公司开设了三家新的仓储式商店，这是一个新颖的想法。与赫欣格公司一尘不染的店面、宽敞的库房、相对较高的价格形成鲜明对比的，是家得宝公司打造的超级仓储式五金商店模式，这种模式既面向散客也面向经营承包商。1981年上市后，它开始从亚特兰大基地迅速扩张，与赫欣格公司从华盛顿特区的扩张如出一辙，两家公司展开对决。尽管赫欣格公司当时的确拥有卓越的管理团队和骄人的历史业绩，但它并没有意识到家得宝公司正在改变这个行业的竞争格局。

面对众多前景广阔的在扩张市场上的竞争对手，查尔斯和他的团队着手对赫欣格公司和家得宝公司进行对比分析，结果令他们感到震惊：外表相似的业务，内部却截然不同。为了解决这个问题，团队使用了投入资本收益率逻辑树，结果证明这是一个有效解决问题的工具。结果显示，尽管两家公司的投入资本收益率相似，但它们成功的驱动因素不同。图3.6显示了借助公开的会计数据得出的结论。

- 家得宝公司的管理费用和商品销售成本较低，但其毛利率比较低（销售价格减去商品成本）——公司采用的是低成本/低价格策略。

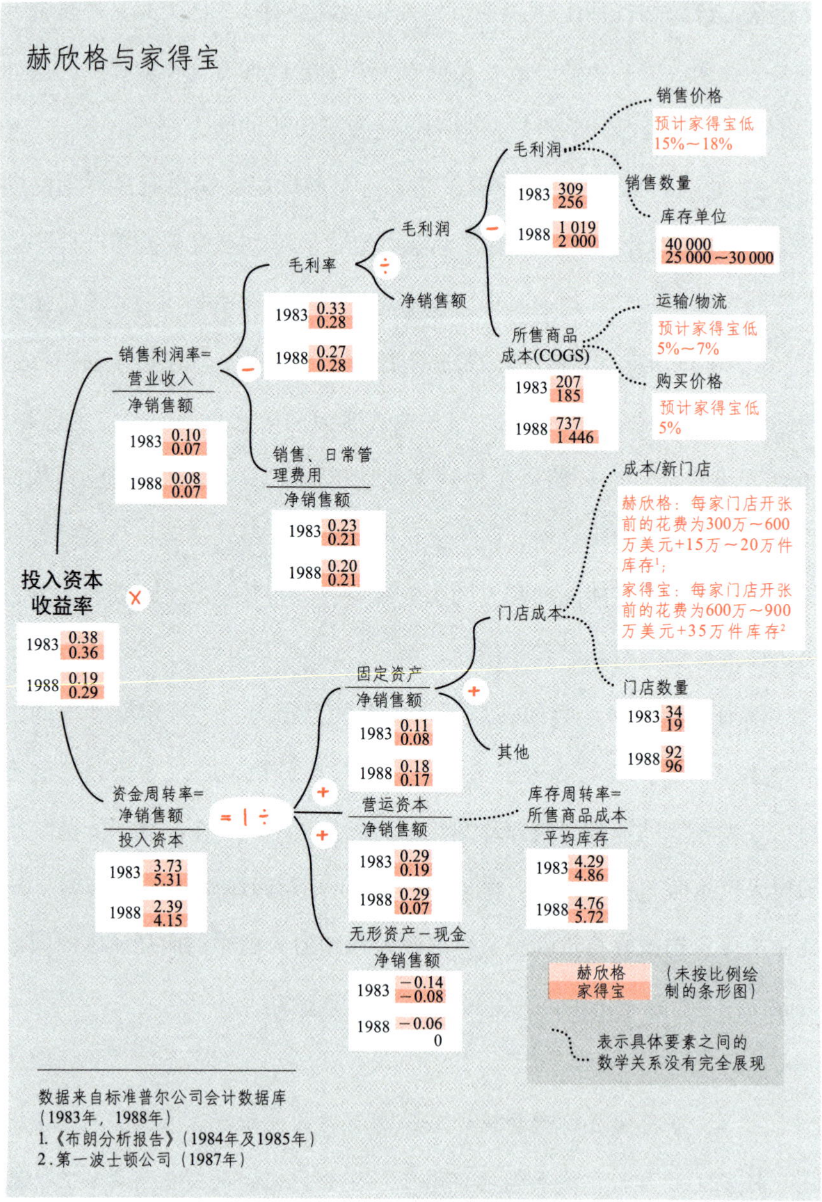

图 3.6 投资资本回报分析

- 家得宝公司的资产生产率要高得多，这意味着它投资的每一美元都能创造更多的销售额，包括每平方英尺[①]店面较高的销售额和更高的库存周转率。
- 家得宝公司的发展速度要快得多，尽管它在1983年的规模与赫欣格公司不相上下。

显然，家得宝公司通过降低管理成本、提高资产生产率弥补了利润率下降的影响，其收益率与历史悠久的赫欣格公司相似。该团队决定进一步挖掘研究，其结果值得注意。家得宝公司发展如此之快，是因为其产品的价格要低得多。查尔斯团队对购物者价格进行了秘密分析，发现家得宝公司的同类产品价格要低15%~18%。它怎么可能以如此低的价格维系经营呢？

投入资本收益率逻辑树是指导此次分析的中心框架。该团队了解到，家得宝公司建立了一个最先进的库存管理系统，并采用全新的店铺设计，将库存放置在零售楼层20英尺的货架上（而不是赫欣格公司的8英尺货架），这样一来就不需要后台储存，也省去了人工搬运成本。此外，该公司没有将货物主要存放在公司的中央仓库，而是与供应商谈判，将货物直接运往家得宝公司的门店，或越库配送货物（供应商的卡车快速卸货，货物直接搬上门店的送货卡车，不需要二次装卸）。研究小组估计，家得宝公司的运输和物流成本比赫欣格公司低5%，并且通

① 1英尺=30.48厘米。——编者注

过集中精力处理数量较少的零售订单（有时称为库存单位，或 SKUs），同样商品的成本可以降低 5%。

> 转运货物或打破制造商发货到各个门店的做法是小规模进行的，但在大多数情况下，供应商更愿意将货物运到门店，因为各个地点的订单是由拖车装载的。家得宝每家门店的平均销售额约为 2 000 万美元，是赫欣格公司或家居广场公司（Builders Square）的两倍多。
>
> ——第一波士顿公司分析师报告

因此，家得宝公司的投资资本获得了同样的回报，但通过降低配送成本、采购成本、门店成本和公司管理费用，提高资产生产率，该公司能够承受价格的大幅下降。更低的价格极大地提高了每家门店的销售额，提升了公司的资产增长率。如此一来，赫欣格公司的麻烦很快就来了：它能否采用家得宝公司的一些竞争做法，以其强大的品牌优势重新夺回地区领先地位？

尽管赫欣格公司试图降低成本，提高资产生产率，但随着时间的推移，这种差异扩大了，到 1988 年，这两家公司的差异越来越大（参见图 3.7）。家得宝公司的销售正在加速，因为它开拓了新的市场，每家门店的销售额几乎是赫欣格公司的两倍，其资产生产率持续攀升。

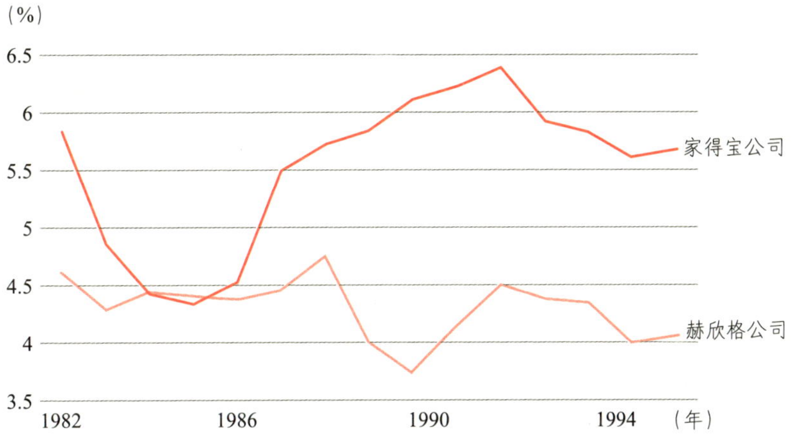

图 3.7 库存周转率

当赫欣格公司试图与家得宝公司展开价格竞争时，它进行了促销活动，尽管收购了一家类似的仓储连锁公司 Home Quarters，却未能做出竞争所需的深层次商业模式变革。随着 19 个州多条战线相继失守，包括其长期占据主导地位的华盛顿特区的大本营，赫欣格公司开始关闭一些门店。到 1997 年，赫欣格公司倒闭了（参见图 3.8）。①

投入资本收益率逻辑树呈现的是导致这种竞争结果的商业模式之间的根本差异，显示了应用于商业中的要素分解法对解决问题的价值。

① Margaret Webb Pressler, "The Fall of the House of Hechinger," *Washington Post*, July 21, 1997.

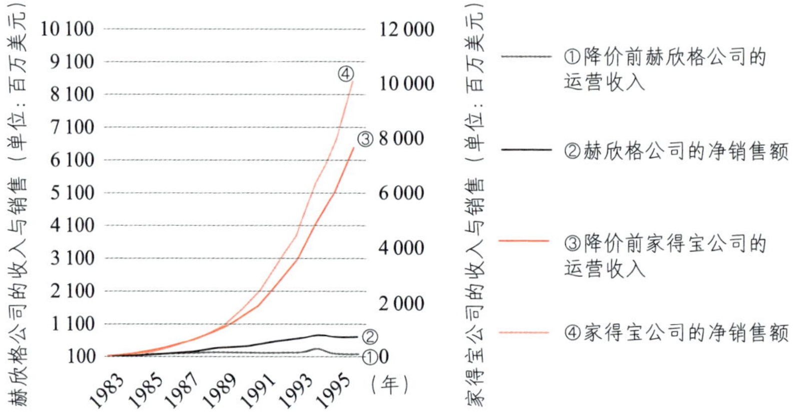

图 3.8 销售运营收入：赫欣格公司与家得宝公司比较（1983—1996年）

图 3.9 是投入资本收益率逻辑树的一个更广义的版本。我们在此增加了几个枝杈，以突出影响资本收益率的因素，这些杠杆可能有助于你解决其他业务问题。

在对家居公司的比较中，这一逻辑树的目标是分析投入资本的收益，各个枝杈包括盈利能力和资产生产率，也就是体现在数学上的导致家得宝公司和赫欣格公司两个竞争对手之间驱动因素在运营和财务结果上的差异。这有助于我们通过强调两种不同的商业模式如何导致不同程度的财务成功来了解这两家公司的市场前景。[在使用投入资本收益率逻辑树时要注意的一点是，通常采用的资本和利润的定义是会计学上的定义（所以要遵守折旧之类的会计规则），而不是现金或重置成本的定义。你可以交叉核对数据，计算门店等核心资产的重置成本，并利用现金盈利能力从中受益。]

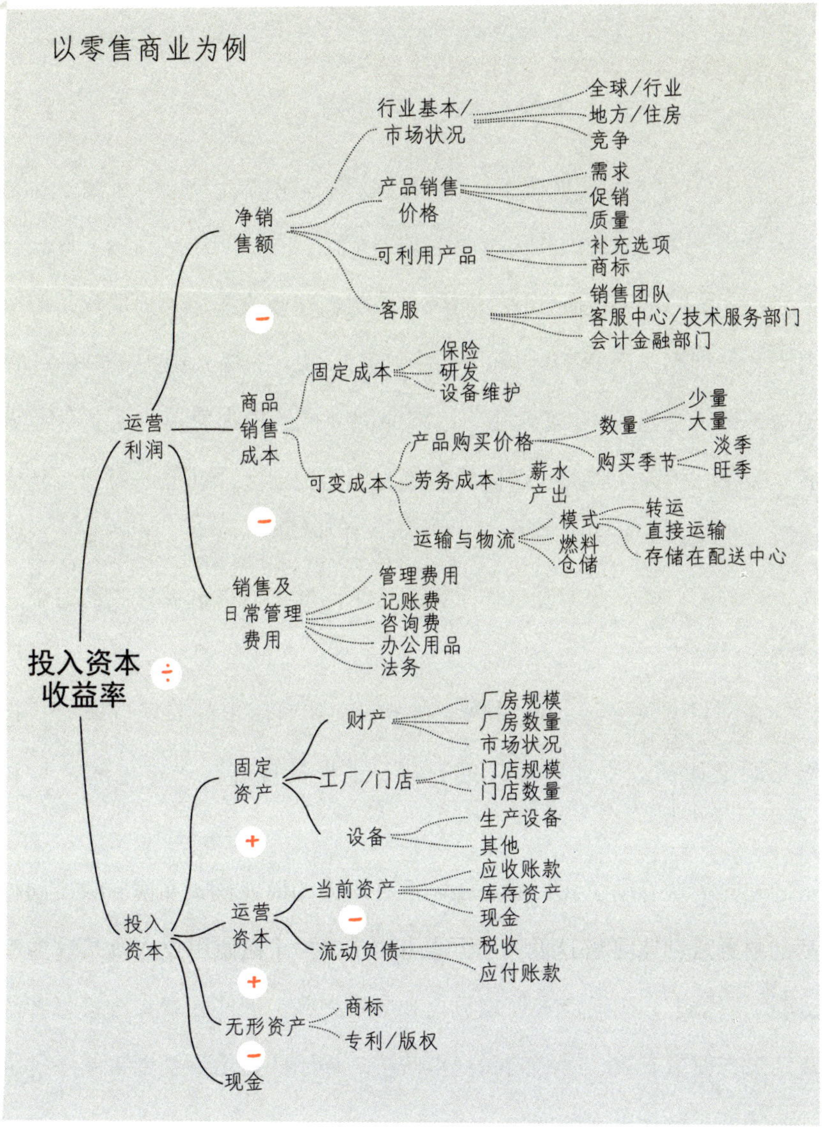

图 3.9 影响投入资本收益率的因素

案例研究：

旧金山湾区相关患者的护理结果

为了展示演绎逻辑树带来的清晰效果，我们引入一个新例子，这一次是关于改善旧金山湾区医院的护理工作。查尔斯注意到他工作的基金会有一个团队正在研究这个问题，该团队希望改善加利福尼亚州旧金山湾区护理相关患者的结果。医院中 90% 以上的病人由护士护理，在美国，每年有超过 10 万人死于诸多原因带来的护理失误，尤其是败血症、呼吸机相关性肺炎、医院内感染和用药失误。加利福尼亚州及其他地区的护士严重短缺。研究表明，每位注册护士（RN）每增加一名病人，患者死亡率就会上升。如果能在这个问题上取得进展，我们每个人都将获益匪浅。

在项目开展之初，该团队绘制了一棵相对简单的演绎逻辑树，重点是既增加护理专业毕业生的数量，也提高现有注册护士的水平和技能。

通过开发如图 3.10 所示的演绎逻辑树，以及随后更复杂的版本，基金会研究护理问题的团队将注意力集中在护士数量和技能水平这些关键驱动因素上，因而能够使用数据和分析来确定哪些因素在改善患者恢复结果方面最有效，哪些问题值得解决。该团队提出一系列策略来解决这些问题，包括以下几点。

- 通过开办新的护士学校加强专业护士队伍建设。

- 在医院实施循证护理实践。
- 加强对一线护理工作的指导。
- 改善患者从医院转院的情况。

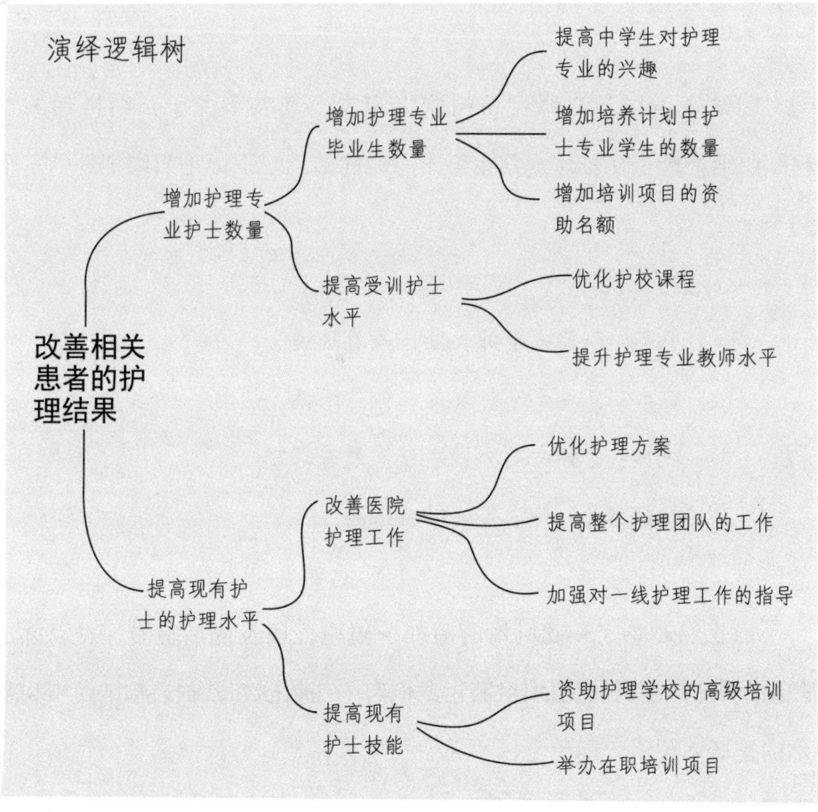

图 3.10　改善护理结果

经过对这一具有挑战性的问题 12 年的投资，该基金会的捐款大大强化了旧金山湾区的护理力量，增加了 4 500 多名注册护士，护校课程得以优化，血液感染和再入院率降低，这每年能挽救大约 1 000 名败血症患者的生命。所以，缜密解决问题的方法至关重要。

归纳逻辑树

归纳逻辑树与演绎逻辑树刚好相反，其名字源于归纳推理的过程。归纳推理是从具体观察中得出一般性结论。下面是归纳推理的一个例子。

- 观察：莎莉是个钟表匠，戴着眼镜。
- 观察：肖恩是个钟表匠，戴着眼镜。
- 观察：史蒂文是个钟表匠，戴着眼镜。
- 归纳结论：钟表匠通常戴眼镜。

当我们对感兴趣的问题背后的一般原理还不太了解时，可以使用归纳逻辑树，但我们确实对特定案例有一些数据或见解。归纳逻辑树显示的是概率关系，而不是因果关系：就算你看到的天鹅都是白色的，也不意味着所有的天鹅都是白色的（澳大利亚就有黑天鹅[①]）。在很多情

① See Nassim N. Taleb, *The Black Swan: The Impact of the Highly Improbable* (New York: Random House, 2007) , for a deeply insightful discussion of probability and decision-making errors.

况下，你会对自己最初的逻辑树进行归纳和演绎处理，大致了解其中一些较为重要的驱动因素和一般原则，并掌握自己研究领域一些成功项目的实例。所以你要从逻辑树的树干和树叶两方面入手，通过反复分析，逐渐厘清其中的关系。

案例研究：

处理有争议的历史遗迹，从归纳思维到决策逻辑树

最近有些新闻集中报道了争论纷纭的雕像和公共纪念碑。正如我们在这些新闻报道中听到或看到的，公众对记录或纪念昔日领袖的历史文物产生了极大的兴趣，因为这些人的观点与当前价值观不符。这种现象最初是由美国大学校园中的激进主义引发的，但现在也涵盖了市政府和其他机构。作为罗德信托基金（该组织是拥有复杂历史遗迹的众多机构中的一个）的负责人，查尔斯一直在努力解决这些问题。

查尔斯发现，人们对每一件历史文物都有很多特别的处理方法。在利益集团和外部评论人士的压力下，机构决策者一直犹疑不定、难以决策，而且经常改变方向，缺乏一套明确的原则来指导机构的行动。令人满意的道德推理离不开理性的参与。查尔斯认为，如果能提出一些原则，用以处理历史人物的文物，舆情就会得到改善。但问题是，即使是我们最喜欢的历史人物，他们的观点也会让今天的我们感到厌恶。这样一来情况就更复杂了。因此，这一框架必须涵盖像弗雷德里克·道格拉斯、托马斯·杰斐逊、沃尔特·惠特曼和甘地这样的英雄人物，而不仅

仅是历史上的“坏人”。

事实证明，这种认识很重要。团队开始进行归纳推理，在推理的过程中，我们选取大量历史人物，相关信息非常丰富。我们甚至在如何评价历史人物的问题上达成了某些共识。例如，我们将托马斯·杰斐逊与其他蓄奴的总统的声誉进行了比较，也研究了形形色色历史人物的遗产，如毕业于耶鲁大学的约翰·C. 卡尔霍恩、公元 43 年入侵英国的罗马将军奥留斯·普劳提乌斯。通过回溯人们对这些人的看法，团队梳理出一些基本的评判原则。起初，我们只有一份支持判断或评估的基本问题清单，但缺乏层次，没有明确区分问题的重要程度，如图 3.11 所示。

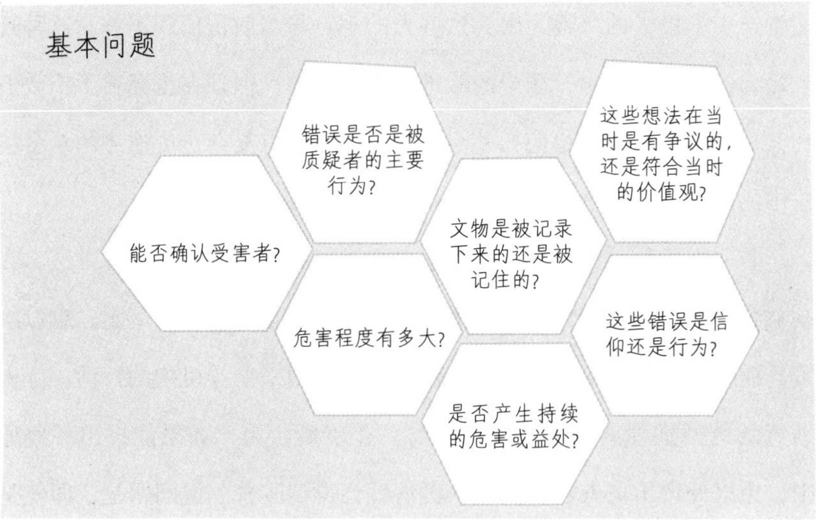

图 3.11 遗迹和有争议的人物

在进行了一些密集的白板会议以确定原则的层次结构或顺序之后，

团队提出下面的决策逻辑树，用于解决这些难以处理的历史遗迹问题（参见图 3.12）。

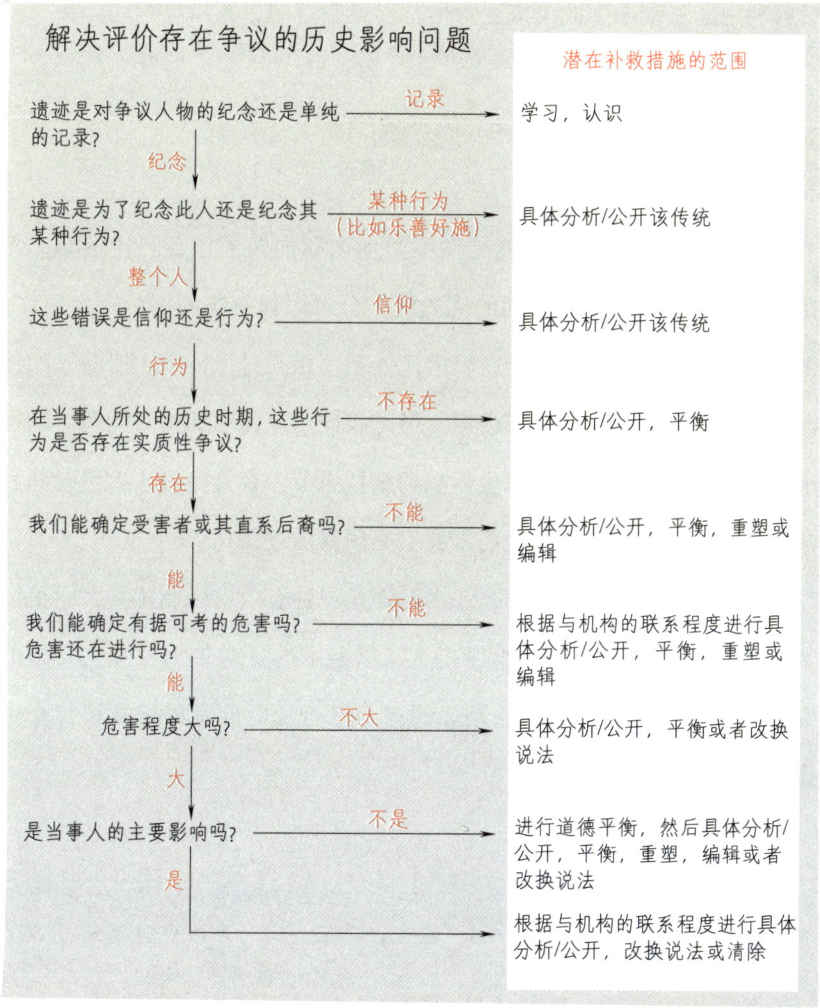

图 3.12　遗迹和有争议的人物

你可能同意该团队提出的这些基本问题和一系列补救措施[①]，也可能不同意，但我们希望你会发现，通过对有争议的历史人物进行归纳推理，并参考历史哲学格言，集思广益地思考一些实用原则是很有用的，然后利用这一结果生成决策逻辑树，以更系统的方式指导行动。

第三步：优先级划分——修剪逻辑树

合理解决问题的方法就是你不做什么和你做了什么同样重要，而在解决问题的过程中，合理的优先级划分可以让解决问题的速度更快，也更省力。我们希望最初的逻辑树能体现“相互排斥，全无遗漏”的特点，这样我们就能掌握全部内容。但是我们不想保留那些对问题影响很小，或很难，或者不可能产生影响的细枝末节。在开始投入大量时间和精力进行工作规划和分析之前，我们必须修剪逻辑树。

我们发现，图 3.13 中的 2×2 矩阵是一种有效的强制工具，它可以对要使用的杠杆进行优先排序——这里显示的是有关太平洋三文鱼的案例研究。左边的轴显示的是你的努力是否会对问题杠杆或枝杈产生影响。

① 有关补救措施的定义：具体分析 / 公开：把该影响暂时搁置一边，讲述当事人在攻击性行为中所扮演的角色；平衡：将他人的声音 / 形象，包括那些受冤枉的人带入现实或数字空间，可以包括平衡恢复性司法行动；重新定位：消除影响，但将其移到可以研究的位置；重塑或编辑：原来的纪念碑保留在原地，但在某种程度上加以改变，以突出其攻击性的方面；破坏或移除（其表面现象）；改换说法；道德平衡：运用道德演算来确定人物的主要影响；赔偿和 / 或恢复性司法。

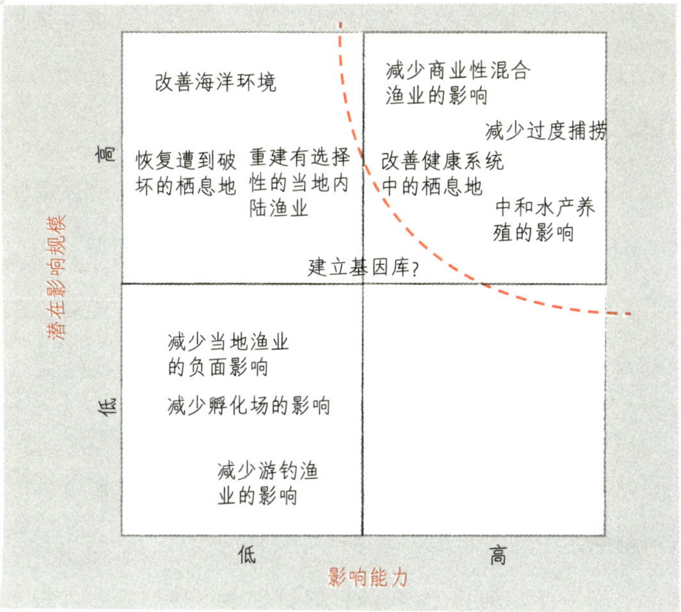

图 3.13 优先级划分

注：底部的轴显示的是杠杆在影响你试图解决的整个问题中有多重要，在这个例子中就是对三文鱼数量和种群多样性的影响。

正如你从矩阵中看到的，一些优先级的决定是相对简单的：即使得到大型基金会的支持，团队也不能指望影响气候条件，而气候条件是海洋生产力的主要驱动因素——为海洋中的幼年三文鱼提供食物。虽然这一因素对三文鱼的多样性和数量有显著影响，但我们必须把它砍掉。

其次，孵卵场和“海洋养殖场”的影响并不是无关紧要的（把人工饲养的三文鱼放入海洋，希望它们能游回来被捕捞到）——这些鱼与野生鱼类争夺食物，并可能通过近亲繁殖引起基因渗入，但在对问题进行初次修剪时，我们将其置于优先行动之外。尽管几乎没有证据证明净补给量或回报划算，但孵卵场提供了大量工作岗位，并得到当地人、游钓人士和商业渔民的大力支持，这一因素很难被去除。

正如你在图 3.13 中看到的，团队没有优先考虑利用投资修复三文鱼养殖场南端受损的生态系统。我们为这一决定感到痛苦，但与保护更多的未受破坏的北方生态系统的花费相比，修复成本并不划算。气候变化对南部地区水温的影响越来越大，这意味着无法保证任何结果的持久性。

鉴于我们一直强调要不断重复这些步骤，因此重新审视问题，看看放宽问题陈述中的限制是否会影响你要修剪的枝杈，这也是很有价值的。在太平洋三文鱼项目 15 年的发展过程中，我们确实进行了有针对性的投资，以限制孵卵场的扩张和影响，尽管这从未成为我们的工作重点。通常来说，对解决方案空间有严格约束的问题定义可以更快地得到答案，但有时会以牺牲创造性为代价。解决方法之一是放宽每条限制，看看整套解决方案呈现的格局是否足够大，是否值得付出额外的工作、时间和投资，使之切实可行。[①]

高级课程：使用分割框架分解问题

在前几节中，我们探讨了不同类型的逻辑树、分解问题的基本结

① J. Hammond, R. Keeney, and H. Raiffa, Smart Choices (Broadway Books,1999) , 48–49.

构和问题的优先级划分。我们在解决问题的早期曾处理了一些案例，在这些案例中，我们只知道将问题分解成基本因素或杠杆，或者我们不得不从特定的案例中进行归纳，争取理解一般性原则。我们对研究的问题都掌握了足够的信息，可以从特定的假设出发，可以使用演绎逻辑树和决策逻辑树。正如我们看到的，没有绝对正确或错误的方法来构建逻辑树——构建“互相排斥，全无遗漏”逻辑树除外，并且逻辑树的类型经常重叠。假设逻辑树在逻辑上可以演绎，而归纳推理可以生成有效的决策逻辑树。

现在，我们要开始下一阶段的讨论。问题解决专家经常使用现有的框架或理论更快、更合理地将问题分解成容易理解的部分。我们已经在家居建材公司的竞争案例中看过这样的例子，它使用了一种特殊的演绎逻辑树，即投入资本收益率逻辑树。事实上，许多商业问题都可以从这种特殊类型的问题分解中得到启示，因为它非常清楚地显示了收入（价格、数量、市场份额）、成本（固定成本、可变成本、管理成本）和资产利用率等各种因素，以及它们之间存在的数学关系。这种逻辑树还使“假设”竞争情景分析变得很容易。例如，利用它可以很容易对利基市场和广泛市场的产品策略进行建模，并且你的团队可以就产生结果的假设的真实性展开辩论。我们经常把这种工作称为“你必须相信的”分析。

就像投入资本收益率逻辑树通常是一种解决商业问题的非常实用的问题分解模型一样，其他理论架构或框架也可以成为解决其他类型问题的强大工具。图 3.14 呈现的是一个工具包，我们称为“针对不同类型问题的分割框架”。出色的问题解决者都有这样的工具包，它们就像透镜，可以直观地呈现可能的解决方案。它们会尝试一个或多个理论框架，看看哪一个最适合解决手头的问题。针对特定问题，它们常常综合使用多个框架展开分析。让我们花点儿时间重点研究其中的一些框架，加深对这一概念的认识。

商业问题

框架	要素	例子
» 价格/数量	» 市场份额，观念，尝试，回购，弹性	» 产品进入策略
» 合作/竞争	» 合作领域，竞争方式，赢得名声，传递信号	» 任何竞争场合 » 澳大利亚联邦科学与工业研究组织Wi-Fi
» 市场/竞争力	» 机会，竞争地位，能力，资源	» 进入/创业 » 必和必拓公司（BHP）
» 投资/收获	» 增长/份额，探索与开发，破坏性参与者	» 投资组合 » 必和必拓公司
» 利润/资产回报	» 资本回报，评价方法	» 商业模式构建 » 家得宝公司—赫欣格公司
» 规模/范围	» 大小与幅度	» 社交媒体平台
» 资本/非资本	» 租金，财产，借贷，股份，零基础	» 资产效率 » 优步，爱彼迎
» 委托人/代理商	» 激励政策，监控	» 补偿，保险，二手市场
» 资产/选择权	» 增值潜力（实际能力与潜在能力），买进和卖出的选择权	» 多重投资游戏
» 客户/股东	» 竞争视角	

图 3.14 分割框架

通过对商业问题的进一步分析我们发现，许多跟公司绩效和竞争有关的问题都可以从一系列框架中获益，这些框架能帮助我们快速呈现可能的解决方案路径。上面这个列表并不详尽，因为许多问题结合了来自多个框架的要素。针对框架所做的一些说明如下。

- 价格 / 数量：我们的投入资本收益率逻辑树的一个关键要素是收入驱动枝权，侧重于产品价格和数量。这一框架提出了关于竞争游戏本质的问题：是否存在差异化的产品或商品？是否存在由少数玩家控制的竞争性市场或寡头垄断市场？每一个问题都有不同的动因，优秀的商业问题解决者会将这些因素融到他们对问题的分解和研究计划中。这里的要素通常包括对市场份额、新产品上市、采购率、价格和收入弹性的假设。
- 委托人 / 代理商：委托人 / 代理商问题发生在由代理商（比如承包商或雇员）代表委托人（比如投资者或经理）从事某些活动的时候，这在商业领域非常普遍。这类问题的核心是，当委托人对代理人的工作没有完全的可见性或控制权时，需要建立激励机制来协调委托人和代理商之间的利益。最理想的框架是为投资者提供满意的、可以核实的结果，为承包商带来公平合理的收入。这听起来容易，但实际上并不容易做到。这种问题不仅会出现在签订合同的时候，而且会出现在所有二手资产出售和与保险有关的问题中。
- 资产 / 选择权：公司控制或购买的每一项资产，都为未来可能具有重大价值的战略举措创造了选择的机会。罗伯特在为一家澳大利亚矿业公司工作时，该公司要求他的团队评估一下公司对某一特定地产的投资。该团队发现，为开发这一特定地产公司在港口和铁路基础设施方面的投资，为一系列其他地点创造了非常有价值的选择，这使得他的客户成为其他价值数十亿美元的地点的“自然所有者”（这是由罗伯特和同事约翰·斯塔基提出的一个有关资产/选择权的权威概念）。这个案例在第8章中有更详细的阐述。

- 合作/竞争：任何商业策略都需要考虑竞争对手的潜在反应。每个公司都需要决定自己愿意在哪些方面展开激烈竞争（比如价格方面或大规模投资方面），以及在哪些领域不愿意进行激烈竞争，这要么是因为市场的性质，要么是因为其他竞争对手的性质。这个框架中的工具和要素来自博弈论，包括多重游戏和声誉等概念。我们之后要介绍的有关澳大利亚联邦科学与工业研究组织（CSIRO）的Wi-Fi（无线网络）专利案，就用这个框架来决定是否要上法庭保护知识产权。

在解决社会问题的层面上、在政策范畴中，还有许多其他有用的框架，如图3.15所示，其中大多数我们都很熟悉。

- 管理/激励：政策制定者经常面临这样的选择，如增加立法以解决问题，或者使用税收、补贴、刺激政策，为人们或企业采取的必需行为提供激励。这一框架经常围绕污染和其他外在问题发挥作用。

社会问题/公民问题

框架	要素	例子
» 需求/供给	» 能否得到更多？花费更少	» 水，二氧化碳，能源，交通
» 影响范围/严重程度	» 社会风险：类型，程度，危害风险	» 恐怖主义，医疗保健，禽流感
» 创造/重新分配	» 激励，生产，税收	» 税收，课税扣除，资本收益，所有权
» 减缓/调整	» 减少危害，消除危害，快速恢复	» 环境，气候变化，暴力，毒品
» 管理/激励	» 市场设计，产权，管理设计	» 碳排放与交易和碳税，用水权，山川保护
» 平等/自由	» 社会需求，个人权利	» 控枪，反毒政策

图 3.15 分割框架

- 平等 / 自由：许多解决社会问题的政策决定都面临一个基本的框架选择，如鼓励公民之间更加平等，或是允许个体更加自由。所有涉及征税 / 消费的政策都包含这个框架的要素。

- 减缓 / 调整：这一框架将减少某些因果因素造成损害的政策努力与适应该因素的努力进行了对比，这经常是气候变化辩论的核心问题。

- 供给 / 需求：这个框架解决的是此类问题——比如“我们能

得到更多吗?”以及“我们如何才能花费更少呢?”，它通常被用来处理诸如供水、医疗和能源等问题。

案例研究：

气候变化减缓与成本曲线

气候变化是一个特别棘手的问题，常常需要围绕着减缓与调整，或者影响范围和严重程度（想想西太平洋岛国基里巴斯，超出海平面不到一米！）进行分解。查尔斯和罗伯特认为，非常有效的问题分割方法是根据供给 / 需求线进行分割，其中缓解二氧化碳排放的收益或者成本可以用活动类型和减少的碳排放吨数来表示。这被称为成本曲线，可以从左（较低的成本）向右（较高的成本）读。①

在图 3.16 中你可以看到，大量的减排活动为私营公司和个人带来了积极的回报。这意味着，通过不懈的宣传教育，辅以对投资成本的税收减免，就可以实现大量的二氧化碳减排。还有第二类行动，主要是在农业和土地利用领域（重新造林、恢复退化的土地、避免砍伐森林）。与二氧化碳减排效益相比，这些领域的投资成本相对较小。第三类行动是长期的，需要在新技术和市场中进行大量私人投资和社会投资。在我们看来，这个分割框架为减缓 / 调整问题提供了一种有用的参考。如果

① McKinsey & Company, *Pathways to a Low-Carbon Economy: Version 2 of the Global Greenhouse Gas Abatement Cost Curve*, September 2013.

我们只关注个人（参见图 3.17）或公司的碳排放，那么我们会错失整合所有参与者的行动、争取更大成果的机会。

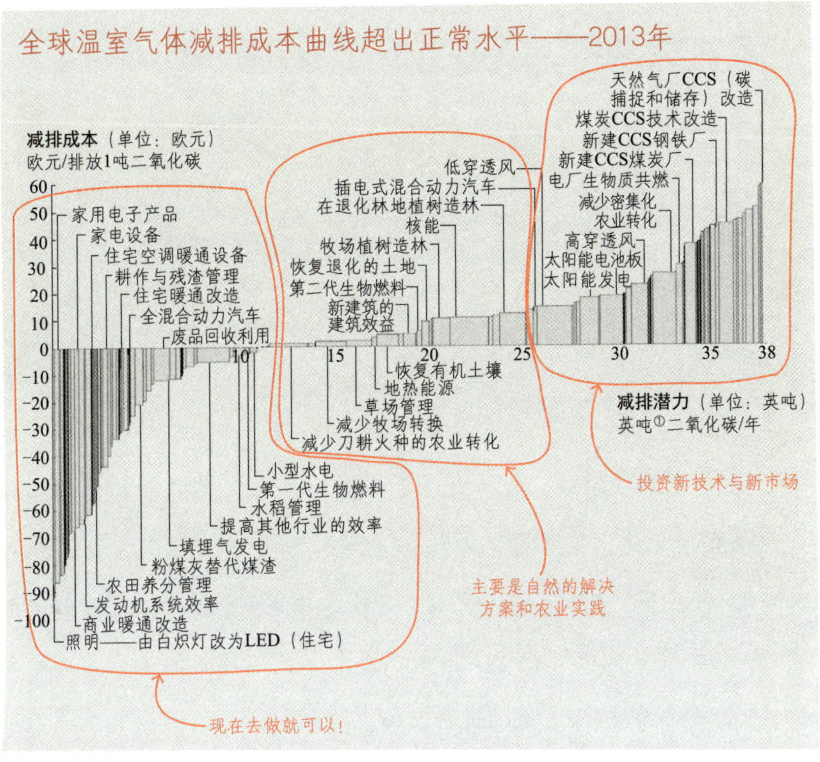

图 3.16 分解问题 利用供应与需求关系

分割框架也能帮助我们解决个体或个人空间中的问题。我们在商业中采用的许多围绕投资决策的框架，对个人决策同样有效，比如罗

① 1 英吨（长吨）=1 016.047 千克。——编者注

伯特的太阳能电池板决策。对解决个人问题有用的其他框架包括以下内容。

个人问题

框架	要素	例子
» 工作/娱乐	» 休闲与努力	» 选择职业 » 减肥
» 短期/长期	» 花费与投资	» 教育 » 太阳能电池板 » 退休储蓄
» 财务因素/非财务因素	» 价值	» 选择在哪座城市生活

图 3.17　分割框架

- 工作 / 游戏：把工作量和工作时间与工作之外的兴趣比较（如何时退休，储蓄是否充足）。
- 短期 / 长期：另一类相关的个人决策则侧重于在相对确定的短期决策（如教育投资）与时间更长、更不确定的未来（二十年后需要什么技能？）之间进行权衡。
- 财务因素 / 非财务因素：在诸如搬家或换工作这样的决策中，另一个分割点是围绕财务因素（在新城市里，房子要多少钱？）与非财务因素（学校够好吗？）的决策要素。

分解问题，最有效的方法是从一个特定的分割框架开始，然后大致估算一下，确认它能提供足够的视角，就像二氧化碳减排成本曲线那样，能够明确分割供给与需求。

关于这种方法有这样一个例子：罗伯特向他在澳大利亚大自然保护协会（TNCA）的团队提出，团队应该把重点放在悉尼西部，以评估城市绿地在哮喘住院治疗中的作用。他的假设是根据一些早期的比较数据得出的，具体来说，就是公园和其他绿地可以降低哮喘的发病率和严重程度。他最初决定使用发病率/严重程度作为分割点，只是因为这种方法是他为其他董事会服务时常用的一种框架，用来分析事故与伤害。他必须向团队说明，在哮喘问题上这种分割方法非常有道理。根据现有数据，他能够证明悉尼西部地区值得关注，原因如下①：

1. 对于16岁及16岁以上的成年人来说，悉尼西部的哮喘发病率比悉尼北部高10%。澳大利亚是经合组织中哮喘发病率最高的国家之一。
2. 根据住院率统计，悉尼西部的哮喘严重程度比平均值要高65%，而哮喘的死亡率比平均值高54%——所以发病率比较高，严重程度更高。
3. 有证据表明，缺乏城市绿地可能是导致问题严重的一个重要原因。悉尼西部的树木覆盖率为15%~20%，而悉尼北部为30%~40%。此外，悉尼西部的细颗粒物水平（PM2.5最大值）

① *Health at a Glance 2017: OECD Indicators*, Health Stats NSW, EPA NSW, iTree assessment of canopy cover, Figure 6, UTS, Institute for Sustainable Futures, May 2014.

> 比平均值高54%。树木呼吸似乎在吸收颗粒物方面发挥了作用，这是我们在第6章伦敦空气质量的案例中要阐述的一个话题。

因此，该团队正在进行一项实验设计，系统地探索由分解发病率和严重程度引发的绿地问题。

再强调一次，在所有这些关于使用理论框架或概念来帮助分解问题的讨论中，我们重点是找到一个能够揭示洞察力的切入点。不同的框架通常会产生不同的见解，因此多测试几个框架是有意义的。你可以尝试用社交框架来解决商业问题，反之亦然。虽然看着有经验的问题解决者快速地将困难问题分解成有深刻见解的几部分总是令人印象深刻，但是想当然地认为“我以前见过这个问题，它是如此这般的一个问题”也是有风险的。我们经常通过曾经对我们有效的心理模型（框架的另一种说法）来观察世界，因此在遇到新问题时，我们有时还会坚持使用在全新环境中对我们没有帮助或容易产生误导的框架。几个世纪以来，天文学家一直认为太阳绕着地球转，所以在遇到难以解决的重大航海问题时，他们就会抓狂。下一节将讨论团队工作方法，它能帮助我们加快问题解决的速度，同时避免错误模式认知的漏洞。

团队工作方法中的问题分解与优先级划分

这些解决问题的步骤很大程度上得益于团队合作，因而单个的从业者应该考虑邀请家人或朋友来帮助自己。由于通常很难看清问题的结构，所以团队的集思广益非常有价值，尤其是在尝试不同的视角或分割框架时。我们两人都发现一项有价值的技术是使用黄色便利贴来捕捉团队成员对早期逻辑树元素的想法，如图 3.18 所示。然后，随着树干、枝杈、细枝和树叶的顺序和层次变得越来越清晰，我们可以在白板上移动这些便利贴。

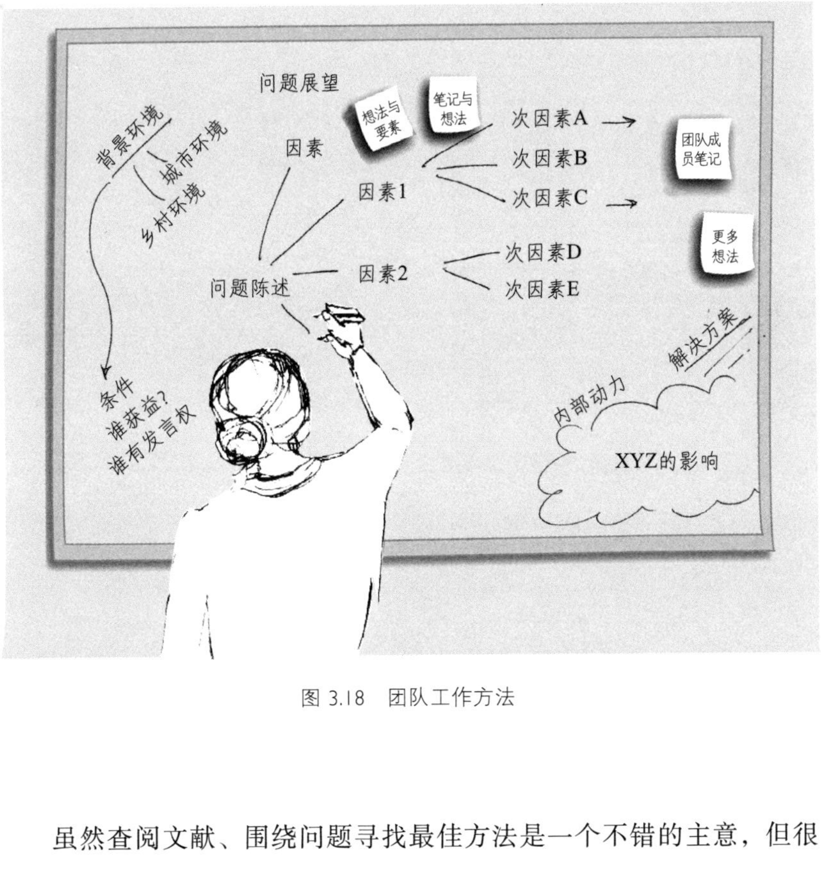

图 3.18　团队工作方法

虽然查阅文献、围绕问题寻找最佳方法是一个不错的主意，但很多情况下人们会执着于他们最初的想法，如前所述，依赖于外来观点会产生应用不正确框架的风险，对专家来说尤其如此。使用富有建设性的挑战和“你必须相信的”问题可以帮助团队摆脱困境，并在解决问题的过程中培养更多的创造力。团队集思广益的讨论的确有助于避免对问题优先级划分的依赖。我们使用的另一项技术是给每个团队成员 10 个便利贴，让他们在投票过程中为优先级分配便利贴（参见图 3.19）。

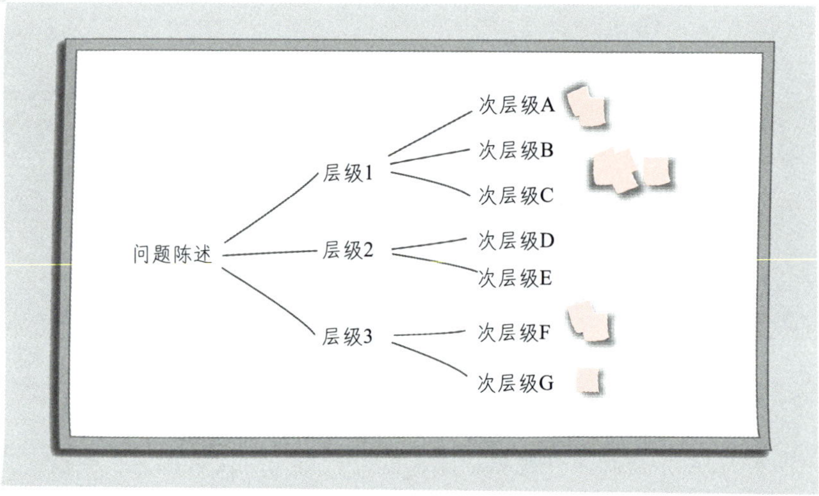

图 3.19 投票过程

分解问题是缜密解决问题的核心。我们已经演示了不同类型的逻辑树，你可以在需要解决问题时使用。我们建议从一棵逻辑树入手，用你已经知道的知识把它填充起来。大家已经看到，通过对逻辑树的反复修剪我们可以改进解决问题的方法。

创造力往往来自分解问题的方式。分解过程把艺术和科学的元素带到解决问题的方法之中，正如我们通过例子展示的那样。在思考如何选择以一种特定的方式分解问题时，我们实际上已经整理出一套全面的方法，不但可以分解商业问题，而且能够分解日常生活中遇到的问题。

第 3 章重点回顾

- 分解问题是缜密解决问题的关键，它把问题分解成可控的几个部分，使得我们能够看清问题的结构。
- 刚开始时，你可以从简单的因素逻辑树或要素逻辑树开始。之后，你可以采用更完整的演绎逻辑树和决策逻辑树。
- 如果你对问题的细枝末节了解很多（将这些视作树上的叶子），超过了你对问题根源的了解，那么你对逻辑树的分析应当逆向进行，采用归纳法。
- 看看是否可以使逻辑树结构既互相排斥（没有重叠的枝杈）又全无遗漏（没有遗漏的枝杈）。
- 对于商业问题，从利润因素或投入资本收益率逻辑树入手分析几乎总是没错的。
- 当有了更丰富的经验之后，你可以尝试本章后半部分提到的更广泛的分割框架。问题的不同部分能产生不同的见解。
- 在有了理想的逻辑树结构之后，划分优先级就变得非常重要了。

试着把你所有的小树枝和树叶放在一个有潜在影响的矩阵上，看看你是否能影响它。把你早期的努力集中在你能拉动的大的杠杆上。

练习

1. 设想为你的企业或非营利组织带来一个发展机会，准备用逻辑树来阐明问题，首先使用归纳逻辑，然后使用演绎逻辑。
2. 尝试为算术关系中体现的发展机会创建一种逻辑树。
3. 为你的商业计划中最重要的 6 件事建立一个优先级矩阵。根据你的评估，哪些事情应该增加投资？哪些事情应当放慢速度或被终止？
4. 如果由你来做，你还能如何解决护理供应问题？
5. 你能以一种比第 1 章描述的更令人信服的方式来分解机场容量问题吗？

第4章

制订令人满意的工作计划和团队工作流程

一些问题解决起来很容易，只需要一张纸或一个白板、一个计算器,能够上网获得数据或专家意见即可。我们在第1章中提出的那个“在哪座城市生活”的问题大致就是这样的：召集家人一起开会，讨论每个家庭成员看重的城市特点，就一些大致的权重达成一致意见（越野跑步场地比飞蝇钓鱼场地更重要吗？上下班通勤问题该如何考虑呢？)。你可以上网查一下哪些数据与这些变量的相关性较高，然后对这些数据进行标准化处理，限定在1至100的区间内，将其输入电子表格，看看结果如何。没错，这个决定很重要，但从逻辑上来说并不十分复杂。

但是，即使是相当简单的一些私人问题也可能很快变得复杂起来。我们可以看一下罗伯特的那个“是否应当在屋顶安装太阳能电池板”的逻辑树和相关分析。他必须计算成本节约的潜在价值，并与实用价值和所需投资进行比较。他必须预测上网电价是否会改变（电力公司将为他支付多少额外的电费），以及太阳能电池板是否会继续便宜下去。而且他必须估算自己的碳排放量，计算一下这项投资是否会让他大幅减少对气候的影响。正如我们在第1章中看到的，这些分析没有超出一个聪明房主考虑的范围，但是如果罗伯特没有认真思考、没有有计划地进行分析，那么他可能会浪费大量的时间和精力。

也许你想跳过这一章——与上一章的问题分解逻辑树相比，或者与第 6 章令人兴奋的大数据技术相比，这一章的内容似乎很无聊。大家不要这样做。在解决问题的过程中要享受乐趣而不是痛苦，这意味着我们要找到解决问题的关键路径。关键路径是我们在第 3 章末尾描述的优先级划分过程的继续。这意味着要对用来解决问题的分析进一步分级，这样我们就可以一直研究那些最有可能产生深刻见解的部分。根据初始设想制订工作计划、反复进行修剪是保持处于关键路径的方法。

如果你与团队一起合作，或者如果你能借助家人和朋友提供的信息，模仿自己是在与团队合作，那么工作计划就可以让你对自己最初的假设有具体的了解，明确你想从分析中得到什么结果，并安排好各个部分，这样每个人都知道他们在做什么，以及什么时候完成。这也是进一步建立和加强令人满意的团队工作流程的时刻，可以避免确认性偏见及其他常见的解决问题的错误。

本章涵盖了工作计划和项目管理中的最佳做法，并举例说明如何将逻辑树假设与分析计划联系起来。我们从假设出发，在为期一天的回答中讨论最佳做法。最后，我们介绍了更多的团队工作流程和规范，以此帮助你提高创造力，并克服解决问题时的偏见和认知错误。

工作计划和项目管理

很多人都有工作计划和项目管理方面的经验。不过事实上，很多这样的经验可能都很糟糕：工作计划通常是无休无止的，其中充斥的大量细节很快就会过时；相关责任和时间预期的表述模棱两可，而且经常被违反；在团队后续会议中经常发生令人不快的意外（比如“我以为你要采访约翰·斯诺”，或者“这不是我想象的那样”）。

由于这些原因，我们在麦肯锡公司学会了用一些小窍门制订工作计划（参见图 4.1）。

窍门	原因
1.我们不会做任何没有非常清晰和可测试假设指导的分析	不存在模糊的说法“我将研究一下X或Y”
2.我们经常从十分直观和虚拟的结果开始逆向分析。	每项分析都是由解决问题的特定作用驱动的。
3.我们对于分析顺序十分谨慎	首先进行淘汰分析
4.我们非常明确谁在什么时候做什么	对责任或期限没有丝毫含糊之处
5.我们的工作计划只有2~3周，长远计划要在以后的时间里完成。	早期的分析总会改变计划

图 4.1　制订工作计划的窍门

这些制订工作计划的最佳方法表明，我们不做任何没有假设的分析，从来不会在不知道它能回答什么问题的情况下建立模型。我们必须能够想象最终的结果是什么样子（我们称其为“仿制计划”），这样我们的思维才能更加敏锐，我们才能知道这一结果是否是我们想要的结果。

我们按照逻辑对分析进行排序，以便先完成那些可以被淘汰或不需要后续分析的分析。我们十分清楚谁应该在什么时间进行什么分析。具体来说，就是我们可以在工作中节省大量的时间。

如果一切顺利，它看起来就会像图 4.2 所示的那样。

	问题	假设	分析	数据来源	责任与时限	最终结果
定义	» 从逻辑树中的终点（或者"树叶"）开始 » 有关问题的定义多种多样，既表示某个重要的问题，也表示没有解决的问题。这样定义之后就可以用"是"或"不是"来回答，并且具体行动取决于此	» 假设表述的是问题的可能解决方案，其中包括回答"是"与"不是"的原因	» 仔细研究有关问题陈述的分析，目的是证明或否定假设，从而解决问题	» 数据来源能识别可能的位置，或获取数据进行分析的方法	» 指的是团队成员的责任及最终结果或阶段性结果的交付时间	» 指的是各种工作计划表格的设计，能够显示相互关系或证明缺乏关系
行动	» 保证尽可能详细地表述每个问题 » 必要时定义次要问题	» 列出全部假设，可以采用如下手段 » 一线人士的想法 » 自己的想法 » 同事的想法 » 与团队成员讨论 » 提炼假设 » 调整先后次序，进行分析	» 识别决策 » 判断所需的分析深度 » 采用简单案例 » 采用复杂的理由	» 识别现成的数据 » 确定方法	» 确定谁来帮助收集数据、进行分析 » 确定时限与节点	» 绘制"模拟"工作计划表格 » 准备阐述工作计划

图 4.2　工作计划范例

我们在第 3 章中介绍了旧金山湾区护理工作的例子。下面让我们看一下有关这个问题的工作计划的例子。你可以在图 4.3 中看到每个层次的特点：问题、假设、分析、数据来源、责任与时限、最终结果。

问题	假设	分析	数据来源	责任与时限	最终结果
为什么报考护校的学生数量越来越少?	» 对护校的需求一直很高，但其招生数量减少	» 评估申请护校合格学生数量、招生数量及被拒学生数量 » 湾区现有护校数量与规模 » 确定招生数量减少的原因	» 加州注册护士委员会 » 美国护校协会 » 对护校校长的采访	» 莉斯（周一上午9点至周末玩得太嗨！） » 雷（周末） » 艾默利（下周周二）	» 按学校划分的护理场所、申请、接受率的纵向图表 » 针对入学率下降的原因分析 » 采访结果
为什么医院注册护士的流动率很高?	» 医院注册护士的退休时间比预计要早，离开医院到其他地方或从事其他职业	» 把医院注册护士的平均退休年龄与其他注册护士和职业进行比较 » 评估注册护士流动的主要原因	» 加州注册护士委员会 » 全州护士调查	» 玛格丽特（3月底） » 保罗（3月底）	» 退休年龄纵向图表 » 针对原因的因素分析 » 调查结果

图 4.3 工作计划细节：湾区护理工作

人类倾向于直接进行分析，不在乎自己是否清楚该用什么样的结果来解决问题。团队成员似乎更愿意花时间构建模型和进行复杂分析，却不愿意仔细甄别他们真正想从这项工作中得到什么结果。现在有了更强大的分析工具，包括我们将在第 6 章中讨论的有关人工智能技术的学习算法，因而不考虑问题的基本结构、过早进行数据分析的冲动甚至比过去更强烈了。我们应该避免这种倾向，应当在开始运行数字之前仔细考虑问题的结构和期望的结果。

正如我们前面讨论过的，分析问题的顺序非常重要。如果你想认真制订工作计划，那么你会先做淘汰分析，然后才是真正重要的分析，最后进行有效分析。在罗伯特的太阳能案例中，电价不是他能决定的，所以在这种情况下，投资回报的年限就是一种淘汰分析。如果回报年限太长或不确定，那么继续进行分析也没有意义。罗伯特面对的下一个重要问题是，在这种情况下，等待是否有意义，是否应当等待太阳能光伏电池板的成本继续下降。在投资决策中，即使整体投资理由都很充分，时限也常常是至关重要的。罗伯特和保拉都是坚定的环保主义者，但估算碳排放量的减少（即第三个问题）在这种情况下真的是一个很好的方法。从纯粹的投资角度来看，这一投资有 25% 的回报率，比其他任何利率都高。即使该投资回报较低，碳减排量也可能会促使罗伯特安装太阳能电池板。所以把这一点包含在逻辑树上十分重要——而且即使没有节约成本，它也能调节负面情绪。

淘汰分析包括对某个变量的重要性和你对它能产生的影响的估计，也就是对期望值的估计，对它的修剪来自我们第三章的优先级矩阵。经过粗略的淘汰分析，你通常会得出这样的结论：有些研究方向不值得进行下去。例如，在对罗伯特的一个客户的降低成本操作中的业务单位进行研究时，淘汰分析得出的结论是：业务外包可以带来 50% 的收益。这听起来很棒，但该单位对公司整体成本削减目标的贡献仅为 5%。因此，公司没有把精力集中在该特定单位上，而是把注意力放在能对目标做出更大贡献的单位上。这与我们下一章要讨论的二八定律是一致的：把你的工作重心放在能产生 80% 效益的那 20% 的问题上。

粗略的工作计划和精益项目计划

像微软项目管理软件（Microsoft Project）这样的工具在制订工作计划时非常有用。但这些工具也可能最终会像需要喂养的野兽，在制订工作计划时产生大量的细节，最后变成庞然大物。作为麦肯锡公司一名新的项目经理，查尔斯在提出“七步问题解决法”之前就非常出名：他曾熬了一个通宵，为自己的团队做出长达 30 页的工作计划。但是由于计划太过烦琐，他们可能会被所有需要进行的分析工作吞噬，根本发现不了关键路径。这些百科全书式的工作计划很快就过时了，因为最初的几项分析就点明了这项工作中有希望的新途径。我们现在解决问题的方法是从假设出发，尽可能使用粗略和现成的分析方法，经常分析数据，反复精练问题陈述，加深对逻辑树的理解。我们发现，冗长的工作计划是没有必要的，也是没有帮助的。

我们的方法是制订简短但十分具体的工作计划，重点放在最重要的初始分析上，可能持续两到三周，并随着团队认识的加深不断修改它们。我们将这些与更粗略的项目计划（通常采取甘特图形式）相结合，其中包括确定的时间节点，确保整个项目有明确的时限。我们称之为

“粗略的工作计划”和“精益项目计划”（参见图 4.4）。

粗略的工作计划

子问题	假设	分析	数据来源	责任/时限
业绩下滑前出现了什么情况?	» 炼油厂得益于利基市场状况，但增长甚微	» 评估进口产品的运输成本差异（减去原油劣势） » 对比PDQ原油与其替代品的成本优势 » 估算三方垄断影响（剩余差价？）	» 每年石油供应量 » 世界石油公司原油价格数据(石油研究中心) » 剩余分析 » Get Bluebeard price slate	» 克里斯（周一） » 克里斯（周末） » 奈德（下周二）
是什么导致绩效下滑?	» 利基市场状况没有显著滑坡，但是运营成本、行政管理费用和资本支出比边际效益增长更快	» 进行1988—1992年按组分的成本评估 » 评估资本支出计划 » 根据行业最佳做法评测上述两项	» 年终结果 » 某男士 » 电话采访休斯顿专家 » 所罗门报告 » 美国能源咨询工作PIRA	» 邓肯（6月底） » 奈德（周三） » 克里斯（下周四）

使用甘特图在较长时间内管理项目可交付成果

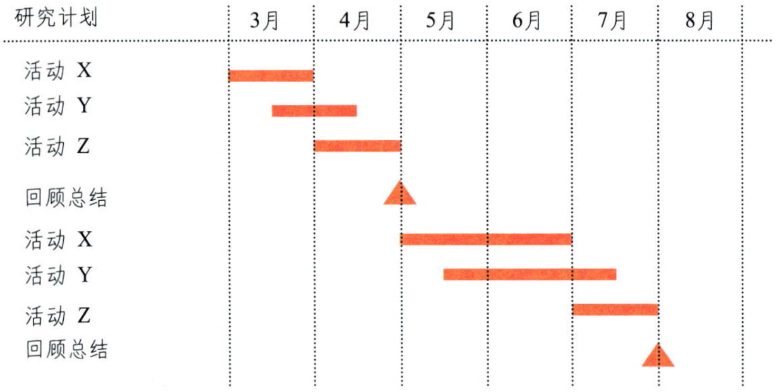

避免过于详细的、百科全书式的“完整方案”的工作计划。
没人会看这种计划，不超3个星期它就过时了，也没人想要修改这种计划。

图 4.4　使用2～3页简洁的工作计划来指导解决问题（2～4周时间）

即时答案

我们发现，这个过程的任何时刻，都可以非常清楚地说明你对问题的了解。它有助于我们弄清我们已经了解问题的哪些方面，以及还不了解哪些方面。我们称其为即时答案，当我们不断改进工作计划、反复分析问题时，它们体现了我们当前对形势、复杂情况或深刻见解的透彻分析，以及对解决方案的精准猜测。通过这种方式，我们可以把资源转移到我们在解决问题方面存在最大差距的领域，并停止那些不能给我们带来任何结果的分析。我们将这种方法与鼓励在解决问题之前收集大量数据、进行无休止访谈的典型做法进行了对比。当分析结果出来后，我们可以提炼我们的即时答案，并将我们的证据融进更完整的表述中。我们将在下面讨论如何使用其他的团队工作流程来避免早期假设可能导致的确认性偏见。

有很多方法可以组织即时答案，但麦肯锡公司和其他公司采用的经典方法是从三个方面来组织答案的。

1. 简要描述在刚开始解决问题时普遍存在的情况。这样做是确定问题的实情。
2. 反复观察或研究当时的情况，分析紧张局势或态势。这通常是问题发生变化或出错的原因。
3. 现在你对问题的本质或最终解决方案有了深刻的认识。一开始，你的认识可能比较粗糙，不够实用，但之后会变得越来越精细，可以回答“我们应该怎么办?”这个问题。

在我们的团队工作流程中，我们通常使用这种“描述情况—观察问题—解决问题”的顺序，但之后在开始综合研究结果的时候，我们可以颠倒顺序，一开始就提出“你应该这样做”，然后给出理由。第 7 章将更详细地解释这一点。

即时答案应该简明扼要，不需要过多的冗余信息。图 4.5 给出了一些最佳操作指南。

	是这样	不是这样
情况描述	» 决策者所处困境的核心问题或机遇	» 与核心机遇或问题无关的历史或繁杂事实
观察问题	» 正在出现的关键洞察力或作用点	» 对情况的模糊描述（缺乏新意），或者另一堆伪装成真知灼见的事实
结果	» 占领逻辑高地 » 暗含行动方案 » 能发现行动选项	» 唯一答案 » 与第一步、第二步无关的偏见或成见

图 4.5 即时答案究竟是什么

我们来看一个例子，是关于我们之前讨论过的家居建材公司的案例研究。

情况描述：赫欣格公司历史悠久，业绩出色，在区域内占据主导地位，正寻求向外扩张。

观察问题：一个新的竞争对手家得宝公司推出一种仓储式超级商店模式，在较低定价的推动下，该模式的增长速度要快得多。它们的商业模式是不同的，家得宝公司通过采购经营、较低的物流成本和较高的资产生产率来补偿更低的价格。家得宝公司很快就会和赫欣格公司在经营上有地理上的重叠。

解决问题：为了保持竞争力，赫欣格公司需要迅速改革其库存管理和物流系统，开发成本更低的采购模式，允许更低的定价。否则，即使在其核心市场上，该公司也将面临真正的威胁。

正如你看到的，这是对于解决问题这一步骤在某一时间节点的简要的工作总结。它对仍然需要进行的分析提出指导性意见（在这种情况下，就是回答“赫欣格公司应该做什么”这一问题）。它提供了一种可以（也应该）被攻击的策略，并对错误思维进行压力测试。如果你发现自己正在面对电梯测验，必须在乘电梯的 30 秒内清晰准确地向客户解释清楚解决方案，那么这种方法能让你有话可说！

用于制订工作计划和问题分析的出色的团队工作流程

几乎每个人都有在团队中工作的经验。我们敢打赌你工作过的团队有好有坏。我们的任务侧重于解决问题，而不是广义上的优秀管理实践，但两者有很多重叠之处。我们发现，最好的团队结构相对简单，具有顺畅的工作流程、合理的规范，以及避免偏见的明确方法。接下来我们依次讨论这些方面。

团队结构与领导力

在问题解决方面比较优秀的团队通常有一个优秀的领导者或协调者——类似于音乐指挥和航空交通管制员，他们确保能把基本要素按时整合在一起。但最优秀的团队通常没有过多的等级限制，不会限制团队成员的集思广益和思维能力。具有传统等级关系的大型组织机构难以打造这种团队结构。因此我们在为大型机构服务时，几乎总是建立临时性的团队。这些团队独立于正常的组织结构，我们会有意识地缩短其存在周期。这就为打造没有等级区别、具有创造性的团队工作流程提供了机会，更有可能提出令人满意的解决方案。

当然，同样的原则也适用于处理家庭层面的问题，以及政治阶层内决策者面临的社会层面问题。在任何情况下，我们都试图让传统的权威人物在解决问题时发挥不同于以往的那种命令性作用，这样才能获得令人耳目一新、具有创造性的解决方案。

接下来我们将讨论关于团队构成的一些重要见解。

团队规范

在我们的职业生涯中，我们看到有些团队解决问题的效率很高，而有些团队则疲于应付，错过了最后期限，未能拿出令人信服的解决方案。即使在问题定义、分解和优先级划分方面做得十分出色，也可能会出现这种情况。是什么让优秀的问题解决团队在制订工作计划和问题分析方面做得更好呢？根据我们的经验，团队成员在下面这几点上表现得比较突出。

1. 他们以假设为驱动，以最终结果为导向。他们使用强有力的假设来指导制订工作计划和分析问题的工作流程。这并不意味着他们试图在不顾事实的情况下证明假设。恰恰相反，强有力的假设更容易受到挑战和压力测试。我们这里说的最终结果通常是分析结果，能准确无误地解决某个问题或子问题。对于下一章要讨论的有关罗伯特的膝关节镜手术，他提出的假设是他应该现在就进行手术，然后开始进行支持性分析。他为此设定了一个明确的界限：与其坐以待毙，不如行动起来，而且目前没有更好的技术手段。他分析的最终结果是一个完整的决策逻辑树，他在其中融入了调查研究和新疗法的最新时机，如利用干细胞修复半月板。
2. 他们经常穿插利用假设和数据。面对新数据，他们表现得很灵活，这意味着他们已经准备好在分析进入死胡同时停止分析，并着手进行行得通的新调查。我们在第 2 章中介绍过印度阿瓦汗艾滋病项目，研究团队从一个初步假设开始，该假设在方向上是正确的，但没有提供行动指南。对此团队成员是怎么做的呢？他们根据自己了解的情况，采取新的策略，重点关注女性性工作者和她们生活的社区。这在以前并没有被作为疾病问题的一部分进行研究，最终却产生了具有深远影响的见解和行动。

3. 他们寻求突破性思维，而不是渐进式的改进。在这一过程中，他们会询问性能极限和最佳实践的参考点，以及他们与这些极限的距离。一家使用重型车辆的矿业公司正在研究能否更快地更换轮胎，它四处打听谁换轮胎的速度最快，谁的经验最丰富。答案是世界一级方程式赛车。该矿业公司的研究团队随后参观了一级方程式赛车的比赛场地，了解如何改进公司的工作流程，这就是创造力！

避免偏见和错误的团队行为

想必许多人都很熟悉诺贝尔奖得主丹尼尔·卡尼曼在《思考，快与慢》① 一书中向公众介绍的系统 1 和系统 2 两种思维模式。系统 1 是自动和直观的，控制着我们的许多行为。也许是为了避免我们被豺狼吃掉，我们做出的许多决定本质上是自动的，不像系统 2 那样是有意识的逻辑考虑，即理性思维。任何时候，只要我们以前做过某件事，并且取得了成功，我们的大脑就更有可能再次选择这一路径，不需要有意识地思考。就像学说一门外语，第一次是很费力的，而且十分不自然。随着时间的推移，它真的就变成第二本能，并且融入我们的自动思维系统。

这对说一门新语言、骑自行车或系鞋带都很有用……但对于系统解决问题就不那么好用了。当然，我们这种解决问题的方法能够而且确

① Daniel Kahneman, *Thinking, Fast and Slow* (New York: Farrar, Straus and Giroux, 2011) .

实受益于模式识别。你如果能准确地发现某个具体的商业问题非常适合利用投入资本收益率逻辑树或供给曲线进行分割，这个问题就可以得到快速、妥善的解决。组织行为学教授菲利浦·泰洛克指出，象棋大师在这一深度记忆系统中存储了5万～10万个模式。① 但是，当错误地用熟悉的框架看待新问题时，我们就有可能得出极其错误的解决方案，或者需要付出极大的努力才能回到正轨。这种错误有时被称为“可得性启发”（使用的框架恰好是手头现成的，而不是正确的）或“替代性偏差”（使用自己熟悉的简单模式替代，而不是理解更复杂的实际模式）。即使问题框架没有绝对的认知错误，过多的问题模式也会阻碍解决问题的新方案的提出和创造性发挥作用。

这里有个坏消息，据罗尔夫·多贝里《清醒思考的艺术》统计②，人类在解决问题时容易犯一百多种不同的认知偏见和错误，有些与系统1的快速思维错误有关，有些由其他处理偏见驱动，包括许多有关我们与资源的关系的错误。实验心理学和行为经济学对在决策过程中认知偏差的列举，对于任何关心问题解决的人来说，都是既有趣又重要的。但据一些文献记载，这些偏见使人们无法完全理性地思考。根据我们的经验，精心设计和科学的团队工作流程可以解决大部分问题，并且能够激发创造性。这就是七步问题解决法的核心内容。

① Philip E. Tetlock and Dan Gardner, *Superforecasting: The Art and Science of Prediction* (Crown Publishing, 2015).

② See Rolf Dobeli, *The Art of Thinking Clearly* (Sceptre, 2013).

处理偏见的一种实用方法

让我们谈谈在解决问题时产生偏见和错误的主要原因。在与我们的前同事、卡尼曼的合作者丹·洛瓦洛教授的谈话中，他提出，最需要解决的问题是确认性偏见、锚定偏见和损失规避。[①]我们在此还要加上两点——易得性偏见和过度乐观，作为团队工作流程需要解决的额外问题。事实上，如图 4.6 所示，文献资料中描述的许多其他偏见都是这五个基本问题的表现形式。

1. 确认性偏见就是偏爱自己的即时答案。之所以如此，是因为没有认真考虑与自己相反的观点，忽略了反对意见——其实质就是采摘了思维中“低垂的果实”。
2. 锚定偏见是对初始数据范围或数据模式的错误心理依恋，它会影响你对问题的后续理解。
3. 损失规避，以及与之相关的事物——沉没成本谬论、账面损失恐惧及禀赋效应，都是对已经花费的（沉没的）成本或任何不对称的损益价值的忽视。
4. 易得性偏见是使用现有的思维模式（因为它是现成的）而不是为新问题开发新模式，或者干脆受最近的事实或事件的影响。
5. 过度乐观有几种表现形式，包括过度自信、控制幻觉，或者根

① Daniel Kahneman, Dan Lovallo, and Olivier Sibony, “The Big Idea: Before You Make the Big Decision,” *Harvard Business Review*, June 2011; Private conversation with Professor Dan Lovallo, University of Sydney.

本没有考虑到灾难性后果。

主要偏见	相关偏见	它是什么？	如何应对？
确认性偏见	» 情绪直觉 » 群体思维 » 利己偏见 » 权威偏见或向日葵偏见	偏爱自己的即时答案；无视其他选择和相反的观点；听不进反对意见	» 建设性辩论 » 对话式论证；论点，对立观点，综合观点 » 团队构成多样化（成员观点/成员背景） » 角色扮演
锚定偏见	» 显著性偏差 » 忽视均值回归或者忽视复利计算	认为初始数据范围或数据模式就是全部范围，或者固执己见（思维固化）	» 提出替代假设（对立观点） » 收集分析核心数据，包括情境预设 » 必须相信团队工作流程
损失规避	» 沉没成本谬论 » 禀赋效应 » 账面损失恐惧	固执己见，忽视不对称的损益价值	» 清晰的前瞻性思维模式 » 有效的分析手段（净现值分析评估，贝叶斯思维）
易得性偏见	» 替代偏差 » 过分强调当前事件	一味使用现有的思维模式，不去努力理解复杂的新情况	» 关注其他信息的价值 » 明确选择是等待还是马上决定
过度乐观	» 过度自信 » 控制幻觉 » 无视灾难性后果	低估低概率事件	» 清楚可能存在的极端下行情况 » 做最坏的打算

图 4.6　如何应对偏见

团队工作流程的许多设计方法可以减少这些认知偏见和错误的影响，还可以在解决问题的同时激发创新思维。

团队成员的多样性：组建一个拥有不同背景和观点的团队确实有助于创造积极开放的环境，有利于新想法和新方法的产生。这是解决问题时创造力的源泉，但往往容易被忽视。如果你是独自一人解决问题，那么在每一阶段，你都要和不同的人一起集思广益，包括内部人士和外部人士。菲利普 · 泰洛克在其有关预测的著作中指出，在这种解决问题的形式下，团队的表现总是优于个人，即使此人是非常出色的独行侠。最优秀的超级预测团队甚至能够击败众包和预测市场。①

尽量尝试多种逻辑树和问题分解手段：即使问题看起来设计得很完美，符合你最喜欢的框架，也要尝试多个分割框架，看看会出现什么不同的问题和见解。当决定将肥胖作为一个棘手的问题进行研究时——我们将在第 9 章中进行讨论，我们的团队召开了一次会议，尝试了不同的分割框架。我们只用了半小时，就列出许多可能的分割框架，并逐一进行论证——例如刺激 / 控制、个体行为 / 公共健康、发病率 / 严重程度以及供给 / 需求。不要一开始就对问题进行修剪。

试着给假设加上问号：我们致力于假设驱动，但我们的前同事卡罗琳 · 韦伯在自己的著作中指出，行为研究表明，主动提问会让我们的大脑进入发现模式，而不是确认模式。② 我们遇到的一些最优秀的问题解决者都把主动提问作为他们解决问题的主要工具。他们得到的答案会引出下一组问题，直到最终当前的假设得以改进或受到质疑。

---

① Philip E. Tetlock and Dan Gardner, *Superforecasting: The Art and Science of Prediction* (Crown Publishing, 2015).

② Caroline Webb, *How to Have a Good Day* (Random House, 2016), 167.

团队集思广益：你的团队在早期确立的价值观对你解决问题的好坏作用极大。以下是我们发现的一些特别有用的做法，有助于你消除偏见、提高创造力。

• 敢于提出异议

麦肯锡公司的核心价值之一是有义务提出不同意见。从入职开始，这种价值观就融入毫无经验的商业分析师的头脑。这意味着初级团队成员不仅可以在头脑风暴会议上或在客户面前畅所欲言，而且这还是绝对的义务。不遵守这一价值观的高级管理人员可能会被解雇。团队成员通常尊重等级制度，需要团队领导鼓励他们在有不同观点的情况下畅所欲言，不管他们是刚被雇用了一天还是已经被雇用了十年。

• 角色扮演

试着从客户、供应商、其他家庭成员、公民等不同角度来实施你的临时解决方案，然后转换角色，扮演一个新的角色。这听起来令人为难，一开始确实如此，却能使问题更加清晰易懂。卡罗琳·韦伯还建议用绘画、制图或口头表达来替代传统的话语，从而产生不同的、更具创造性的结果。[①]

• 辩证标准

建立经典的辩论形式作为你的团队规范：正面观点，反面观点，综合分析。这就意味着，针对每个想法或假设你都必须提出与其对立的观

① Caroline Webb, *How to Have a Good Day* (Random House, 2016), 170–172.

点，必须质疑，然后进行综合分析。

- 换位思考

换位思考指的是尽可能模仿其他团队成员的观点或想法（尤其是当你不同意对方的观点时），让自己能将其描述得跟对方的描述一样有说服力。[①]

- 建设性辩论

能够提出反对意见，但并不表现得粗鲁无礼、让人厌恶是一流团队工作流程的核心所在。我们两人在麦肯锡公司都使用过的一个很棒的工具是“你必须相信什么”才能接受某一论点或观点。这需要阐明该观点中隐含的所有假设和含义。关于“你必须相信什么”，我们举一个例子：在互联网时代，我们必须关注成长型公司的股价。为了证明股票价格的合理性，在接下来的五年里，公司收益必须达到 40% 的复合增长率，然后永远以两倍于美国 GDP 的增长率增长！这是一个令人难以置信的高增长预期……不可能实现，结果导致该公司股价暴跌。

- 团队分散式投票

在修剪逻辑树上的枝杈时，或者在分析工作计划、划分优先级时，分歧是常常存在的。如果不谨慎行事，最善于表达的团队成员或资深成员就可能误导讨论结果。如第 3 章所述，我们使用的一种方法是给每个团队成员 10 张选票，用便利贴表示，然后让每个团队成员使用这

① Philip E. Tetlock and Dan Gardner, *Superforecasting: The Art and Science of Prediction* (Crown Publishing, 2015).

些选票投出他们最喜欢的（或最不喜欢的）分析，允许累积投票或一次性投票——最资深的团队成员最后投票，为的是不影响其他成员的选择。

- 征求外部意见（但要当心专家的意见）

在高强度的问题解决过程中，人们很容易墨守成规，尤其是在解决自己熟悉的领域或业务中的问题时。利用外部数据和观点来更新人们对问题的看法至关重要。通常的做法是采访专家——但这样做的风险在于，专家只是强化了主流观点，因而可能会扼杀创造力。大家可以试着与客户、供应商或其他相关行业或领域的公司进行交流。

明确下行场景建模，进行最坏情况分析：尼古拉斯·塔勒布的著作《黑天鹅》[①]提醒我们假设正态分布的危险性。现实中确实会出现不可能的突然转变或不连续事件，而长尾分布（一边是长尾的不规则形状统计分布，表明极端事件的概率即使很小，也是可以测量的）意味着我们应该在解决问题和建模时考虑这些因素。这意味着我们不仅应该明确地对价值的窄带（预期情况、不利情况）建模，而且应该对更极端的不利情况建模。与此相关的一种观点是进行最坏情况分析，其间团队要仔细分析所有可能，甚至包括最不可能失败的情况。[②]

---

① Nassim Nicholas Taleb, *The Black Swan: The Impact of the Highly Improbable* (Random House, 2007).

② Daniel Kahnemann, Dan Lovallo, and Olivier Sibony, “Before You Make That Big Decision,” *Harvard Business Review*, June 2011.

合理的分析技术：人类在金钱方面容易犯很多错误，其中包括关注沉没成本、未来事件不合理的高贴现率，以及不对称地处理损失和收益。避免这些错误的一种方法是使用合理的分析技术，包括问题 / 模型设计、净现值分析和边际分析，使用现金流而不是会计账面价值等。我们将在第 5 章中讨论这些内容。

拓宽数据来源：在生活、个人、职场、社会的各个方面，每个人都可以访问政府和私人的重要数据库。有时候这些数据让我们感觉很棒，但问题是所有人都可以得到它们，包括你的竞争对手，并且他们收藏的数据中通常还包括了有关方法论的问题。我们应当考虑众包替代数据是否有多种选择，预测市场是否涵盖你的主题或者可以推导出你的主题，或者你的兴趣领域是否经得起某种形式的 A/B 检验或随机对照实验。自定义数据采集成本大幅下降，新的数据集可以产生与主流分析截然不同的见解。像调查猴子（Survey Monkey）这样的工具使用起来很简单，可以给客户、竞争对手和供应商带来极具洞察力的视角。

这一切要如何才能在你的团队的实际工作中实现呢？这通常由团队领导者的暗示和行为决定，就像图 4.7 呈现的这个案例。

灵活的团队工作流程

本书引言部分我们曾经指出，许多组织通过扮演解决问题公司的角色来响应成为更好的问题解决者的要求。为了做到这一点，它们争取变得精简、灵活，并经常使用橄榄球比赛中的一个术语“敏捷”。它们寻求正确解决问题、分析问题的根本原因，并围绕着具有短期工作计划和明确职责的团队组织开展活动（参见图4.8）。所有这些都符合我们在本章中阐述的方法。

解决矿产勘探中的偏见问题

几年前，在由畅销书《追求卓越》合著者之一罗伯特·沃特曼主持的一个项目中，罗伯特发现了一种有效的方法，可以解决麦肯锡公司某个团队的重大偏见问题。该团队当时正在研究一家澳大利亚矿产资源公司的勘探策略，该公司在10年里没有任何重大发现，尽管花在勘探上的资金不计其数。在这种现象发生之前，该公司曾有无数次世界级的勘探发现成果。

损失规避与大赌注

该团队总结分析了该客户失败的勘探策略（勘探选择、资金分配、采样和钻探），结果没有发现任何明确的原因，无法解释所发生的一切。然而在采访管理层时，罗伯特察觉到既定目标（利用1/4运营成本探测到可能会成为长寿矿山的稀缺资源——这需要豪赌的心态）与实际勘探方法之间的差异：他们因为害怕损失（损失规避）而放弃豪赌，转而把小赌押在损失概率小的方面（通常围绕已经探明的矿物，更有可能取得技术上的成功）。于是罗伯特建议公司管理层从公司外部寻找成功与失败的原因，进行对比。

立足于外部或内部

那些立足于自己团队之外、以科学的视角看待可能性，而不是将自己局限于内部数据或手头案例的公司，开启了一种不同的观察视角。在客户的帮助下，该团队调查了12家矿业勘探公司，其中一半的公司非常成功，而另一半不太成功。尽管样本数量偏小，但这是澳大利亚1年中超过75%的矿业勘探工作。该客户同意与所有参与调查的公司分享最后的研究结果。调查结果中有一点非常清楚：成功的公司都具有豪赌文化，但同时也以科学为导向，能通过钻探快速检验自己的想法，然后根据钻探结果选择双倍下注或放弃矿山勘探。而不成功的公司不太受假设驱动，会花费更长的时间一味地坚持无法带来成功的工作方法。立足于团队之外成了矿山勘探中一种新的最佳做法。

权威偏差

在一次同公司总裁、管理层以及勘探队举行的会议上，罗伯特提交了自己团队的研究结果。罗伯特刚一结束陈述，公司总裁马上发言。罗伯特猜到可能会这样，他担心这可能会压制其他人的不同意见，于是他打断了总裁的发言，提议现场其他人先发表自己的意见，然后公司总裁进行总结归纳。随着讨论的进行，每个人都发表了自己的观点，支持新的勘探心态和严格的科学流程。他们能够畅所欲言，不用担心与总裁意见相左。这样一种简单的技巧降低了出现权威偏见（属于确认性偏见的子系列）的可能性。该客户成功地实施了改革，提升了勘探的重要意义以及公司的科学勘探能力。之后不久，该公司就结束了久旱不收的局面，获得了成功。

图 4.7　解决矿产勘探中的偏见问题

灵活的组织，敏捷与冲刺

与团队有关的语言正在发生变化，体现了灵活、精简和竞争的含义。在日常生活中我们有敏捷活动、敏捷大师、冲刺计划、快速评议以及快速回顾——这一切都是在一个月内完成的。曾经成功利用这些原则的团队和组织都重视优先顺序、及时的结果、责任、透明以及行动力。随着组织新陈代谢速度的加快，对敏捷组织和竞争团队的需求有望进一步增加。

所谓“精简”、“灵活”与“敏捷”，既有共性又有差异：“精简”强调的是像它的前辈“完善生产法”那样减少浪费；“灵活”强调的是增加速率；“敏捷”则被描述成开发复杂产品的框架。这三者都利用团队结构，通过项目计划描述符号赋予任务以开放性和责任感。

有人认为“灵活”和“敏捷”的兴起预示着一种新的组织模式，并提供框架来解决复杂的适应性问题（杰夫·萨瑟兰博士，1995）。为了满足这一期望，组织需要变成解决问题的机构，就像我们在引言中介绍的那样，能够展现出思维肌肉和机器肌肉。它们需要将缜密解决问题当作一种要求。在团队层面上，“灵活”与“敏捷”的团队如果想尽可能出色地解决问题，就必须问一下自己下面这些问题：

» 我们在解决应该解决的问题吗？（第一步）
» 我们是否将问题分解成关键部分进行分析？（第二步）
» 从短期和长期影响来看，我们的优先级划分是否正确？（第三步）
» 我们是否平衡了敏捷的可交付成果与团队成员耗尽精力的风险？（第四步）
» 我们是否引入了外部观点和专家意见？（第四步）
» 需要分析的复杂问题是否得到了合理的资源分配？（第五步）
» 我们是否认真综合分析了结果？（第六步）
» 我们是否令人信服地呈现了我们的研究结果？（第七步）
» 过程与目标之间是否多次重复进行过分析研究？（重复第一步至第七步）

我们发现，组织具有巨大潜能，可以打造成以“灵活”、“精简”和“敏捷”为宗旨的解决问题的机构。

要做到这一点，就意味着团队缜密解决问题的方式的关键要素需要被灌输到组织中。

最重要的是，我们在最优秀的问题解决者身上发现了一种倾向或态度，反映了他们对新思想和新数据所持的积极开放态度，以及对标准或传统答案的怀疑（参见图4.9）。泰洛克在剖析超级预测者时对此有过详细阐述。

图 4.8 灵活的组织，敏捷与冲刺

总之，合理的工作计划对于解决问题具有重要意义。我们已经解释了它们是成功解决问题的必要条件，但不是充分条件。即时答案有助于使我们的假设更加清晰，使我们的分析更加集中、有效。淘汰分析提供了解决问题的关键路径。最后一点，有关团队工作效率的问题，我们提供了很多原则，都与工作计划有关，它们可以帮助你取得满意的结果，并且可以避免我们经常听到的各种陷阱和偏见。

理念	风格	方法
谨慎	积极开放	实用型
谦卑	聪明、善学	分析型
非宿命论	善于反思	具有蜻蜓一样的眼睛（多重视角）
成长型思维	善于内省	基于概率
勇敢	善于自我批评	深思熟虑、善于更新
	数学基础好	

图 4.9 超级预测者的心理剖析

第 4 章要点回顾

- 制订工作计划需要的严谨性和特殊性将为你节省大量的工作时间——值得我们提前花时间做好计划！
- 要想保证解决问题的关键路径，请确保分析问题的顺序正确，并首先进行淘汰分析。

- 制订粗略的工作计划：简短而具体；制订简略的研究计划：抓住关键的时间节点，保证能按时完成任务。
- 即时答案可以明确自己的位置和余下的工作——提供一种可以被攻击的策略，并对工作进行压力测试。
- 做好最坏打算有助于凸显风险，关注存在巨大风险的重大决策。
- 良好的团队结构和规范有助于培养解决问题的创造力，有助于克服偏见。
- 尽可能避免等级森严的团队结构，鼓励团队成员勇于提出不同意见。
- 尝试通过角色扮演来激发创造力，引入外部视角。
- 优秀的问题解决者善于阅读，乐于接受新思想，善于反思，善于自我批评，坚持不懈……尽可能地发挥团队作用。
- 灵活的团队工作流程越来越成为解决问题的有效工具。尝试在团队中打造灵活的工作作风。

练习

1. 针对“我应该买一辆电动汽车吗？”这个问题：按最佳淘汰顺序设计问题逻辑树，展示一下它是如何做到“互相排斥，全无遗漏”的。

2. 为是否购买电动汽车的决定写下即时答案。
3. 试着扮演支持英国脱欧的角色，然后，双方交换立场，提出留在欧盟令人信服的理由。
4. 重新阅读有关护理案例的研究，然后用演绎逻辑树得出结论，再以归纳逻辑树得出结论。
5. 列出影响问题解决的最常见的偏见，并说明你计划如何在解决问题时克服它们。
6. 不管你当前的问题是什么，虚构出10份你想要进行真实数据分析的图表。
7. 为下个月的项目准备一份一页的灵活计划，其中要包含解决问题的七个步骤。

第5章

分析问题

你如何着手收集资料并进行分析来验证你的假设，往往决定了问题解决的好坏，即使你严格遵循了前面的步骤。优秀的问题解决者都有一个工具箱，这个工具箱可以帮助他们高效地工作。他们会从试探法和经验规则入手，了解各种关系的方向和程度，从而将注意力集中在最重要的问题上。他们不会立即开始构建大型模型，除非他们清楚地了解是否需要复杂的工具，以及哪些方面需要复杂的工具。

分析问题这一阶段对客观解决问题至关重要。有很多笑话一开始都是在歪曲事实，最后才说出你想听的真相。《纽约客》杂志刊登过一幅漫画，画中一个人把手伸进文件柜，文件柜的抽屉上写着“他的事实，她的事实，你的事实”——这是早在假消息出现之前就刊登过的漫画。只要遵循系统的解决问题的方法，使用合理的分析技术对假设进行压力测试，并采用令人满意的团队工作流程来限制各种偏见，我们就可以避免歪曲事实。

在本章中，我们将重点讨论如何快速有效地分析问题，首先介绍的是启发式方法、快捷路径和经验法则。在使用我们第6章介绍的复杂的“大人物”分析法之前，我们将演示如何使用简单的试探法来组织和解决我们面临的许多问题。

启发式方法和经验法则

启发式方法可以在分析中充当寻找捷径的强大工具，能帮助我们确定问题不同元素的重要性，以便在进一步分析中确定有效路径。当然，如果使用不当，这种方法就可能变得很危险。尼古拉斯·塔勒布说过，基于过去成功的简单规则可能会导致你误入歧途，因为低概率事件可能会产生巨大的错误。[①] 我们将告诉你如何避免这些错误。

我们交替使用启发式、经验法则和快捷路径这几个术语。在图 5.1 中，我们探索了一系列对个人、企业有用的启发式方法。如果有人要求你列出自己最喜欢的 10 首歌，此时你很难把一些经典歌曲排除在外。我们最喜欢的启发式方法也是如此。并不是我们发明了这些方法，我们只是想好好利用它们，你也可以做到。

其中最古老的工具无疑是起源于 14 世纪的奥卡姆剃刀理论——该理论偏爱最简单的符合事实的解决方案。它告诉我们选择设想数量最少的假设。一个简单的数学例子可以解释为什么这样做是有道理的：如果你有四个相互独立的设想，并且正确率分别为 80%，那么这四个设想都正确的概率刚刚超过 40%；如果有两个这样的设想，正确率相同，

① Nassim Nicholas Taleb, *The Black Swan: The Impact of the Highly Improbable* (Penguin, 2007).

工具	本质	使用时机	注意事项
奥卡姆剃刀理论	»最简单的解决方案需要最少的假设	»从始至终	»不要接受第一次修剪之后的方案
数量级削减：限定市场	»最大潜在价值是多少？	»永远不要在没有数量级分析的情况下分析问题	»不要偏爱最大值
二八思维	»找出驱动80%价值的那20%的问题 »找到主要因素	»在约束下确定问题的范围	»不要在大规模的互联环境中错误地计算风险
72法则	»用72除以增长率，可以得到加倍周期	»分析所有增长或复利计算问题	»注意步骤变更过程
S曲线/采用曲线	»典型的采用模式	»采用新技术和新产品时	»先慢后快地扩散
期望值模型	»期望值是结果值乘以其发生概率	»在你遇到涉及价值的未来不确定事件的任何时候	»其他/更好的颠覆性技术
贝叶斯思维	»条件概率	»当你需要从概率角度思考问题时	»注意为计算收集数据
类比推理	»创建对比类别	»当数量级随比较类别的不同而变化巨大时	»异常情况
损益平衡点	»够本销售量	»快速检查业务模型的可行性	»具有规模行为的固定成本
边际分析	»下一单元的经济学	»生产、消费以及投资问题	»成本飞涨
成果分布	»成果的可能分布范围	»项目成本估算 »新业务收入 »企业并购	»均值回归 »非正态分布

图5.1 启发式方法与快捷路径

那么二者都正确的概率就是64%。对于许多问题来说，假设越少越好。实际上，这意味着要避免复杂、间接或推论性的解释，至少从我们的出发点来说应当如此。与奥卡姆剃刀理论相关的是单原因决策启发式方法，包括淘汰推理和顺理成章的推理，即淘汰那些缺少吸引力的假设。[①]大家需要谨记的是，当事实和证据指向一个更微妙或更复杂的答案时，不要固执地坚持一个没有多少假设的简单答案（请记住第 4 章讲过的易得性偏见）。

数量级分析通过估算不同因素的影响程度划分团队工作的优先级。在商业问题中，我们通常计算价格、成本或数量上 10% 的增加价值，以确定哪个因素更重要（当然，我们假设改变每个因素都同样困难或容易）。它也可以用于分析社会问题。第 3 章的护理案例显示了护理质量和数量的提高与护理效果的差异。进行数量级分析必须提供一个最小的、最有可能的和最大的估算值，而不是单纯的最大值。通常来说，我们前一章提到的最佳淘汰分析就是数量级分析，显示的是改变某些因素将如何改善结果，或者对结果基本不产生影响。

二八定律常常有助于提高分析问题的效率。这条定律有时也被称为“帕累托法则”，以意大利经济学家帕累托的名字命名，因为他是第一个发现这种关系的人。该法则描述了一种常见现象：80% 的结果来自 20% 的原因。如果你在 Y 轴上标出某种产品消费的百分比，在 X 轴上

① Gerd Gigerenzer, Peter M. Todd, and the ABC Research Group, *Simple Heuristics That Make Us Smart*（Oxford University Press, 2000）.

标出消费者的百分比，你经常会看到 20% 的消费者占到该产品或服务销售额的 80%。进行二八分析的目的是再次把你分析问题的精力集中在最重要的因素上。许多商业和社会环境的市场结构都以二八比例或接近这一比例为标准，因此使用起来很方便。例如，在医疗保健领域，20% 的人口通常占用 80% 的医疗保健成本，这为保险计划评级模型造成了巨大的困难。二八法则也适用于复杂的系统设置。例如，罗伯特在 2016 年访问缅甸时，他了解到当地只有三分之一的人口能够使用电力，但是这个国家有能力通过水力发电生产 1 亿千瓦的电力。一个研究团队通过研究伊洛瓦底江支流上的一系列项目，考察在支持渔业和支持水力发电之间的权衡关系。[①] 该团队认为你可以获得 95% 的潜在能量来减少 20% 的渔业支持。要实现 100% 的电力供应，需要损失一半到三分之二的渔业支持。二八定律的这一极端版本，凸显了政策制定者面临的两难境地，即能源、生计和环境之间的矛盾。

复利增长是理解财富如何积累、企业如何快速扩张以及一些人口如何增长的关键。沃伦·巴菲特这样说过："我的财富源于很巧合的因素：我生活在美国，有一些幸运的基因，外加复利。"[②] 估算复利效应的

① Report prepared for the United Kingdom's Department of International Development by The Nature Conservancy, WWF, and the University of Manchester, "Improving Hydropower Outcomes through System Scale Planning, An Example from Myanmar," 2016.

② Warren Buffett, "My Philanthropic Pledge," *Fortune*, June 16, 2010.

一个非常快的方法是使用 72 法则。[①] 72 法则可以让你通过用 72 除以增长率来估计数值加倍所需的时间。因此，如果增长率是 5%，那么加倍时间大约是 14 年（72/5=14.4 年）。如果增长率为 15%，那么在 4 到 5 年内就会加倍。在一次团队会议上，罗伯特问我们的研究团队：如果 1997 年亚马逊公司首次公开募股时你投资 1 000 美元，结果会怎样？查尔斯想了大约 90 秒：他先是试着以 5% 的低复利率计算——每 14 年翻一番；然后以 50% 的高复利率计算——每 18 个月翻一番，最后的结果是 10 万美元。实际结果是 8.3 万美元，复利率是 36%，每两年翻一番。在没有准确资料的情况下，查尔斯仅仅通过 72 法则就得出这样的结果已经相当不错了！ 72 法则的问题在哪里呢？通常来说，在较长时间内，增长率肯定会发生变化。这是有道理的，因为几乎没有什么东西会一直利滚利（不妨试一下那个古老的把戏：在棋盘的第一个方格上放一粒大米，之后每个方格里的大米粒数都是前一格的两倍）。

如果要评估某一创新技术 / 产品的采用率，一种有用的启发式方法是 S 曲线，它能够显示新产品或新市场的常见销售模式。S 曲线 Y 轴上画的是全部采用潜力的百分比，X 轴上表示的是采用之后的年份。S 的形状差异很大，这取决于选择的项目种类以及案例中采用快慢的具体原因。在互联网应用初期，查尔斯领导了一家成功的初创企业。当时，

① Our friend Barry Nalebuff of Yale points out that the actual rule is 69.3, but is usually rounded up to 72 because it is easier to do the division in your head.

许多预测者高估了互联网渗透在短期内的影响（大家可以想一下网上杂货零售商 Webvan 或 Pets.com），但低估了 10~15 年后的长期应用。事后看来，它很明显是一条经典的 S 曲线。1995 年，只有不到 10% 的美国人能上网，但到了 2014 年，这一比例达到 87%。S 曲线可以有各种不同形状，如图 5.2 所示。与任何启发式方法一样，人们不希望僵化或盲目地应用这种曲线，而是将它用作确定问题范围的框架。我们面临的挑战是：如何支持诸如“世界加速发展”之类的笼统说法，怎样理解为什么某项技术会以一定的速度被采用。

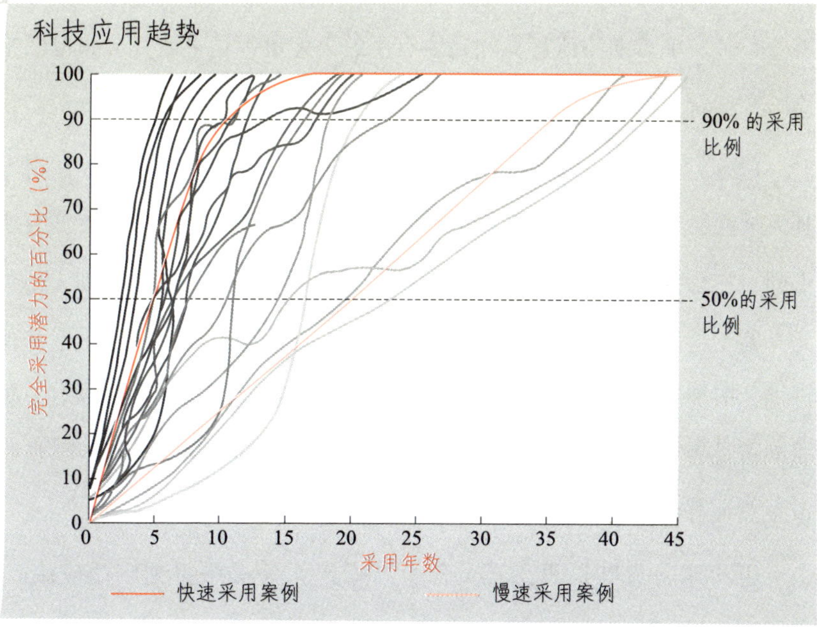

图 5.2 技术创新的历史采用曲线

数据来源：McKinsey Global Institute, *A Future that Works: Automation, Employment, and Productivity*, McKinsey Global Institute, January 2017。

期望值就是某个结果的值乘以该结果发生的概率。这被称为“单点期望值”，但通常更有用的方法（取决于分布的形状）是将所有可能结果的概率之和与它们的值相乘。期望值是一种有力的初步分析工具，在不确定的环境中确定优先顺序，并就是否下注得出结论。举个例子，在风险投资中，目标可以表述为创建一家价值10亿美元的独角兽公司的愿望。近年来，硅谷公司达到独角兽标准的概率为1.28%。[①] 单点预期价值为10亿美元乘以1.28%，即1 280万美元。难怪许多22岁的年轻人冒险创业，远超他们下一个最佳选择——在呼叫中心工作，年薪5万美元。但是要小心，只有当基本分布是正态分布而不是偏态分布或长尾分布时，单点期望值计算才是最有用的。你可以通过研究分布范围来检验，看看分布的中值和均值是否差别很大。

澳大利亚政府研究机构澳大利亚联邦科学与工业研究组织在捍卫其无线网络知识产权时，使用的是一种简单的期望值计算，但方法有所不同：它预计法院诉讼费用是1 000万美元，如果胜诉它将得到1亿美元，鉴于这两点，该机构倒推出盈亏平衡的成功概率。它决定采取法律行动，因为董事会认为胜诉的机会大于10%的无差异概率（1 000万美元的诉讼费用除以法庭胜诉后的预期值1亿美元）。我们将在下一章中更全面地分析这个案例。

近年来，贝叶斯思想在《信号与噪声》等书中得到广泛应用。[②]

---

① CB Insights, May 25, 2015, www.cbinsights.com.

② Nate Silver, *The Signal and the Noise* (Penguin, 2012).

贝叶斯思想实际上是关于条件概率的，指事件 A 在另外一个事件 B 已经发生的条件下的发生概率。事件 B 也有一个概率，被称为“先验概率”。举个简单的例子，如果天气多云（先验概率），分析一下下雨的概率；如果现在天气晴朗，再分析一下下雨的概率。这两种情况都有可能下雨，但天气多云的时候更有可能下雨。贝叶斯分析很难被正式采用（作为一种计算方式），因为很难精确估计先验概率。但是当我们认为条件概率在问题中起作用时，我们会经常使用贝叶斯思想。在第 6 章中，我们将提到贝叶斯统计学家处理在前所未有的温度下发射航天飞机的问题，我们将以这种方式来分析挑战者号航天飞机事故。

类比推理是快速解决问题的一种重要的启发式方法。类比指的是，你之前看到某个特定的问题结构和解决方案，认为其可能适于解决目前的问题。如果项目分类合理（也就是说确认了结构类型），类比法非常有效。但是如果没有确认结构类型，类比是很不保险的。为了防止出现这种情况，我们通常将支持项目分类的所有假设排列起来，并测试当前案例是否适合每一个假设。例如，我们的同事丹·洛瓦洛教授研究了如何使用项目分类来预测电影收入。[①] 他以剧本、参演明星的知名度以及预算作为项目类别，然后根据电影分类创建了一个模型，与将要拍摄的影片进行比较。与更复杂的回归模型相比，这种方法相当准确，效果更好。

类比推理是有限度的。例如：

---

① Dan Lovallo, Carmina Clarke, and Colin Camerer, “Robust Analogizing and the Outside View: Two Empirical Tests of Case Based Decision Making,” *Strategic Management Journal* 33, no. 5 (2012): 496–512.

• 当零售业、图书出版业和房地产业的传统商业模式首次受到颠覆性互联网模式的挑战时，我们无法用类比推理来解释竞争格局将如何演变。

• 在澳大利亚的酒类市场上，一家啤酒公司收购了一家葡萄酒公司，理由是两家公司都身处酒类市场，拥有共同的客户和分销需求。但是，二者在产品范围、品牌管理、客户群体和营运资金需求方面的差异意味着它们在实践中几乎没有共同的成功因素。

• 光环效应追随着那些引领企业扭亏为盈的高管，他们认为自己的成功将在新的环境中得到复制。外号“链锯”的艾尔·邓拉普曾因领导斯科特纸业公司扭亏为盈而享有这样的声誉，但他在日光公司（Sunbeam）走马上任不到两年就被解雇了。[①]

收支平衡点。查尔斯和罗伯特发现，每家初创公司在现金耗尽、需要新的股权注入的前几个月，都喜欢谈论其现金通道。这些公司没有多少真正知道自己的收支平衡点，即收入覆盖现金成本的销售水平。这是一个简单的算术计算，但需要边际成本和固定成本方面的知识，特别是需要知道收支平衡点如何随着销量的增加而变化。以销售美元或单位表示的收支平衡点等于固定成本 / 单价减去单位变动成本。通常情况下，产品单价是已知的。你可以很快计算出每笔销售的相关成本，即变动成本。棘手的部分是如何确定固定成本在企业规模扩大时的表现。你

① “‘Chainsaw Al’ Axed,” *CNN Money*, June 15, 1998.

可能会面临所谓的“阶梯式固定成本”（step-fixed costs）。在这种情况下，要实现产量翻番，就需要在机械、IT 基础设施或销售渠道上进行大量投资。了解收支平衡点和成本习性可以让我们了解商业的许多方面，正如我们在第 1 章中看到的那个皮卡装备公司定价的例子。

我们看一个这方面的真实例子。查尔斯曾经问麦肯锡公司的求职者这样一个问题：如果你在 24 小时内没有到场，为什么租车公司不会向你收费，而酒店却收呢？这是一个关于经验法则的典型例子，考量的是对象属于高固定成本还是低固定成本企业。事实证明，租车公司的固定成本较低，变动成本比例比酒店高很多，部分原因在于它们以可变的方式支付保险和其他一些成本（这与普通消费者不同）。相比之下，酒店每位顾客的变动成本（客房清洁）相对较低，固定成本较高。租车公司的替代品（公交车、火车、优步、出租车）与酒店（如今有爱彼迎，但过去它实际上只是某个朋友的一张沙发）相比也更多一些。此外，租车公司在机场面临更大的竞争空间（对手的价格更具优势）。通过使用一些简单的启发式方法来理解这些差异，你可以相对快速地理解为什么酒店需要对未到的客人收费，也能理解与租车公司相比为什么酒店具有这样做的市场力量。

边际分析是一个相关概念，当考虑在资源稀缺的环境下生产更多、消费更多或投资更多的经济学时，你会用到这一概念。边际分析不只是研究总成本和效益，还包括分析下一个单位的成本或效益。在与机械和工厂的固定成本有关的生产问题中，边际成本（同样是多生产一个单位的成本）往往会迅速下降，从而有利于更多的生产，直到需要增加机器为止。我们会增加单位，直到单位销售的边际效益等于边际成本。

我们可以把这个想法应用到上面的酒店问题上。假设一个拥有 200 间客房的酒店的固定成本（抵押贷款、核心员工、房地产税）为每晚 1 万美元，或 50 美元 / 间。如果某个潜在的旅客在傍晚 6 点来到店里，而酒店有空房，那么酒店是否应该接受旅客提出的 30 美元住一晚的价格？我们知道平均成本是 50 美元，但是多接待一位顾客的边际成本很小（可能接近零，即使清洁工已经在值班了），所以酒店应该接受客人的提议。正是这些经济因素鼓励了新的互联网业务的最后一刻优惠在客房和机票领域的发展。

同样，想象一下，一家为员工全额支付医疗费用的企业正在考虑为每人补贴 400 美元的健身房会员费。[①] 它认为员工去健身房可以为公司每人节省 1 000 美元的医疗费用，并想当然地认为如果它支付会员费，员工就会去健身房。它应该这么做吗？你已经猜到答案了，这取决于员工已经为自己购买了健身房会员卡的比例。在这个案例中，边际分析告诉我们，公司的无差异点是 60% 的员工已经自己购买了会员卡。如果在没有补贴的情况下极少有人定期利用健身房，那么开启这一项目是有意义的（假设关于利用健身房有利于健康的设想是正确的）；但是如果很多人已经自己购买了会员卡（并且使公司从较低的医疗成本中获得了免费利益），那么公司应该把福利预算花在别的方面。

① 这个问题是由耶鲁大学的巴里 · 奈尔伯夫提出的。

我们讨论的最后一种启发式方法是成果分布。计划开展大型项目的公司通常会为成本超支增加 10% 或更多的意外费用，这些费用可能会高达数百万美元。最近我们看到的数据显示，在耗资 10 亿美元或更多的大型基础设施项目中，约 90% 的项目超出预算，超出预算的 20% 用于公路建设，超出预算的 45% 用于铁路建设。[①] 在这些情况下，预期的超支与 10% 的意外费用并不一致，而是接近 30%，这几乎是成本超支的全部标准偏差。这些错误大到足以抹去项目的盈利能力。我们看一下图 5.3 所示的成果分布。

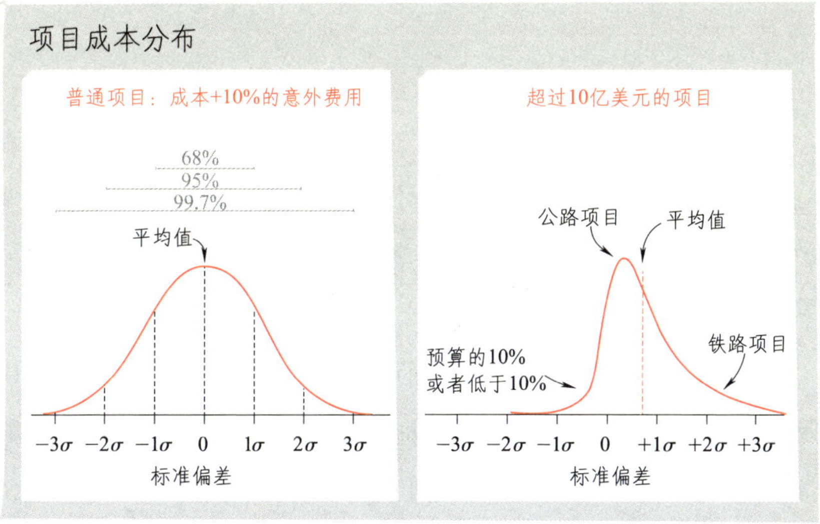

图 5.3 成果分布的大致情况

① Nicklas Garemo, Stefan Matzinger, and Robert Palter, "Megaprojects: The Good, the Bad, and the Better," *McKinsey Quarterly*, July 2015 (quoting Bent Flyvberg, Oxford Saïd Business School).

我们看到许多与成果分布有关的常见错误，其中包括过分强调平均结果（通常称基本情况），以及对偏离正态分布中平均值一个或两个标准差的结果不够重视。在大型项目中，当形势发展符合真实的预期情况时，问一下“最坏的情况是否已经足够糟糕”！①（正如卡尼曼和他的合著者所说。）你必须总结历史经验，进行情况分析，借助自己的经验，有时还要借助别人在项目分类方面的经验，结合自己的判断，来估计项目成本分配的形式。模拟法非常有效，可以凸显可能的成果范围。我们将在第 6 章中讨论这些内容。

基于问题解决问题

一旦通过启发式方法大致确定了问题杠杆的规模和方向，接下来就该进行深入分析了。但并不是所有要进行的分析都需要大量的数据处理。通常情况下，我们通过一个简单的夏洛克 · 福尔摩斯式的框架就可以准确理解问题，得到初步的解决方案。

我们发现，福尔摩斯通过询问谁、什么、在哪里、何时、如何以及为什么勾勒出问题的框架，这是一种非常有效的刨根问底的方法，能够快速解决问题。前一章我们提到问问题在解决问题中所起的重要作用，这不仅是为了明晰我们关注的问题，而且是为了确定选择方案以及

① Daniel Kahneman, Dan Lovallo, and Olivier Sibony, “Before You Make that Big Decision,” *Harvard Business Review*, June 2011.

如何对其进行评估。

正如我们将在下面展示的，我们通常可以用最多三个问题就能得到大致的解决方案。这些例子说明，简单的提问可以很好地解决问题。例如，当我们在第1章中讨论查尔斯对学校征税的投票时，他提出这样几个问题：哪个学校的成绩最好？为什么该学校学生的成绩更好？为什么教学质量如此重要？三个问题的快捷方式可以用决策树格式表示。我们在有关医疗保健的案例中给出两个例子，一个是机构层面的，另一个是个人层面的。机构层面的例子阐述的是医院如何对心脏病患者进行分类，个人层面的例子阐述了是否进行膝关节镜手术。

案例：

如何对心脏病患者进行分类

医院必须迅速做出决定，帮助疑似心脏病患者。医院工作人员需要决定的是把即将发作的心脏病患者归入哪一类，无论他们是高风险患者还是低风险患者。高风险患者需要更密切的监测，需要配备医护人员。之前的研究发现，提出三个问题医院就能甄别风险高低：病人最初24小时的最低收缩压是否大于91；病人年龄是否大于62.5岁；病人是否存在窦性心动过速现象。[①] 数据证实了这种分类，可以用图5.4中的决

---

① Gerd Gigerenzer, Peter M. Todd, and the ABC Research Group, *Simple Heuristics That Make Us Smart* (Oxford University Press, 1999) (drawing on a medical study at the University of California, San Diego Medical Center by Breiman et al., 1993) .

策树结构表示。

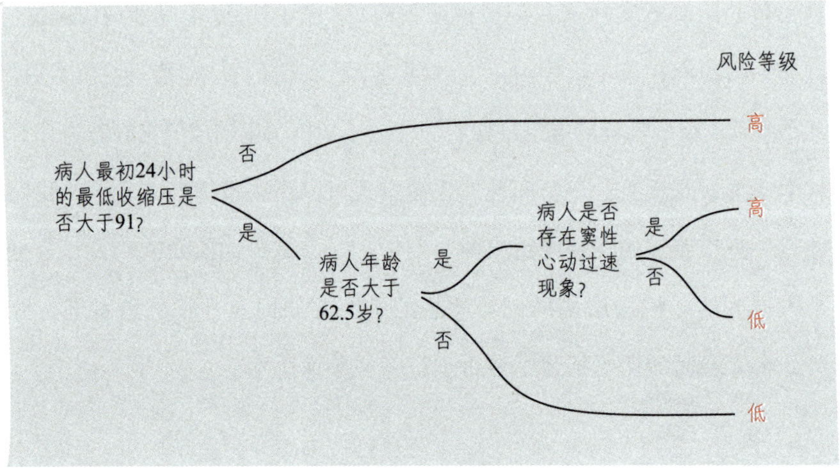

图 5.4　即将发作的心脏病患者分类

我们之所以特别喜欢这个例子，是因为它显示了如何从假设开始，接着用分析来检验假设，最后得出一个归纳逻辑结论。在帮助快速甄别疑似心脏病发作的高风险和低风险患者方面，它发挥了很大作用。我们注意到这并不是一个新发现，而且可能已经被机器学习算法等新方法取代了，但这些新方法在病人分类中越来越重要。

案例：

罗伯特的膝盖伤病

20 年前，罗伯特成功地接受了左膝关节镜手术，每年都能参加 10

公里和半程马拉松比赛。但最近他的右膝盖开始发炎，这限制了他的训练计划。他尝试进行冰敷，注意休息，但效果并不理想。于是他前去咨询一位运动医学专业的人士。

所有跑步者的膝盖都是运动人士关注的焦点，也是受伤后讨论的主题。权威的《新英格兰医学杂志》指出，美国每年进行70多万例关节镜部分半月板切除手术（APM）。[①] 当诊断为半月板撕裂时，跑步者通常被建议进行关节镜下部分半月板切除手术。

罗伯特应该怎么做呢？他有四个选择。

1. 由运动医学专业人士进行关节镜部分半月板切除手术。
2. 收集更多关于关节镜部分半月板切除手术在他的特定案例中成功概率的信息，然后决定做与不做。

---

① R. Sihvonen et al., "Arthroscopic Partial Meniscectomy versus Sham Surgery for a Degenerative Meniscal Tear," *New England Journal of Medicine* 369, no. 26 (December 26, 2013): 2515–2524.

3. 等待物理治疗与康复相结合的新技术。
4. 接受物理及康复治疗。

在罗伯特的案例中，运动医学专家对他的身体状况评估结果为低度不适，并且这种不适感会随着年龄增长和跑步时间的增加而退化。因此运动医学专家提出一种保守的治疗方法，不需要进行关节镜部分半月板切除手术。另一方面，他从运动医学专家那里了解到，平均年龄为22岁的足球运动员如果膝盖受伤，他们马上就要接受手术。他还听说有研究表明，关节镜部分半月板切除手术效果并不比物理疗法好，所以他最好还是等待干细胞治疗或可以3D打印的水凝胶半月板——这些都是正在研发的新技术。

面对如此繁杂的信息，如何做决定呢？在解决大多数问题时，你需要收集一些准确信息。在罗伯特的案例中，他阅读了发表在《新英格兰医学杂志》上的一位芬兰人的文章。该研究表明，与物理治疗相比，当患者的不适感较低且半月板撕裂随年龄退化时，关节镜部分半月板切除手术效果并不明显。研究方法包括一种被称作“模拟对照”的特殊随机对照实验，参与者不知道他们是否进行了手术。12个月之后随访的结论是，尽管“两组患者的主要预后均有显著改善”，但关节镜部分半月板切除手术的结果并不比模拟关节镜部分半月板切除手术好。[①]

① R. Sihvonen et al., “Arthroscopic Partial Meniscectomy versus Sham Surgery for a Degenerative Meniscal Tear,” *New England Journal of Medicine* 369, no. 26 (December 26, 2013) : 2515–2524.

罗伯特还想评估一下自己是否应该等待一项新技术解决方案的开发，如干细胞治疗或3D打印的水凝胶半月板。事实证明，关节软骨的临床试验正在进行中，但半月板修复还没有进行，因此可以得出一个合理的结论，即任何替代关节镜手术的方法都还需要再等五年多的时间。[①] 3D打印水凝胶半月板现在引起了很多人的兴趣，但他无法预计它何时才能成为一种选择。[②]

在掌握了最准确的信息、经过精确预测之后，事情开始步入正轨。罗伯特决定，最好的选择是等待，看看是否会出现一种技术解决方案，同时继续控制运动强度以及由此导致的右膝盖炎症。图5.5中的逻辑树显示了罗伯特的选择以及其他病情更严重者面临的选择。当然，他们还需要专家根据他们的具体病情就关节镜部分半月板切除手术成功的可能性发表个人意见。最后一点，很多患有退行性疾病的人的不适程度很低，他们不是运动员，因而很乐意采用身体锻炼和物理疗法作为治疗方案。

罗伯特提出的方法是一个由三个问题组成的规则。在他的这个案例中，这三个问题的答案引导他采取的行动方案是：等待新技术，同时继续进行物理治疗和康复训练。

综上所述，我们认为精准的分析从启发式方法和汇总统计开始，进而评估关键问题杠杆的大小和方向。当我们对这些潜在关系有了深入

① Cartilage repair via stem cells, Herbert Kim interview, UCSF, 2015.

② David Nield, "New Hydrogel That Mimics Cartilage Could Make Knee Repairs Easier," *Science Alert*, April 25, 2017.

了解时，我们经常会转向上面例子提到的那些问题。这使得我们能够进一步完善我们的理解，根据现有的证据做出决定，或者选择更详细的答案。

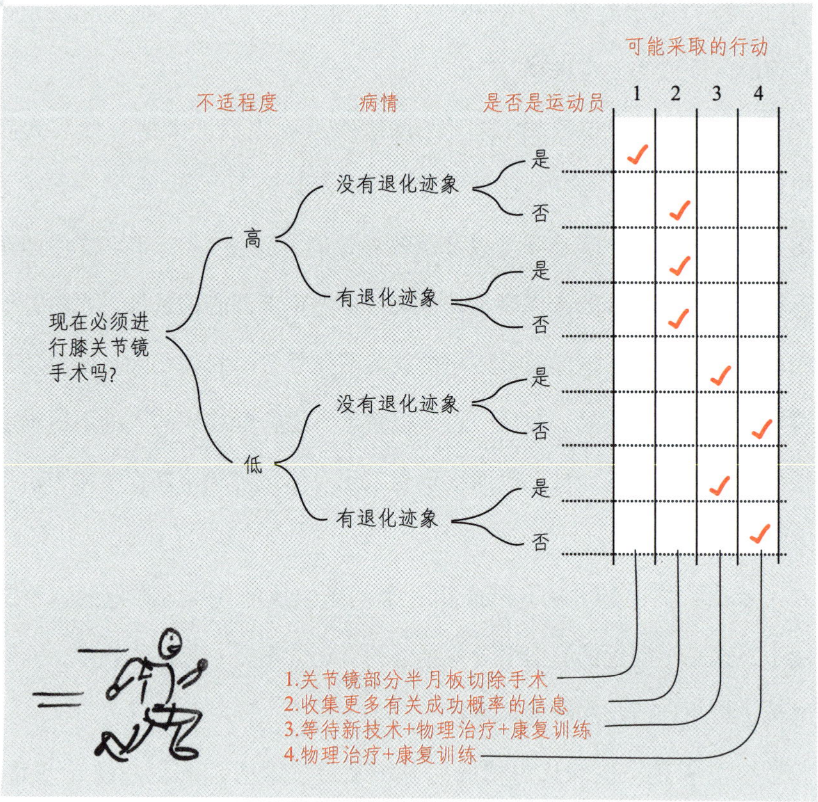

图 5.5　基于三个问题的启发式方法

根本原因分析是一种解决问题的工具，它也以一种巧妙的方式使用问题。丰田汽车公司开发了一种技术，通过问五个“为什么”来找出问题的根源。[①] 人们使用通常所说的“鱼骨图”来直观地显示影响问题的因素（参见图 5.6）。

根本原因分析

对有些问题来说，根本原因分析（RCA）是一种有用的解决问题的工具——并且可以作为解决问题的心态或方式。大多数根本原因分析的工具都是在复杂的行业环境以及安全与事故调查领域开发出来的，其核心思想是深入挖掘，突破生产事故或航空事故的表象或近因，找出根源或根本原因。当寻找根源时，你知道有一个根本原因可以解决后面的问题。

根本原因分析法采用了多种专业工具和方法，但其中有三种被用得最多：鱼骨图、五个为什么和帕累托思维方式（即二八定律，我们前面讲过）。如果工序非常复杂——比如我们在高科技制造中遇到的那些工序，那么我们很难找出产品缺陷和相关问题的根源。鱼骨图——有时也用其日语名字“石川图”来称呼它——可以让我们全面了解可能存在的近因和根本原因。出色的根本原因分析会采用清晰的问题定义，按生产的时间和阶段详细分解，并发动团队集思广益，找出每个潜在的错误原因，梳理出根本原因。

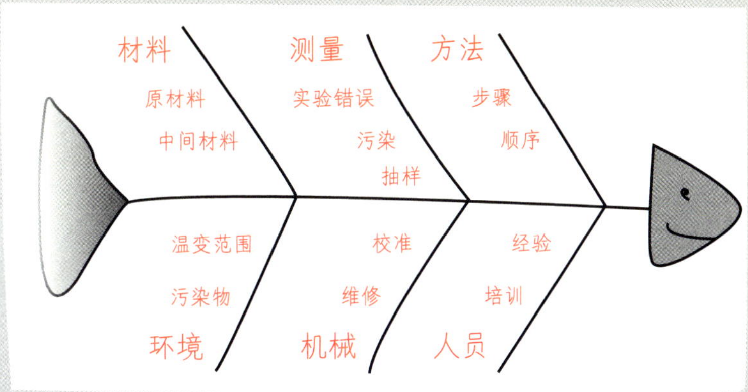

图 5.6 根本原因鱼骨图/石川图

① Taichi Ohno, “Ask ‘Why’ Five Times about Every Matter,” Toyota Traditions, March 2006.

这五个为什么经常被用于生产和操作问题的技术开发以及撰写安全状况报告。但该技术也可用于其他类型的商业问题。图 5.7 中的例子着眼于对市场份额损失的诊断，着眼于表面原因，直至最后找到问题的深层根源。

“五个为什么”这一方法因在丰田汽车生产线上的应用而闻名，对于问题解决团队来说，它是一种非常有用的集思广益的工具。它促使我们跨越问题的局部原因或附带原因，侧重寻找根本原因，一直追问“为什么”，直至最终再也不存在“为什么”。下面这个例子来自某公司，该公司正在失去市场份额，但并不清楚问题的根源。经过不断地刨根问底，公司终于找到客户流失的根本原因，那就是对电话客服人员的培训不够。

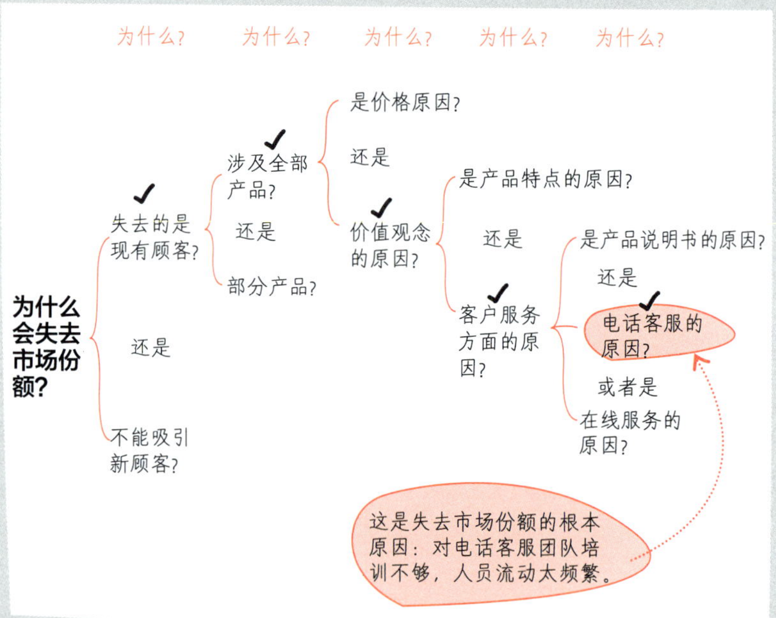

虽说根本原因分析是以追溯的方式发现问题的根源，但其思维模式同样有助于前瞻性地解决问题。

图 5.7 失去市场份额的根本原因

根本原因分析也可用来解决社会问题，比如无家可归这一问题。《哈佛商业评论》最近一篇关于慈善事业如何解决根深蒂固的社会问题的文章指出："捐赠者不想资助无家可归者收容所和食品分发处，只是希望结束无家可归和饥饿这种现象。"[1]要做到这一点意味着首先需要了解无家可归问题及其各种表现形式。使用与上述例子相同的技术，我们需要通过回答下面这些问题来探究其根本原因。

- 无家可归主要是男性还是女性的问题？
- 对于女性来说，是年轻女性还是年长女性比例更高？
- 年轻女性的无家可归事件是偶发性的还是长期性的？如果是偶发性的，与家庭暴力或经济因素有关吗？
- 特定社区是否有足够的妇女收容所和援助服务？
- 家庭暴力已经显著减少的社区是否有慈善项目？

这些问题同样适用于无家可归者逻辑树的其他部分，而且很可能会产生不同的结果，包括问题的根源在于心理健康、吸毒或酗酒，而不在于经济困难或家庭暴力。我们将在第 9 章中再次讨论无家可归这一问题，讨论如何解决这一棘手问题。

① Susan Wolf Ditkoff and Abe Grindle, "Audacious Philanthropy," *Harvard Business Review*, September-October 2017.

第 5 章要点回顾

- 使用简单的汇总统计和启发式方法开始所有的分析工作，有助于我们了解问题杠杆的大小和情况。
- 在使用经验法则确定问题范围之前，不要收集大量数据或构建复杂的模型。
- 一定要了解启发式方法的局限性，尤其是要明白这种方法可能会增加易得性偏见和确认性偏见。
- 基于问题大致解决问题的方法可以帮助我们发现做出正确决策的强大算法，并指导我们的实证性工作（如果有必要）。
- 根本原因分析法和五个为什么分析法可以帮助我们跨越问题的近因，发现各种问题的根本原因，不再仅仅局限于生产和运营环境。

练习

1. 第 1 章悉尼机场的案例是否存在运营能力不足的问题？你打算如何进行评估？
2. 第 1 章皮卡装备公司的收支平衡点是什么？它应该关注利润率还是市场份额？
3. 试着用类比的方法进行推理，判断一下移动设备中下一个新生事物会是什么。你可能就此产生什么偏见？如何避免当年随身听的问题（预见不到以前不存在的一些事物）？

4. 对你感兴趣的事物做个预测，可以是经济、时尚、体育或娱乐方面的某个事物。列出你必须相信什么才能让预测成真。然后问一下这是否有可能发生。不妨登录 fivethirtyeight.com 网站看一下，它是这方面的专业网站。
5. 区块链已经有十年的历史了，是一种很有前途的技术，适用于智能合约和管理。画出区块链的扩散曲线，并解释你是如何验证自己的假设的。
6. 利用你见过的某个科技风险企业或社会企业的商业计划，进行淘汰分析，然后向创业者提出一系列问题，询问成功的要素。
7. 哪三个问题能帮助你决定在未来两年内是否购买电动汽车？
8. 你能否从自己的工作中想出一个例子，并针对某个问题提出五个为什么，列出逻辑树和问题的顺序。
9. 你将如何把女性无家可归的根本原因问题带入下一调查阶段？要问的第二个和第三个问题是什么？在对解决这个问题的政策感到满意之前，你希望进行怎样的分析？

第6章 强大的分析工具

第 5 章我们介绍了一套基本的启发式方法和根本原因思维方式，使解决问题初始分析阶段更加简单快捷。我们证明了许多类型的问题，几乎不需要数学计算或建模就可以很快得到相当满意的分析结果。但是，在面对复杂的问题、确实需要全面量化的解决方案时，我们应该怎么做呢？什么时候应当采用下面这些强大的分析工具——贝叶斯统计、回归分析、蒙特卡罗模拟、随机控制实验、机器学习、博弈论或众包解决方案？这无疑就是分析武器的军火库，我们中的许多人一想到要使用这些工具就感到气馁。尽管你的团队可能不具备专业知识，不会使用这些解决更复杂问题的工具，但是对于当今的职场人士来说，了解如何用这些工具解决棘手问题是非常重要的。在某些情况下，你可能需要借助外部专家，而在其他情况下，你可以自己学会掌握这些工具。

第一步要问的问题非常重要：你是否充分描述了自己所面临的问题和想要测试的假设——目的是确定需要更多的火力支持？如果你认为你的问题确实非常复杂，那么接下来你需要考虑其他问题：是否有数据可以支持使用先进的分析工具？哪种工具适合你的问题？是否有人性化的软件可以帮助你的团队使用这些工具？你能把这方面的问题解决工作外包出去吗？

分析工具的可用性

过去，比较复杂的问题需要专家参与处理，耗时较长，且分析成本较高。随着可用计算能力的快速增长和数据存储成本的下降，前面提到的很多工具现在都可以使用，只需要几行命令就可以运行复杂分析的软件包正变得越来越常见，并且对日常用户来说已经变得非常简单。例如，通过加载分析工具包，可以在 Excel 中进行回归分析，可以在免费的分析软件资源 R-Project 中使用蒙特卡罗模拟等工具。

由于分析工具的可用性越来越广泛，我们看到越来越多的企业、咨询公司和政府机构在刚开始解决问题时就使用复杂的建模工具，如机器学习。有时这样做是可以的，但在很多情况下使用强大的工具似乎是不成熟的或是错误的。正如我们在第 5 章中看到的，在开始进行复杂分析之前，我们认为最好通过初始数量级分析来完善你的想法，仔细思考问题结构和正在测试的假设。为什么要这样做呢？因为初步数据分析往往能显示因果关系的方向和对问题的影响程度，这对以后评价复杂模型的结果至关重要。在缺乏明确解释的情况下显示模型相关性不能证明任何事情。一种配置或算法可以稍微解释多变量模型中的方差，但知道这一点通常不会帮助你进一步理解根本原因。漫无目的地捕捉数据或“好高骛远”地盲目分析很可能会降低问题解决的效率。

牛津大学机器学习专家斯蒂芬·罗伯茨教授强调，在进行复杂分析之前，有必要严格界定问题或假设。他建议学生在对模型结构和可测试假设有清晰认识之前，不要开始机器学习分析，这是科学方法的本质。[①]

这一章我们将阐述在哪些方面如何应用先进的分析方法，以及它们的一些局限性。即使你自己不使用这些强大的分析工具，也有可能会面对来自这些方法的分析。

思维排序

我们推荐在使用强大分析工具时遵照循序渐进的原则。毫无疑问，我们的首选顺序是从明确定义问题、形成初步假设开始的，然后通过查看平均值、中位数和模式以及其他汇总统计信息来了解数据。绘制关键变量的分布将显示数据中的偏离（偏离正态分布），如果出现偏离的话。用散点图或热点图对直观数据和相关性进行实验（图 6.2 显示了伦敦的空气质量和哮喘之间的关系，这是一个很好的例子）。当然，这样做的前提是假设你手中有数据——下面我们将展示一些处理有限数据环境的方法。

选择哪种强大的分析工具?

我们与牛津大学的学者和我们在数据分析方面经验丰富的研究团队合作，设计了一种决策树，可以帮助你使用正确的分析工具。一开始

① 与牛津大学斯蒂芬·罗伯茨教授的私人交流。

最重要的问题是理解问题的本质：你主要想了解问题因果关系的驱动因素（每个因素的作用以及作用的方向），还是想预测问题的发展态势，以便进行决策？第一个问题主要将你引向逻辑树左侧的分支，进入各种统计分析，包括创建或发现实验。第二个问题主要将你引向逻辑树右侧的分支，进入预测模型、机器或深度学习算法以及博弈论。有些问题具有两面性，需要结合决策树两侧分支上的工具。模拟和预测模型在树的两侧分支上均可以找到（参见图 6.1）。

当你专注于理解问题的复杂原因，以便找到干预策略时，你通常就进入了统计学领域。在这个领域中，数据的质量和范围对于了解可以使用哪种工具至关重要。如果掌握了恰当的数据，你可以使用相关和回归工具，其中许多工具可以在非常容易使用的软件包中被找到。现在外部可用数据集越来越多，其中许多是低成本或免费的。有时并没有你的问题所需的外部数据，但是你可以设计一个实验来开发自己的数据。长期以来，在医学等安全关键领域，实验一直非常重要。在医学领域，严格推断药物是否会产生预期效果和副作用是至关重要的。随着方法的改进和实验成本的下降，特别是在网络环境中，实验在商业和经济学中已无处不在。然而在很多情况下，实验需要成本，比较复杂，涉及伦理障碍（其中包括以不同的方式对待两个相似的群体）。如果你聪明（且幸运），也许能找到一个先例，其中某个真实问题的结构可以提供它自己的对照组。你也可能发现自己只有部分数据，没有能力进行实验。此时可以使用贝叶斯（条件）统计方法。

当你关注的重点是预测结果或事件的发展态势，以便进行决策时，

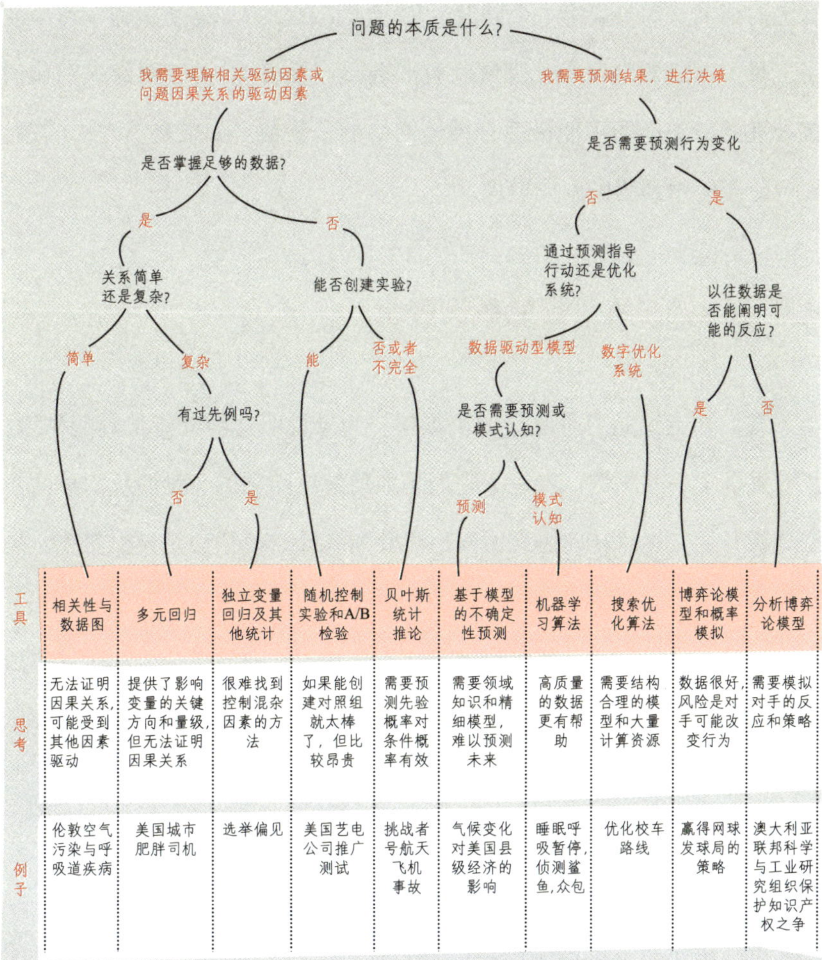

工具	相关性与数据图	多元回归	独立变量回归及其他统计	随机控制实验和A/B检验	贝叶斯统计推论	基于模型的不确定性预测	机器学习算法	搜索优化算法	博弈论模型和概率模拟	分析博弈论模型
思考	无法证明因果关系，可能受到其他因素驱动	提供了影响变量的关键方向和量级，但无法证明因果关系	很难找到控制混杂因素的方法	如果能创建对照组就太棒了，但比较昂贵	需要预测先验概率对条件概率有效	需要领域知识和精细模型，难以预测未来	高质量的数据更有帮助	需要结构合理的模型和大量计算资源	数据很好，风险是对手可能改变行为	需要模拟对手的反应和策略
例子	伦敦空气污染与呼吸道疾病	美国城市肥胖司机	选举偏见	美国艺电公司推广测试	挑战者号航天飞机事故	气候变化对美国县级经济的影响	睡眠呼吸暂停，侦测鲨鱼，众包	优化校车路线	赢得网球发球局的策略	澳大利亚联邦科学与工业研究组织保护知识产权之争

图 6.1　选择分析方法

你首先必须决定预测和模拟其他参与者或竞争对手的反应是否很重要。如果你这样做了，那么可能会用到博弈论，或许还会用到统计学知识。如果你不关注竞争对手的策略，那么你可能正在优化某种系统或预测不确定的结果。如果是第一个问题，你可能正在学习如何从机器学习中使用工具（在机器学习中，理解没有准确预测重要）。关于图像识别和语言处理的特殊问题可能最适合神经网络的子领域。如果是第二个问题，你可能会使用预测模型或模拟。

运用恰当的分析工具的案例展示

我们知道这是一种复杂的决策树。为了说明这些分析工具的作用，我们提供了一些实例，看一下它们是如何解决问题的。我们从简单的数据分析开始，然后转向多元回归、贝叶斯统计、模拟法、模拟实验、先例、机器学习、众包等分析问题的方法，最后阐述的是在竞争环境下一种强大的分析工具——博弈论。当然，这些工具中的每一个都可以单独成书，所以这里我们只是简单介绍一下每种工具的功能和应用。

案例研究摘要

1. 数据可视化：伦敦空气质量
2. 多元回归：了解肥胖
3. 贝叶斯统计：挑战者号航天飞机事故
4. 模拟实验：随机对照试验（RCTs）和 A/B 检验
5. 自然实验法：选举偏见
6. 模拟法：气候变化的例子
7. 机器学习：睡眠呼吸暂停，侦测鲨鱼，众包

8. 搜索优化算法
9. 博弈论：知识产权与赢得网球发球局

逐个研究这些案例需要花费一些时间，但请耐心一点儿，因为这些案例研究会让你明确认识到在不同情况下应当采用哪种先进的工具来分析问题。

数据可视化：群集和热区——以伦敦空气质量为例

公开可用的数据集正变得越来越多。为了说明对公共数据集进行相对简单的分析的威力，我们以伦敦的空气质量为例（参见图 6.2）。我们知道，影响空气质量的主要因素之一是细颗粒物 PM2.5 和 PM10。你不希望生活在 PM2.5 浓度很高的地方，因为这会对呼吸道和心血管造成影响。我们利用 2015 年的空气质量数据和按邮政编码划分的哮喘住院人数对伦敦进行了调查，由此得出的热图显示了风险最高的社区。在第一次对逻辑树进行修剪时，我们发现进一步探讨这个问题是有必要的，尽管从为期一年的数据来看，颗粒物和住院人数之间的相关性并不特别高。正如我们所知，相关性不能证明因果关系，可能还有某种潜在因素导致 PM2.5 重灾区和哮喘病人住院。下一步工作需要进行实验，以便更精细地做出数据分析和建立大型模型。

回归模型：了解肥胖

肥胖是一个十分棘手的问题，我们将在第 9 章中再次讨论这个问题。

集中分析空气质量

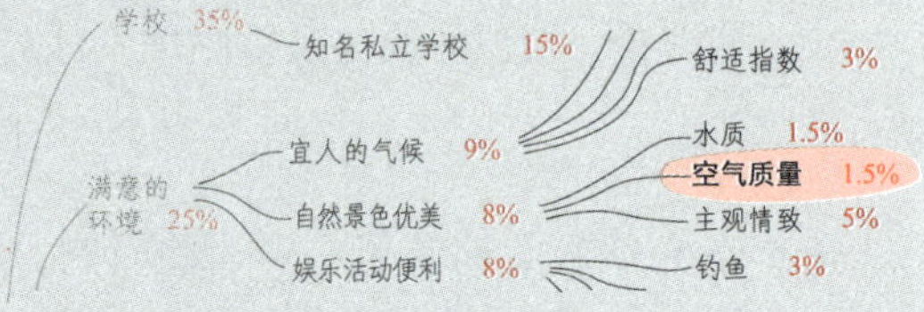

空气对健康十分重要，因而这也是查尔斯在分析选择生活城市时的一个因素。在这个案例中，我们集中分析空气质量，看一下空气质量对选择在伦敦哪个区域生活的影响。

几年前罗伯特看到一份英国公共健康报告，其中指出2010年3 000名伦敦人死于空气中的PM2.5——这种细颗粒物能影响呼吸健康，诱发哮喘，引发心脏病和肺病。很多研究发现，在PM2.5环境中，没有真正的安全水平可言。

我们请团队中一名罗德奖学金学者威廉·拉什杰（他精通数据分析和机器学习）用一个小时的时间研究一下我们是否能够发现哮喘病和PM 2.5的重灾区。威廉根据2015年的数据绘制出下面两幅意义重大的图片，标明了哮喘病的重灾区。左侧这幅图是根据发病率和急症住院率测量的，右侧这幅图是根据PM2.5的重灾区测量的。通过图像我们可以看到二者存在明显的重叠现象。

这一分析表明，我们可以通过适当的时间投入和数据分析技能了解空气质量等问题。我们认为，决定住在哪里绝不是一个无关紧要的考虑。

图 6.2 选择在哪里生活：第二部分

数据来源：Q. Di et al., “Air Pollution and Mortality in the Medicare Population”, *New England Journal of Medicine* 376 (June 29, 2017), 2513–2522。

关于肥胖的兴起和加剧、社区之间的巨大差异以及复杂的行为和政策因素，有多种解释。此外，我们还没有听说过有哪个群体成功地扭转过肥胖这一趋势。在这个例子中，我们想重点利用回归分析这一强大的分析工具，了解肥胖问题的潜在驱动因素。它不能解决肥胖的难题，但可以告诉我们到哪里寻找解决方案。

我们让研究助理波格丹·克内热维奇（正在攻读基因组学和大数据分析方向博士学位的罗德奖学金学者）用回归分析测试了几个与城市肥胖相关的假设。这些假设是根据麦肯锡公司全球研究所对肥胖的综合研究得出的。[①] 波格丹收集了美国 68 个城市的数据，包括肥胖患病率[②]、受教育程度、中等家庭收入、城市步行方便程度[③]和气候舒适指数[④]。气候舒适指数是指适于锻炼身体的天气状况，其计算方法是温度和相对湿度之和除以 4。舒适指数就像金发姑娘的稀饭：你不想让它太热或太冷，温度和湿度要刚好合适。数据显示，受教育程度、收入、步行方便程度和舒适指数都与肥胖呈负相关。波格丹发现，除了步行方便程度，其他所有变量都与肥胖有单独的关联。也许，令人惊讶的是，舒适指数和步行方便程度之间几乎没有相关性。其他变量，尤其是收入和受教育程度彼此高度相关（68%），这更难找出因果关系中的相对影响了。[⑤]

在图 6.3 中，通过 BMI（体重指数）和家庭收入来比较各个城市的

① MGI Obesity Study, 2013.

② American Fact Finder, https://factfinder.census.gov/faces/nav/jsf/pages/index.xhtml.

③ Tim Althoff, Rok Sosic, Jennifer L. Hicks, Abby C. King, Scott L. Delp, and Jure Leskovec, "Large-Scale Physical Activity Data Reveal Worldwide Activity Inequality", Nature 547 (July 20, 2017): 336–339.

④ Sperling's Best Places, www.bestplaces.net.

⑤ 多重共线性检验（一个自变量与另一个自变量线性预测的程度）与收入和教育呈正相关，而另一个自变量与收入和教育呈负相关；两个变量均保留。

肥胖率，舒适度指数以圆圈表示。肥胖与收入之间的相关性是明显而巨大的：收入占城市间肥胖差异的 71%。最佳拟合线显示，年收入 8 万美元和年收入 6 万美元的家庭相比，肥胖减少 7 个百分点，降幅超过 30%。

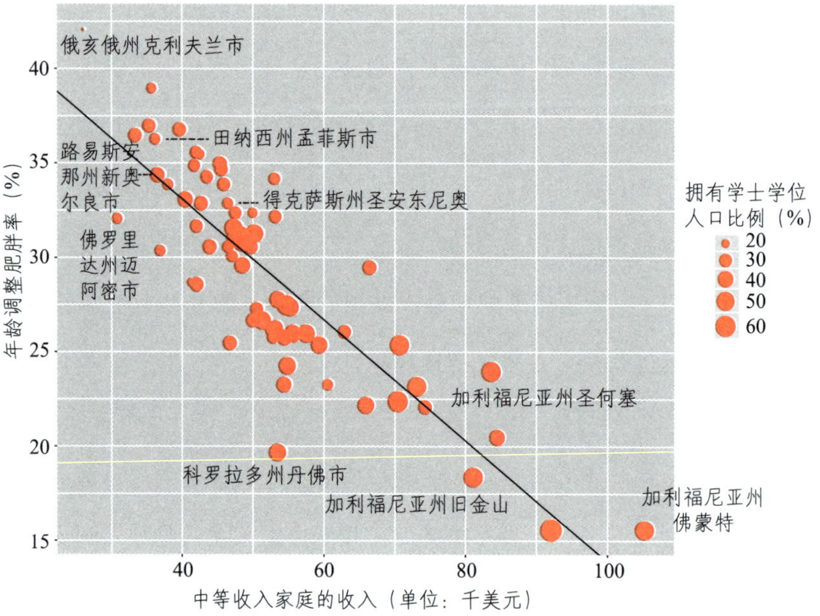

图 6.3 中等收入、受教育程度与肥胖之间的关系

捕捉城市间肥胖差异的最佳模型取决于收入、教育、舒适度、步行方便程度以及收入/教育交互项的组合，而收入/教育交互项解释了这两个变量的关系。所有变量均具有统计学意义，且与肥胖呈负相关。如果把这四个变量都包括进去，大约可以解释肥胖中 82% 的差异，这在我们的经验中属于相对较高的解释能力。像罗伯特 · 伍德 · 约翰逊基金

会这样的非营利组织已经注意到，收入和教育因素在解释美国肥胖差异方面有多么重要。

多元回归分析使我们能够在探索对潜在关系的理解时组合和控制变量。例如，仅使用步行方便程度对数据进行线性回归分析，我们得出的结论是：城市步行方便程度与肥胖率之间没有显著相关性。然而，当我们将步行方便程度和舒适度指数放在一起进行多变量回归分析时，我们发现，在控制了天气因素后，步行方便程度与肥胖呈显著相关。

这只是一个简单的例子，展示了回归分析如何帮助你开始了解问题的驱动因素，并可能为城市层面的积极干预确定策略。

虽然回归分析有助于提高我们对问题的理解，但也有一些陷阱需要考虑。

- 注意相关性和因果关系。适宜步行的城市似乎总是比不适宜步行的城市肥胖率低得多。然而，我们无法仅凭统计数据就知道城市的步行方便程度是否是导致肥胖率下降的真正原因。也许适合步行的城市生活成本更高，而真正的驱动因素是更高的社会经济地位；或者更健康的人搬到了更适合步行的社区。
- 如果在我们的模型中有一些变量我们可能没有考虑到，但它们可能非常重要，那么回归模型可能具有误导性。该模型是根据城市层面配置的，因此没有考虑个人层面的行为或文化因素。
- 增加更多的变量可以提高回归分析的性能，但是增加更多的变量可能会过度拟合数据。这个问题是基础数学的一个结果，它提醒人们始终使用最简单的模型来充分解释问题。

贝叶斯统计法和挑战者号航天飞机事故

对于那些经历过挑战者号航天飞机事故的人来说，那是一次工程设计上的失败。这样认为当然没错，但更重要的是，那是一次解决问题上的失败，涉及与O形环破损相关的风险评估。现在我们知道，用贝叶斯统计对其进行评估是最好的方法。贝叶斯统计在数据不完整的环境中非常有用，尤其适合在复杂情况下评估条件概率。条件概率发生在这样的情况下：一组可能的结果反过来依赖于另一组也具有概率性的条件。例如，下雨的概率取决于天空中是否有云，这本身就带有概率性。

让我们再看一下本书引言中挑战者号航天飞机的例子，看看这种分析方法如何帮助你评估风险。低温条件下O形环失效可能是挑战者号航天飞机起飞后不久便爆炸的原因。[①]挑战者号上使用了橡胶O形环，防止热气体泄漏。它被设计成随着温度变化而收缩和膨胀。然而，人们对冷O形环的弹性提出了疑问，因为在31华氏度[②]发射时温度异常低，比先前发射时的最低温度低22华氏度。此外，事故调查人员发现，收缩后的O形环的反应在75华氏度时比在30华氏度时要高出5倍。在这种情况下,O形环失效的概率（部分）取决于经历特定温度范围的概率。

研究人员重新研究了O形环失效的情况，他们得出的结论证实了

① 1986年挑战者号航天飞机事故总统调查委员会。.

② 1华氏度=5/9开。——编者注

人们对 O 形环的关注，但具体针对的是 1986 年 1 月 28 日发射前进行的数据分析和问题解决。[①] 他们认为，假如当年使用贝叶斯统计方法，并进行正确的抽样，那么一定会得出这样的结论：假设预计发射温度为 31 华氏度，那么失败的概率几乎是百分之百。

当时工程师之所以难以进行分析，是因为他们之前掌握的飞行数据是发射时的温度在 53 华氏度至 81 华氏度之间，而挑战者号将在异常寒冷的 31 华氏度条件下发射。他们研究了 O 形环损坏时的温度，注意到发生在 53 华氏度至 75 华氏度之间的 O 形环热损伤程度。他们确实研究了低于这个温度范围的有限数据，但无法看到清晰的模式（参见图 6.4）。工程师团队在发射前向美国国家航空航天局（NASA）报告了这一结论，提出了他们的担忧，即低发射温度可能影响 O 形环的性能。

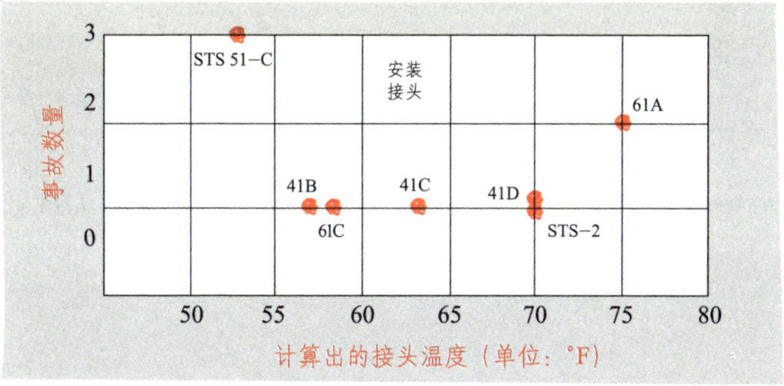

图 6.4 破损 O 形环与温度对飞行的影响

① C. J. Maranzano and R. Krzysztofowicz, "Bayesian Re-Analysis of the Challenger O-ring Data," *Risk Analysis* 28, no. 4 (2008) : 1053–1067.

然而，他们本应研究的数据是与温度和 O 形环损坏有关的所有飞行数据。从下面的数据中我们可以清楚地看到，当你把所有没有 O 形环损坏事故的航班都计算在内时，情况就完全不同了：在气温低于 65 华氏度的情况下，所有 4 架航班都发生了事故，或者说事故概率是 100%！气温高于 65 华氏度时，20 架飞机中只有 3 架发生了损坏事故，事故概率为 15%。综合分析所有的数据，温度和 O 形环性能之间的关系变得更加清楚（参见图 6.5）。

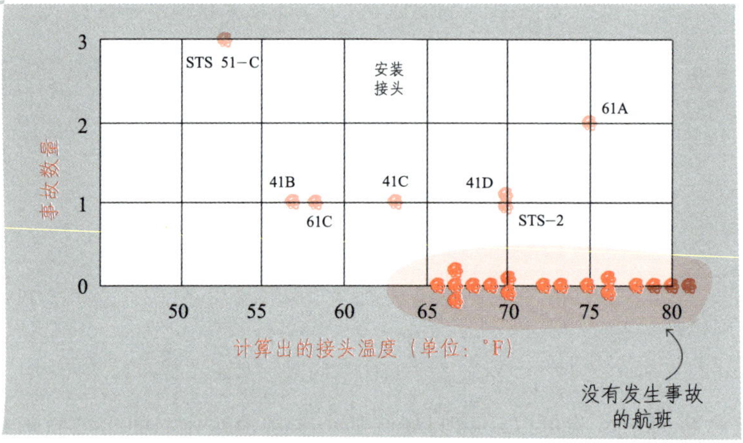

图 6.5 破损 O 形环与温度对飞行的影响

悉尼大学贝叶斯统计学家萨利·克里普斯教授是罗伯特在澳大利亚管理研究生院的前同事。他利用这些数据，并将其与先前的失败概率 30%（23 次飞行中 7 个 O 形环失效）结合起来进行分析，得出的后验失败概率（假设发射时的气温是 31 华氏度）是惊人的 99.8%，几乎与另一个同样使用贝叶斯分析的研究团队的预测完全相同。

从挑战者号航天飞机事故中，我们可以总结出一些使用强大工具进行数据分析的经验教训。首先,模型的选择（在本例中是贝叶斯统计）可能会影响关于风险的结论（在本例中是灾难性风险）。其次，需要仔细考虑，以达到正确的条件概率。最后，在数据不完整的情况下，处理极端值（比如发射时气温为 31 华氏度）需要一种概率方法，其中分布与可用数据相匹配。当有机会用新的证据来更新先验概率时，贝叶斯统计可能是检验假设的正确工具——在本例中就是在以前没有经历过的气温条件下研究成功和失败的全部经验。即使没有真正使用贝叶斯统计方法，贝叶斯思维方式（把条件概率考虑进去）也是非常有用的。

模拟实验：随机对照试验（RCTs）和A/B检验

在很多情况下，我们想要用来分析问题的数据并不存在，但我们可以通过试验的方法得出我们自己的数据。这样做有很多好处，尤其是你的竞争对手肯定也不掌握你的数据。下面让我们看一看企业界流行的两种试验。

随机对照试验可以让我们测试某个变量的变化，同时控制所有其他变量。正如我们在上面肥胖例子中看到的：也许适宜步行的城市本身并不能减少肥胖，也许那些已经很健康的人喜欢搬到适合步行的城市，因为他们喜欢步行。试验可以避免这种在理解因果关系时潜在的错误，但实际操作起来往往比较困难，因为我们难以使一个城市变得适宜步行，并将其与另一个城市进行比较。但是我们可以进行合理的试验，进而详细地分析问题。

试验可用于评估不同类型的干预措施。例如，在控制所有其他因素的情况下，随机对照试验可以帮助你测试某个特定的新项目（比如鼓励人们每天步行 5 英里[①]）是否比某个现有的项目能更好地实现减肥。随机对照试验需要招募参与者，并随机将参与者分为两个或两个以上的治疗组和一个对照组。在这个例子中，治疗就是新的锻炼奖励项目。当你需要证据表明特定的干预可能是结果改变的原因时，随机对照试验尤其有效。随机分配治疗组和对照组可以确保该组的所有其他特征——如人口组成、大致健康状况、基本运动量和饮食——只是随机变化的。当你的样本量足够大时，任何一个群体同一般大众比较起来都不应该处于不平衡状态。例如，在随机分配时，运动治疗组的女性数量不会比对照组多。如果治疗组比对照组有更大的改善，即在统计学上有显著的改善，那么你应当明白取得改善的主要原因是你的锻炼计划，而不是性别或其他任何变量。它不能完全消除所谓的混杂因素，但至少是一个良好的开端。[②]

特殊类型的试验是随机对照试验的变体。市场试验就是这样一种特殊的试验方法：一种新产品在全面推出之前先在一个小的测试市场上试用。当今商业中最常用的试验技术之一是 A/B 检验。A/B 检验用于实时调整产品功能。例如，如果你想测试更改网站主页的背景颜色对访问者在网站停留时间长短的影响，可以通过试验轻而易举地做到，并且能

---

① 1 英里≈1.61 千米。——编者注

② *The Book of Why* by Judea Pearl and Dana Mackenzie（Allen Lane，2018）以诺贝尔奖得主与他们所在国家的人均巧克力消费量之间的相关性为例，很好地说明了混杂因素。富裕国家在教育上投入更多，吃的巧克力也更多，因此，获奖者的财富和地点是混杂因子。

够证明为什么设计 A 优于设计 B。A/B 检验需要随机选择两组访问者访问你的网站，让其中一组（A 组）看到的是新设计的网页，而另一组（B 组），也就是对照组，看到的是原先的设计。跟踪每组的使用模式，在某些情况下，可以在他们访问网站之后进行调查。然后，你可以利用真实数据选择网站主页的颜色，注意设计、颜色或其他变量对用户停留时间或电子商务兴趣的影响。因为你进行的是随机试验，所以你知道影响用户体验的更可能是设计，而不是其他变量。

A/B检验

美国艺电公司最近使用了一项 A/B 检验来探索销售和促销对新游戏发行销售的影响。[①] 在城市建造类游戏《模拟城市》的新版本《模拟城市 5》发布的同时，美国艺电公司也制定了相应的收入目标。但是公司惊讶地发现，该网站最初的广告设计并没有带来更多的预购，尽管它在广告标题中提供了促销优惠。是因为预购广告放置得不正确吗？公司团队在预购页面上增加了几处变化，并随机让网站访问者看到不同的选项，比如 A/B/C/D。选项 A（没有任何促销），选项 B 带有促销标记，如图 6.6 所示。

该团队得出的结论是，没有促销优惠的网页使新游戏版本的购买量增加了 43.4%，增长非常显著。在这里，A/B 检验让该团队可以通过实验研究客户对销售和广告的反应。在这个过程中，该团队了解到《模

① https://blog.optimizy.com/2013/06/14/ea_-simscity_-optimizly_-casestudy/.

拟城市》游戏玩家的购买行为并不取决于促销。这种检验在在线环境中操作起来非常容易，但也可以在不同的城市层面或零售店层面使用，效果一样。有时针对混杂因素创建对照组需要大量的实验，但是有的时候未经人们同意让他们参与实验是不道德的，此时要想进行真实的实验会困难得多，医疗保健中的很多例子就是如此。这可能会让我们把目光转向所谓的“自然实验法”。

图 6.6 A/B 检验

自然实验法：选举偏见

即使可以通过模拟实验回答某个问题，有时你也无法进行实验，因为你的时间或预算可能十分有限，或者从伦理角度考虑可能很难进行该实验。例如，政府常常希望了解改变税收或福利计划的影响。但是，它却很难（而且往往是非法的）调整某些群体的税收或社会福利，而不调整另一些群体（对照组）的税收或社会福利，尽管这样做可能会发现公共政策的最佳方向。面对这样的限制，如何收集令人信服的证据呢？

办法之一是自然实验，也称准实验：如果你自己无法做实验，那么看看世人是否已经为你做过该实验或类似的实验。一些机构经常会做出一些选择，这些选择无意中会创造出一种类似于实验的环境。许多政府项目本质上全凭主观臆断，或者干脆把历史和偶然事件联系起来，将某些地理区域与其他类似区域区别对待，这就产生了自然组和对照组。例如，在美国，全国最低饮酒年龄为21岁，这使得20岁零364天和21岁当天这些人的饮酒的法律地位产生了巨大变化。当我们可以放心地将处于武断政策一方的人与另一方的人，或者将受某一干预措施严重影响的地区与受影响较小的地区进行比较时，我们就有了自然实验，它可以告诉我们许多真正的实验能做到的事情。

自然实验是一种非常强大的工具，能够在不适合实验的环境中为我们提供高质量的证据。但是，由于自然实验并不是真正意义上的实验，因此它需要格外关注当时的环境以及潜在的混杂因素，因为它们可能会破坏环境的实验特性。为了了解如何使用自然实验来回答真正实验无法回答且会阻碍我们使用其他解决问题的工具的问题，我们可以思考一下罗德学者埃文·索塔斯和斯坦福大学政治学家大卫·布鲁克曼给出的一个例子（该例子现在已经作为斯坦福大学商学院的工作论文发表了）。埃文和大卫的问题是：选民在选举中歧视少数族裔候选人吗？

首先，我们应当清楚哪些方法不能回答这个问题。我们不能简单地收集白人和非白人的竞选数据，计算他们所得选票的平均差额，然后对存在的任何差额都宣布是“歧视”。除了种族，白人和非白人候选人之间可能存在许多差异。例如，白人和非白人可能在不同的平台上竞选不同的职位或者参加不同的竞选活动。没有经过实验（或其他非常类似的方法）就想解决这一问题，区分歧视的独立作用，是注定要失败的。

埃文和大卫在伊利诺伊州共和党总统初选的一个不寻常的隐蔽做法中发现了他们的自然实验。在选举过程中，选民在共和党大会上对选出的总统候选人的代表进行了多次投票，正式提名一名候选人。例如，一位支持唐纳德·特朗普的伊利诺伊州选民在初选中不能投他的票，而是投给三名在法律上必须出席大会并支持该候选人的代表。在这种情况下，就产生了自然实验。首先，这些代表的名字出现在选票上，尽管他们的身份几乎无关紧要。大多数代表都是政治上的无名小卒，以至他们中的很多人在谷歌上都很难被找到，当然也不会为大多数选民所熟悉。其次，选民不必把票投给他们支持的所有总统候选人的代表，所以同一候选人的代表们不必得到相同的票数就能在美国全国代表大会上有效地代表这位候选人。

想象一下，一位候选人提名了两个被认为是白人的代表——汤姆和迪克，和一个被认为不是白人的代表——何塞。为了充分支持他们的候选人，他的选民应该把票投给汤姆、迪克和何塞。然而，一些选民可能略带歧视，把票投给了汤姆和迪克，而没有投给何塞。如果这样的选民达到一定数量，那么何塞这样的少数族裔代表获得的选票数量将明显少于汤姆和迪克这样的非少数族裔代表。也就是说，这三名代表的情况完全一样：他们在同一时间面对完全相同的选民群体，而且选民一定会支持同一位总统候选人，唯一的差别就是他们在选票上的名字不一样。这是一个非常好的自然实验！

用自然实验的术语来说就是，其中一个代表被“赋予”了可能是少数族裔的名字，并与另外两个（对照组）名字不可能是少数族裔的代表进行比较。埃文和大卫使用的伊利诺伊州的选举数据实际上包含了800多个这样的实验。他们的发现揭示了美国选民的偏见程度：与相应的白人代表（对照组）相比，那些名字表明自己不是白人的代表获得的选票少了大约10%。

图6.7展示了埃文和大卫是如何从研究设计，也就是他们关于自然实验的想法出发，发展到最后的统计分析的。虽然我们可以通过简单的算术计算出埃文和大卫每次的实验中非白人代表和白人代表之间的百分比差距，但是条件明确的独立变量回归分析也可以为我们进行这样的计算。标准统计软件，如R、Stata或各种Python（一种计算机高级编程语言）软件包，可以很容易地支持类似埃文和大卫的回归分析。

在这一分析中，关键的自变量是对代表所属种族的判断。为了得到这些数据，埃文和大卫可以说煞费苦心：他们将代表的姓氏与美国人口普查的数据集进行匹配，该数据集为每个姓氏提供了一份非白人美国人的姓氏清单。他们还向亚马逊旗下的劳务众包平台Mechanical Turk（mTurk）的在线工作人员支付报酬，让他们在没有进一步信息的情况下，仅凭代表的姓名猜测他们的种族背景，复制他们对选民在投票亭内可能进行的私下活动的看法。这是一种众包的形式，我们将在之后详细讨论。他们的因变量，即实际的选票统计，来自伊利诺伊州选举委员会。知道从哪里以及如何找到数据（无论是从人口普查的官方发布还是从 mTurk 的调查中），这本身就是分析武器库中的一个重要工具。

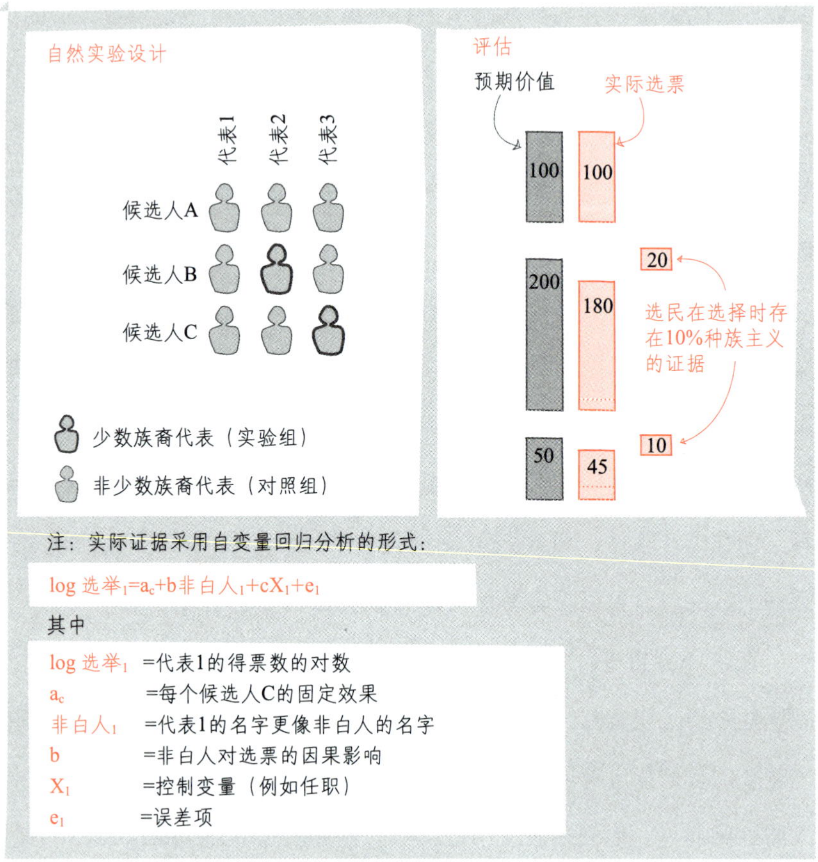

图 6.7 自然实验：测试选举模式中的偏见

像埃文和大卫这样的自然实验会出什么问题呢？自然实验依赖于实验组和对照组具有可比性的假设，而在实际实验中，随机处理可以保证这一点。除了何塞的少数族裔身份，埃文和大卫不得不排除汤姆、迪克和何塞等代表团内部的分歧。如果少数族裔代表比非少数族裔代表更不可能担任其他公职，那么这种情况可能会引起一种潜在的混乱：一些选民可能会支持汤姆或迪克，但不会支持何塞，因为汤姆是他们的市长或迪克是他们的议员，并非因为何塞的少数族裔背景让他们感到不舒服。埃文说，他和大卫在他们的项目中投入的大部分工作都是在解决这种可比性问题。

这并不意味着你可以从这个分析中推断出其他地区或选民的情况。你只知道这种情况是真实的，并且就发生在数据采集地。

模拟法：以气候变化为例

模拟法指的是利用计算机模拟现实世界中可能发生的事情。这种方法非常有效，因为它可以让你看到不同输入假设的许多潜在状态。只需要一个模型、一些初始条件和一个软件程序（如 Microsoft Excel）就可以进行模拟。在通常情况下，模拟法速度快、成本低。你如果有一个配置良好的模型——这是模拟法中比较困难的部分，你就可以测试参数变化，而不需要昂贵的实际数据采集。模拟法在分析工具选择树的两个分支中都很有用。

模拟法特别有助于预测政策或参数变化对相应结果的影响，例如气候变化或经济结果。根据已知的模型（以及不确定性的来源，如果有的话），改变模型中不同独立输入的值就可以改变结果的分布。这被称作“敏感性分析”，它可以让你使用模拟法测试气候变化对全球平均气温的影响，以及对县级经济结果的影响——正如《经济学人》最近强调的那样。[①] 注释中提到的论文作者项（Hsiang）等人将一系列温度和气候模型中其他天气结果以及一组预测不同气候情景下县级结果的经济模型结合起来，对未来气候变化的影响进行了大规模模拟。

作者们使用的模拟模型包括 44 个单独的气候变化模型、降雨和温度天气预报以及不确定因素。他们将自己的预测绘制成图，呈现在可能出现的经济结果的联合分布上，探索它们对美国县级层面上的劳动力、暴力犯罪、死亡率、降雨量、电力消耗、气温和二氧化碳的影响（参见图 6.8）。为了用 GDP 计算经济成本，他们将非市场影响货币化，然后把对每个县的预测汇总到国家层面。这项分析表明，气候变化产生的负面影响可能会让已经贫困的县表现得更加明显。像这样的气候变化分析显示了模拟法之于实际实验的主要优势之一：就气候而言，我们不能坐等全球气温上升之后再探究其影响，而是现在就能真实地模拟未来可能的影响，以减轻和防止不可逆转的损失。如果你已经很好地配置和测试了基础模型，并且模拟测试的预测范围与原始数据的基本范围一致，那么此时采用模拟法最有效。

---

① The *Economist* article referenced the work of Hsiang, Kopp, et al.（"Estimating Economic Damage from Climate Change in the United States," Science 2017）that with each 1 degree Fahrenheit increase the cost of climate change for the United States would be an aggregate reduction of .7% of GDP. http://science.sciencemag.org/content/356/6345/1362.full?ref=finzine.com%20；"Climate Change and Inequality," The *Economist*, July 13, 2017, https://www.economist.com/news/finance-and-economics/21725009-rich-pollute-poor-suffer-climate-change-and-inequality；http://news.berkeley.edu/2017/06/29/new-study-maps-out-dramatic-costs-of-unmitigated-climate-change-in-u-s/_.

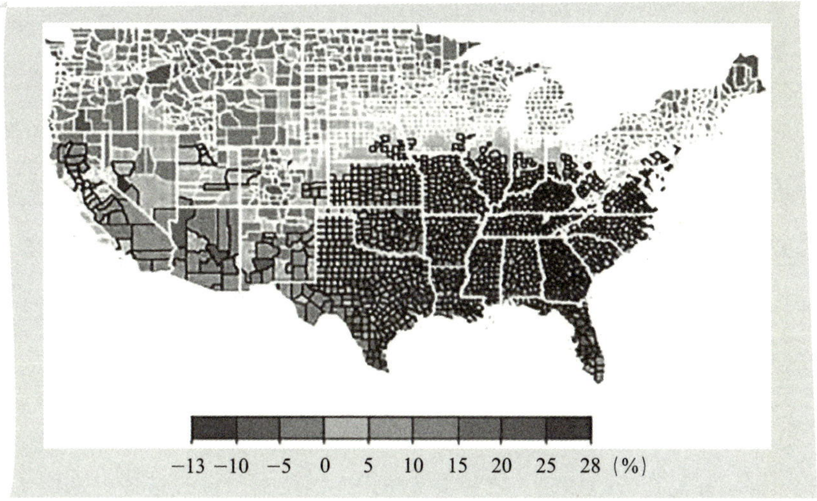

图 6.8　直接损失总额（县级 GDP 百分比）

机器学习解决方案

机器学习技术在本质上与多元回归等传统统计工具在概念上非常相似。当有大量格式正确的数据、数据中有更复杂的模式和相互作用时，机器学习的效果通常比那些传统技术要好得多。这些工具已经流行起来，特别是在过去几年，因为计算能力发展很快，并且可以以合理的成本处理大型数据集和复杂的学习算法。学会简单的脚本语言（如 Python 或 R）可以让你使用最先进的机器学习工具，这是许多团队都具备的能力。

让我们看一下如何对一个人的肥胖风险进行分类。你如果掌握了大量的数据（这些数据可能来自个人手机上的步数记录、人口统计和健康信息）以及关于该人群中哪些特征导致肥胖的信息，你就可以通过机器学习算法来了解如何根据数据识别肥胖风险的迹象。与线性回归不同，在这里，你不太关心确定和测量表示疾病风险的特定变量（尽管你通常可以使用机器学习来推断这些变量），因为你要构建一个能够做出准确预测的学习模型。掌握了这些技术，你在学习过程中的参与度往往会降低：你通常会利用计算机算法选择正确的特征组合，而不是选择要使用哪些变量。有了适当数量的数据，机器学习在预测方面往往能胜过传统的统计技术。

现在我们来看一些有关机器学习的例子，其结果可以拯救生命、节约资源。我们在医学领域、教育领域和无人机技术领域各选择一个例子，用以说明机器学习在解决问题方面的多种用途。

电脑能比医生更好地预测睡眠呼吸暂停的发作吗？

机器学习之所以有如此大的吸引力，原因之一是事实证明它在特定领域的预测能力胜过人类。牛津大学博士生洛根·格雷厄姆和布罗迪·福伊合伙成立了罗德人工智能实验室，这是一个学生组织，致力于利用机器学习解决社会问题。该实验室率先开发出一种机器学习模式，这种模式在预测儿童是否会在临床检查后 6~12 个月出现睡眠呼吸暂停问题这个方面优于医学专家。该工具使用来自一份简单问卷的数据（其中包含人口统计学、患者体重指数、哮喘和反流性食管炎等并存病症的相关信息）进行预测，其准确率始终比临床医生高 20% 以上。洛根推测，该模型可能是通过在医生的决策过程中减少偏见或考虑医生可能忽略的预测特征的相关组合而成功的。他们开发的这个模型把一般人群纳入考虑范围，而医务人员则是一个病人一个病人地接诊。该算法效果非常明显，即使是针对相对较小、只有400多个病人的样本。传统的睡眠呼吸暂停诊断要求患者接受昂贵的侵入性睡眠研究。减少假阳性筛查的预测模型可以为患者和医生节省大量的时间和金钱。

洛根指出，机器学习对于涉及预测未来结果的问题非常有效。不过他也警告说，预测问题需要一个与总体人口分布相匹配的数据集。睡眠呼吸暂停的数据来自那些已经被临床医生标记为有睡眠障碍风险的患者。因此，如果要将该工具用于普通大众，还需要一个不同的、更大的数据集做出可靠的预测。这里强调的重点是，机器学习是用来预测结果的，而不是用来理解解决方案或做出决策的。

用电脑安排校车路线

麻省理工学院的一个研究团队开发了一种算法，通过优化3万名学生的校车路线，为波士顿公立学校节省了500万美元。在这之前，学校管理人员手工设计校车路线，费时又费力，每年要花费数周时间。麻省理工学院的算法几分钟就可以完成这件事，这种算法撤销了230所不同学校的线路，而这些学校过去需要650辆校车提供服务。

设计校车路线是此类问题的一个例子：预先投资开发计算工具从长远来看可以节省时间和金钱。该算法实现了校车路线设计自动化。人类也可以凭直觉完成路线设计，但是计算量非常大，依靠数学算法可以更好地完成这一任务，因为此类问题非常适合自动化处理。路线规划需要年复一年地运行，但是基本的决策引擎却不需要在每次使用时都更改。

这里并不需要真正的人工决策，而且，如果有的话，人类的疏忽可能会阻碍决策过程。我们有客观的外部标准，可以用来评估算法的有效性。

无人机侦测鲨鱼

在世界各地的许多海滩上，鲨鱼袭击是一种真实存在的危险。为了减少鲨鱼袭击的风险，人们通常会设置渔网，但由于渔网缠结，经常造成相当大的经济损失和物种损失。一家名为 Ripper 的公司针对澳大利亚海滩提出一个解决方案（罗伯特也参与其中，我们将在第 8 章中详细讨论这家公司），该解决方案将装备相机的无人机和机器学习结合在一起。通过机器学习侦测鲨鱼的灵感来自澳大利亚出版商凯文·韦尔登（他是国际冲浪救生组织的首任主席）和澳大利亚首位宇航员保罗·斯库利·鲍尔。

这一解决方案的工作原理是这样的：无人机在海滩上巡逻，并向指挥中心传送视频。Ripper 公司与悉尼科技大学（UTS）的机器学习专家一起开发了一种形状解释算法，它是同类算法中的第一个，可以预测鲨鱼的出现，因为鲨鱼与海豚或人类不同。当算法检测到鲨鱼并经操作员确认后，海滩巡逻队就会向游泳者发出警报，清空该海域的人员，直到无人机监控确认在海滩上不再出现鲨鱼为止。

该算法的平均精度（MAP）为 90.4%，采用真阳性和假阳性进行计算。这里的精度与从全部图像中识别出多少张鲨鱼的正确图像有关（参见图 6.9）。这一结果令人印象深刻，但这也留下了假阴性的问题：有多少鲨鱼没有被发现（这似乎很重要！）？但是，人们认为，精准侦测海豚等其他物种的能力可以将假阴性的数量降到最低。和其他深度学习算法一样，我们希望通过增加数据进一步改善结果。[①] 此外，多光谱照相机等正在试验中的技术有望提供更好的海洋穿透能力，尤其是在多云天气时。

图 6.9　无人机侦测鲨鱼图像

正如 Ripper 公司团队想象的那样，未来的海滩将融合三项技术。

1. 一种无人机网络共享系统，可以让无人机获得动力，系留于缆绳之上，可以监测整个海滩，能够全天候不间断工作——但最好是海滩上有救生员值班。
2. 一种与无人机视频相连的机器学习算法，可以在鲨鱼接近冲浪者时发出警报。

① Communication with Paul Scully Power AM, CTO, The Ripper Company.

3. 一种叫作“鲨鱼盾牌”® 的无人机装备，可以扔给靠近鲨鱼的冲浪者。鲨鱼盾牌 ® 能发出电子脉冲，让鲨鱼经历暂时的肌肉痉挛，并离开电子场。

从这些示例中我们可以看出，当你想要生成非常精确的模型或优化路径时，当你不太关心理解影响决策过程的关键变量时，机器学习非常有效。如果你已经了解决策机制，那么这往往是最有用的，但它很复杂，而且你面对着许多不同的数据示例。机器学习神经网络可以通过自动复杂的过程——比如人类视觉模式识别，产生令人印象深刻的结果。但许多商业决策缺乏使用学习算法所需的大量高质量的数据。① 有些商业和生活决策需要对过去的事件和未来的问题具有一种主观直觉，而这是无法从数据中得到的，或者需要猜测其他参与者的反应。你能想象把自己应该搬到哪个城市的决定委托给一台机器吗？（这种算法是基于仔细权衡成千上万人的偏好，并考虑你的情况而做出的决定。）显然不会，尽管你对结果可能感兴趣。

众包

除了在自己的团队中进行复杂的分析，我们现在还可以走出组织，掌握更多的分析能力。我们可以采用众包的方式，将寻找解决方案的企业与

① 机器学习和其使用的数据一样强大和脆弱。如果一个模型有显著的误差——我们已经在数据集中看到误差达到 10% 或更多的例子，那么它会在预测工作中自然地嵌入该数据的所有偏差。

拥有实施想法的个人团队结合起来。参与者通常可以为解决具有挑战性的问题展开竞争，而之前这些问题往往需要聘请顾问和专家。通常，解决问题的竞赛会在编程马拉松上举行。这是一项持续一整天的活动，程序员和分析师会利用相关问题的已有数据，竞相提供最佳解决方案。

Kaggle 网站就是举办此类竞赛的一个平台。竞赛的奖励额度、挑战难度和参赛者数量都相当可观。以下是最近的一些例子。①

1. 美国国土安全部发起一项挑战，要求提供乘客筛选算法。这项挑战奖金为 150 万美元，吸引了 518 个团队参加。
2. 房地产公司 Zillow 寻求一款可以预估房屋价值的模型，它将从 3 779 支参赛队伍中选出一个获胜团队，奖金为 120 万美元。
3. 预测借款人违约：924 个团队竞争 5 000 美元奖金，评估 25 万借款人的数据，并为某人在未来两年遭遇财务困境的概率提出最佳预测算法。
4. 大自然保护协会设立了一种竞赛形式：通过安装在渔船上的摄像头识别鱼类物种，估计鱼类捕获量和鱼类存量。罗伯特是亚太地区的一名受托人。15 万美元的奖金吸引了来自世界各地的 293 个团队。
5. 使用机器学习预测泰坦尼克号上的幸存者：超过 1 万个团队参加了比赛，并获得了有关船舶舱单、乘客和幸存者的数据。

① Kaggle website.

“精准判断项目”是将众包应用于大规模决策的一个例子。[①]该项目创始人菲利普·泰洛克围绕着大众智慧的原则，开发了这个项目和网站。如果足够多的人参与某一特定预测，那么他们能消除任何个人因素的偏见，得出比单个预测者更准确的结论。这很像一群人猜测罐子里有多少颗玻璃球：单独猜测可能非常不正确，但是当足够多的人把他们的猜测汇集起来时，偏差就被抵消了，这群人通常会得出正确的结论。这种方法对预测世界重大事件，有时甚至是非常具体的事件，包括预测军事入侵，都出奇地准确。最精准的预测者被称为“超级预测者”，整个过程在《超预测》一书中有描述。[②]

图 6.10 呈现的是一个决策树，可以帮助你确定是否使用众包竞争手段而不是其他方法（如专家合同）。它考虑到是否有一个可实现的目标，是否有少量或大量可用资源，以及是否愿意承担风险和承担成本。毫不奇怪，Kaggle 网站已经列出一些条目，包括找到治疗疟疾的方法，但没有人获得大奖。你可以看到，这并不是短期内可以实现的目标，因为很少有人相信自己能胜出，而且人们认为风险和成本太大。

埃隆·马斯克的超级高铁项目尝试快速改进交通技术。超级高铁是目前正在开发的一种吊舱运输系统，旨在以惊人的、接近超音速的速度远距离运送乘客。鉴于太空探索技术公司的超级高铁项目目标清晰、明确，问题解决者的群体规模庞大、背景复杂，其中许多人是愿意承担风

① Philip E. Tetlock and Don Gardner, *Superforecasting: The Art and Science of Prediction*（Crown Publishing, 2015）.

② Tetlock and Gardner, Superforecasting.

险的学者，他们渴望这种体验，因而围绕该项目展开的竞赛是检验众包力量的一个极好的例子。有了可用的测试轨道，太空探索技术公司在2017年1月举办了超级高铁吊舱竞赛。通过举办比赛，该公司增加了正在同时进行研究的原型的数量。超级高铁作为一个可行的概念，目前还没有定论，但这一过程正在以10年前我们不可预见的方式利用着资源。

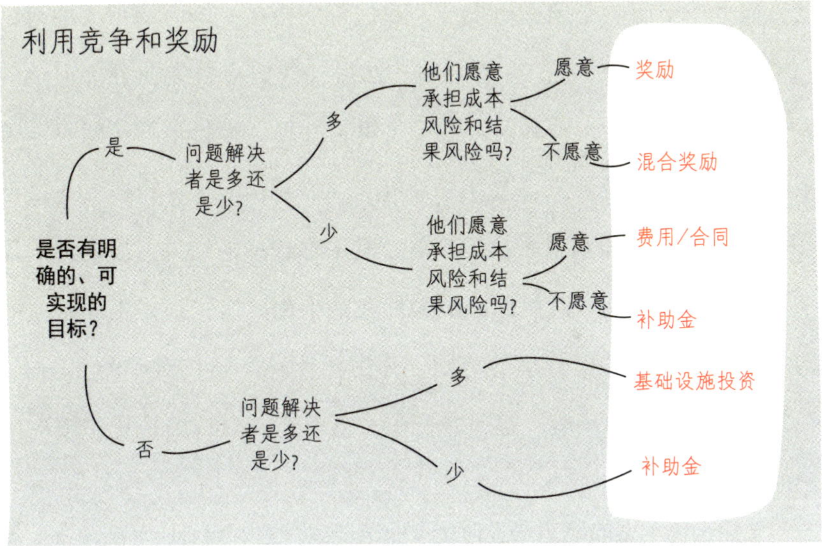

图 6.10 何时采用众包方法解决问题

数据来源：Jonathan Bays, Tony Goland, and Joe Newsum, "Using Prizes to Spur Innovation", *McKinsey Quarterly*, July 2009。

博弈论思维

到目前为止，我们讨论的强大的分析工具主要基于统计技术。工具箱中另一个解决复杂问题的强大工具是博弈论。在商业和生活中，竞争环境意味着你的行为会影响对方，你也会受到对方的影响，也就是所谓敌手或对手。例如，你的战略必须考虑你的选择是积极竞争还是合作（在竞争法允许的情况下）。这些战略举措有时会持续数小时、数天或数年。我们运用博弈论思维分析我们自己的选择和竞争对手的选择，利用逻辑树呈现出来。为了评估我们应该如何应对对手的行动，我们通常会采用模拟法，将团队分成攻击团队和防御团队，并采取一系列行动，而另一个团队必须做出反应。我们可能会在一个为期一天的研讨会上涵盖多达 18 个月的行动方案。然后，我们会召集业务部门负责人，让他们对这些行动和对策进行反思，并思考推行最佳策略可能带来的回报。博弈论专家会使用极小化极大（minmax）和极大化极小（maxmin）这样的术语来描述策略，其中你选择的结果可以使你的最小收益最大化，也可以使你的最大损失最小化。这些都是正式游戏的概念，超出了本书能分享的范围，你需要让自己站在对手的立场上，并精心设计对手的反应。这是在竞争激烈、充满对抗的环境中解决问题的正确工具。

我们用两个不同的例子来说明博弈论思维，一个是商业中的例子（应该上法庭吗？），另一个是生活中的例子（发球应当发到哪个位置？）。

我们应该上法庭吗？——以澳大利亚政府研究机构澳大利亚联邦科学与工业研究组织的Wi-Fi专利案为例

如果你问某商人："我们应该上法庭吗？"答案通常是否定的。上法庭涉及不确定因素——结果的不确定性、法庭执行时间的长短以及巨额成本。但是有时候这样做是有意义的，博弈论思维可以帮助我们做出这个决定。让我们思考一个案例：一个名为澳大利亚联邦科学与工业研究组织的小型澳大利亚政府研究机构成功地为Wi-Fi专利进行了辩护，它的对手是包括微软、英特尔、戴尔和惠普在内的全球最大的科技公司。这一诉讼持续了十多年，其间各方采取了一系列行动，先是消极应付，然后越来越带有攻击性。这一战略导致对手向澳大利亚联邦科学与工业研究组织支付了4亿美元，用于资助澳大利亚国家利益方面的额外研究。

澳大利亚联邦科学与工业研究组织认为它的Wi-Fi技术是有价值的，它的专利被侵犯了，它有权收取合理的使用费。另一方面，使用这项技术的大型科技公司认为合理的转让价格应当为零，原因有很多，其中之一是澳大利亚联邦科学与工业研究组织是一家公共资助的研究机构。在澳大利亚联邦科学与工业研究组织提交给美国政府的简报中，它是这样陈述的："澳大利亚联邦科学与工业研究组织试图授权此产品。2003年和2004年，机构发现有产品侵犯了其专利，于是致函28家公司，要求它们讨论澳大利亚联邦科学与工业研究组织许可证的条款，但这些公司没有接受澳大利亚联邦科学与工业研究组织的报价。"①

澳大利亚联邦科学与工业研究组织不得不决定是否向法院提起诉讼。这样一来，它将面对强大的计算机和网络公司，这些公司财力雄厚，

① CSIRO briefing to US government, December 5, 2006, https://wikileaks.org/plusd/cables/07CANBERRA1721_a.html.

有着丰富的专利战经验。除了法律诉讼成本和有利结果的不确定性，澳大利亚联邦科学与工业研究组织还面临着被这些科技公司反诉的潜在成本。另一方面，不为自己的专利辩护，为将来可能在美国寻求的任何许可协议树立了先例。

下面是它如何决定上法庭的。当时该机构的商业发展和商业化执行董事查尔斯和罗伯特的前同事梅尔达德·巴格海这样说道："一开始，我们必须说服自己应当进行索赔，这需要花费大约 100 万美元，以获得一些初步的专家意见。然后，我们估计了一下如果我们胜诉有望得到多少回报。我感觉肯定会超过 1 亿美元，甚至可能会超过 10 亿美元。为了达到这个目标，我们需要在最初的法庭诉讼中投入 1 000 万美元。粗略计算下来，我们需要 10% 的获胜概率。我觉得我们有这个把握，这并不难。同时我觉得我们还需要一个备选方案——如果成本激增，就选择放弃直接起诉，转而把全部或部分索赔诉讼卖给一个专门从事知识产权诉讼的团队。"[①] 该机构已经做好上法庭的准备，接下来就是如何运用博弈论思维赢得诉讼。

在商业竞争战略中，分界线通常围绕着在哪些方面展开竞争以及如何竞争。战略通常被描绘成比较竞争对手对细分市场的选择，以及双方是在成本上竞争还是在价值上竞争。该机构对其 Wi-Fi 专利的辩护为我们提供了这样一个例子，它告诉我们，随着时间的推移战略是如何发挥作用的。它采取了一系列行动，旨在更多地了解竞争对手的意图，

① 与梅尔达德·巴格海私下交流得到的信息。

并为取得最大的成功确定自己的行动。

该机构关于如何竞争的策略，先从一种不成功的被动写信的方式开始，到要求对其技术进行自愿授权，再到起诉大型科技巨头，其中更引人注目的是它关于在哪些方面竞争的战略。该机构必须决定一开始把目标对准哪些公司（参见图 6.11），最后它选择起诉一家名为巴比禄（Buffalo Technology）的中小型网络公司，称其侵犯了自己的专利——这被称为“测试案例”。巴比禄股份有限公司是一家日本公司，而非美国巨头，在美国专利案件方面经验较少。当时这家公司几乎完全依赖于网络技术，而网络技术正迅速向 Wi-Fi 过渡。该机构的顾问查阅了美国专利诉讼记录，评估它成功的可能性。它注意到在审判的案件中，专利持

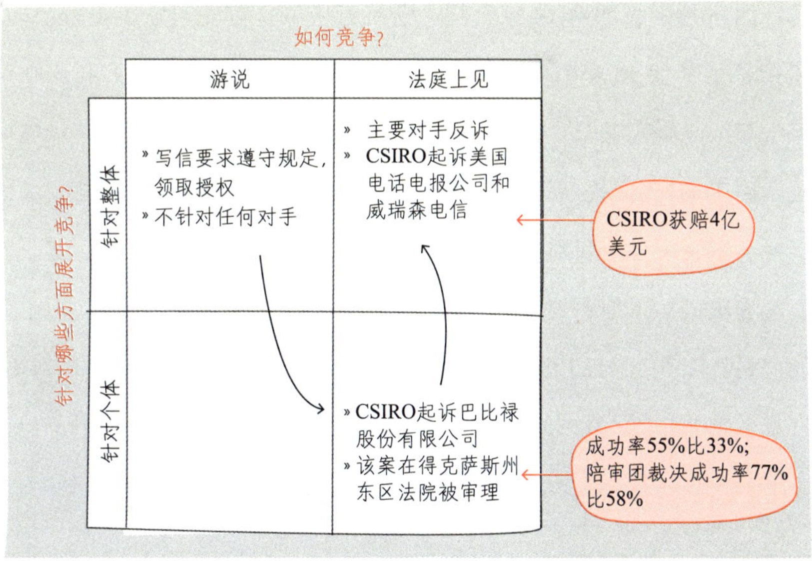

图 6.11 大卫对决歌利亚：Wi-Fi 专利侵权案

有人的成功率相对较高，原告出庭的时间也比其他司法管辖区快得多。在 1995 年至 2014 年间，包括 Wi-Fi 案例在内，得克萨斯州东区联邦法院原告的成功率为 55%，而全美的整体成功率为 33%。它还注意到，对原告来说，陪审团裁决的成功率高于法官的裁决——2005 年至 2009 年，陪审团裁决原告胜诉的比例为 77%，而法官裁决原告胜诉的比例为 58%。①

在澳大利亚联邦科学与工业研究组织对巴比禄股份有限公司提起诉讼后，其他专利侵权者提起了反诉，包括英特尔、惠普、微软和戴尔等公司。澳大利亚联邦科学与工业研究组织必须决定如何应对这一攻击性的举动。澳大利亚联邦科学与工业研究组织第二年做出回应，在侵权名单上又增加了 8 家公司。很快，澳大利亚联邦科学与工业研究组织在陪审团审判中将面对 14 家公司。它沉着应战，首先击败了惠普公司，紧接着是其他 13 家公司，获赔 2.05 亿美元。2009 年，澳大利亚联邦科学与工业研究组织对美国电话电报公司、威瑞森电信和跨国移动电话运营商 T Mobile 提起诉讼，在 2012 年庭审前达成和解，又获赔 2.2 亿美元。当时距离专利到期只有一年！

在决定上法庭时我们需要考虑对手的反应，这是关键。在这个案例中，澳大利亚联邦科学与工业研究组织很聪明，它选择了一个实力较弱的对手，并且选择了对自己有利的法庭提起专利诉讼，然后才选择在更有利的位置与更强大的对手过招。还有一点也很重要，那就是澳大利亚联邦科学与工

① PriceWaterhouse Coopers, *Patent Litigation Study*: A Change in Patentee Fortunes,2015.

业研究组织众志成城，愿意承受 1 000 万美元的损失投入这场诉讼大战。

打网球时发球应当发到哪个位置：博弈论的例子

我们许多人都打网球，因此也就相当于参与了竞争战略。耶鲁大学管理学院博弈论专家巴里·奈尔伯夫与策划专家阿维纳什·迪克西特一起分析了网球的发球位置。[①]他们的答案简单实用：建议每个发球都要显得随意，不让对手预测到，并将 40% 的球发到对手的正手位，60% 发到反手位。他们分析了两种类型的发球：发到对手的正手位和反手位，并且分析了接球者预测发球的位置。如果你发到对手的正手位，而他们预测到这一点并移动到位的话，那么对手回球成功的可能性最大。奈尔伯夫和迪克西特准备了一个损益表，得出这一结论，参见图 6.12。

		发球者的目标	
		正手位	反手位
接球者的预测	正手位	90%	20%
	反手位	30%	60%

图 6.12　接球者回球成功概率

数据来源：Avinash K. Dixit and Barry J. Nalebuff, *Thinking Strategically* (W.W.Norton, 1991)。

① Avinash K. Dixit and Barry J. Nalebuff, *Thinking Strategically*（W.W. Norton, 1991）.

该图可以做如下解读。

- 如果你发到对手的正手位，而他们预料到了，那么他们回球的成功率为 90%。
- 如果你发到对手的正手位，而他们没有预料到，那么他们回球的成功率仅为 30%。
- 如果你发到对手的反手位，而他们预料到了，那么他们回球的成功率为 60%（假设他们的反手较弱，就像大多数业余选手那样）。
- 如果你发到对手的反手位，而他们没有预料到，那么他们回球的成功率仅为 20%。

罗伯特将这些发现牢记于心，并尝试将它们应用到自己的比赛中。他是一名业余左撇子选手，主要在草地或人造草坪上打网球。

自 1991 年奈尔伯夫和迪克西特的《策略思维》出版以来，网球球拍技术发生了巨大的变化，因而也带来发球能力的变化。评论员现在主要谈论三种发球类型：离身球、追身球和底线球（参见图 6.13）。你注意观察就会发现，如今的顶级球员在接发球时会站在与发球者呈 45 度角的底线位置，他不会做太多的预测，只是找到一个最佳位置，能把这三种发球反击回去就可以了。这是否否定了奈尔伯夫和迪克西特的结论，即发球者每次发球一定不能让对方预测到发球点，并且发球应该按正反手四六开的比例组合？罗伯特想弄清楚这个问题。

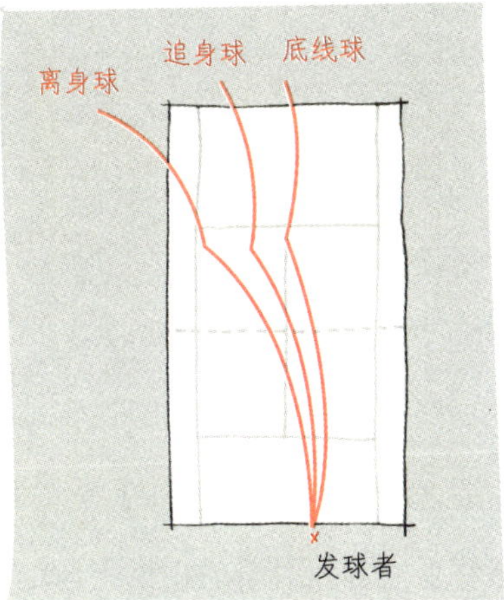

图 6.13 三种发球类型

数据分析可以帮助我们解决这个问题。由于使用了鹰眼技术判断球的落点，因此我们可以分析发球者发球时的实际动作，并判断其可预测性。我们也可以把这个问题与分析人士所说的重要得分或关键得分联系起来，即得分为 30~40 分，处于发球占先，此时肯定是把球发到第二发球区。GameSet MAP 网站利用地理信息系统技术（GIS）回顾了安迪·穆雷和罗杰·费德勒在 2012 年奥运会上的决赛。这场比赛最终穆雷获胜。研究人员注意到，穆雷在关键时刻发球的空间变化比费德勒更大（可预测性更小），而且他的 8 次发球中有 7 次都打到费德勒的反手位。① 这听起来并非不可预测，但他发的是费德勒的反手位，也就是费德勒的弱侧。这种不可预测性靠的是打乱发球方向，从而让对手无所

① GameSet Map, February 19, 2013.

适从。在关键得分点，左手球员主要把球发到第二发球区，因为他们有优势，可以把球发到右手球员的反手位，并且离身体很远。这是一种制胜的手段，所以一定要使用它。拉斐尔·纳达尔在占先时可能会在三分之二的时间里发离身球，但也会结合追身球和底线球。

与博弈论有关的问题可以用决策树和收益矩阵来表示。我们把上面介绍过的因素放在一棵逻辑树上，帮助罗伯特思考他应该把球发到哪里。我们首先考虑的是这样几个因素：发球者是左手选手还是右手选手；对手是左手选手还是右手选手；对手的正手击球是否强于反手击球；发球是局末平分发球还是占先发球。我们在逻辑树中的分析就此打住，因为这已经抓住了博弈论的精髓。（为了完整起见，我们还可以添加另外两个分支：一个是关键得分或普通得分，另一个是一发还是二发。）综合分析结果如图 6.14 所示。我们只展示了两种情况：右手选手向右手选手发球，比如费德勒对穆雷；左手选手向右手选手发球，比如纳达尔对费德勒。这些百分比实际上是条件概率，它们呈现出的较大变化取决于对手以及自己是在局末平分发球还是占先发球。这一分析表明，根据上述两种发球的例子来看，发球不再是一个简单的四六组合，而是一个更丰富的组合。

因此，网球高手会根据这些因素，并考虑关键得分点以及是一发还是二发，结合自己的算法，在底线区域准备发球。《策略思维》的结论（让每一次发球都显得随机）依然十分合理，尽管这是在以较少的不可预测性来利用你的优势和对手的弱点。这是每一位博弈论专家的核心目标。我们对发球方向的结论是以三到五个问题为前提的。当站在发球线上时，你必须迅速考虑这些因素。其结果正如《策略思维》的作者主张的那样，是一种混合策略。但对左手选手来说，他们明显更喜欢在关键得分点和一发时发到对手反手位。根据上图所示，找到自己在其中的位置，想想你应该如何在单打比赛中，在关键得分点上向老对手发球。

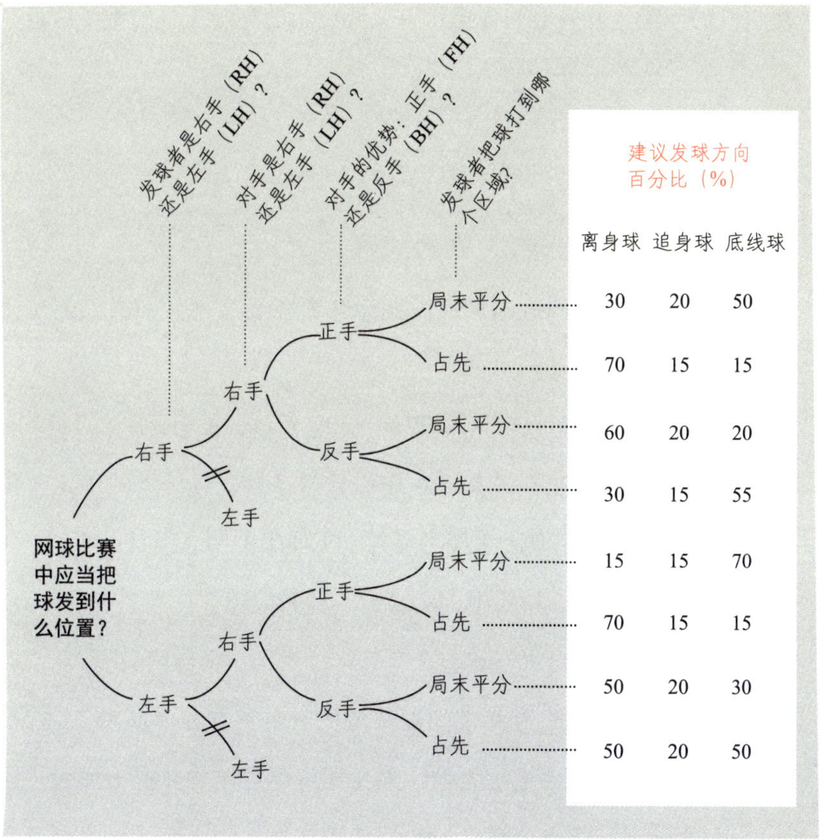

图 6.14 网球比赛中应当把球发到什么位置？

复杂的问题通常会用到我们描述的强大的分析工具。我们已经分析了现在可以用来解决问题的复杂工具。我们希望，随着可用的大型数据集越来越多，实验成本越来越低，软件包和脚本语言的应用越来越广泛，这些工具在未来会得到更多的应用。请记住，在使用复杂工具之前，先以经过时间检验的启发式捷径、简单的统计方法和根本原因分析来分析问题。这一初始步骤可能会让你决定不需要用那些比较复杂的工具来解决自己的问题，并且会为你提供有关要使用的高级工具的重要信息。

第 6 章重点回顾

- 获得许多复杂问题的解决方案意味着需要了解并知道如何使用复杂的分析工具。
- 首先，肯定要通过图形化、可视化和汇总统计来全面理解数据。
- 使用哪种高级工具通常取决于你是想了解驱动因素并确定干预策略，还是想预测结果并据此制订计划。
- 在庞大的分析工具库中，实验是一种有效但往往被忽视的工具。如果你不能亲自进行实验，有时可以找到一个自然实验。
- 机器学习正在成为许多问题领域的一种有力工具。我们主张，在使用深度学习算法之前，先要理解问题结构并提出假设（巨大的错误可能来自糟糕的数据和糟糕的结构，而这些模型几乎没有透明度）。

- 可以通过 Kaggle 等平台上的众包来外包解决问题，包括深度学习。
- 如果对手的行为对你的选择有很大的影响，你可以借助逻辑树，用博弈论的方法制订最佳的行动计划。

练习

1. 根据图 6.1 的框架，你会选择哪种强大的分析工具来理解心理健康问题的原因？
2. 列出你对下一届奥运会前五名国家的奖牌数量的预测。
3. 如何在企业或非营利组织中使用实验来测试社交媒体活动的有效性？
4. 如果你认为竞争对手侵犯了你的 IP（知识产权），你将如何设置逻辑树来决定是否将其告上法庭？

第 7 章

综合分析，阐明观点

引言

作为七步问题解决法中的最后两步，综合分析、阐明观点可能是其中最有趣的。它们是你所有努力的结晶，并且如果幸运的话，它们能回答你想要解决的难题。如果做得好，你的结论就会是一个引人入胜的故事，有理有据有分析，能让读者相信你所推荐的方法的优点。你可以吸引志愿者加入你的社会事业，为你的社会组织或初创公司筹集到资金。你也能与家人和睦相处，或增强你对自己职业道路的信心。妥善地解决问题和随之而来的阐述会让我们的生活变得更好，因为解决好问题会转化为行动，改善我们的生活。

当然，事情的发展并不总是这样。大多数读者在工作或志愿者组织中都有过这样的体验：某个项目经过了分析阶段，但最后失败了。在问题解决的后期阶段，失败有很多原因：巨大的模型还没有完全建成，大量的数据缺乏清晰的观点，采访或市场调查数据相互冲突，或者团队成员对下一步的正确方法存在分歧。作为年轻的咨询顾问，我们在阐述详细的分析结果时显得过于紧张，畏首畏尾，无法完整地阐明观点。在麦肯锡公司，这被称为“阐述焦虑症”（APK）。

如果你遵循我们所描述的这个简单的七步法，那么你永远不应该屈服于陷入僵局的团队，不应该接受混乱的分析结果，也不应该感染上毫无意义的阐述焦虑症。相反，你完全可以驾驭自己的逻辑树，从分解问题开始，得出有效的、可以测试的假设。你会按照合理的团队工作流程，尽早提出备选假设，避免确认性偏见和其他解决问题的错误。你会尝试即时答案，随时总结自己在解决问题的过程中产生的最佳思路，并综合分析当时掌握的最佳证据。

本章将讨论从即时答案到全面阐述问题的转变，提出综合分析数据的方法，使用整体案例的金字塔结构，通过归纳和演绎支持你的论点，介绍如何有效地阐明观点，包括如何应对提出异议的观众。

综合分析结果

> 综合分析的质量决定决策的质量。这就是为什么有必要把你的观点与你熟悉的善于综合分析的人进行三角分析。
>
> ——瑞·达利欧[①]

想要阐明观点，第一步必须根据采集的数据、访谈、分析以及建模

① Ray Dalio, *Principles: Life and Work* (Simon & Schuster, 2017) (referenced in Shane Parrish's blog Brain Food #233) .

综合分析所得结果。如果你一直遵循着我们第1章介绍的七步问题解决法，那么解决问题应该相对简单一些。查尔斯从他在麦肯锡公司做的第一个项目中体会到这种方法的力量。他登上飞往卡尔加里的飞机，前去与客户进行第一次会面。上了飞机之后，他发现身旁坐着的是该项目的资深搭档。后者点头致意，然后继续工作。只见他烦躁地在一沓纸上乱涂乱画，不时地撕下一张张草纸。过了好一会儿，查尔斯鼓起勇气问那个搭档在做什么。他回答说："我在撰写最后的报告。"最后的报告？怎么可能？他们甚至还没有见过客户。他回答说："你看，是这样的，我知道我的这些假设还处于早期阶段，有些可能是错误的，但我如果现在预测一下答案，我就知道当我们见到客户的团队时应该问什么问题了。"他说得没错，提前设计出一组假设可以让团队从第一次会议开始就集中精力收集数据。

我们推荐的流程在每个阶段都是迭代的，由即时答案得出的有力假设与对工作计划的分析相互作用，推动流程前进。备选假设应该已经经过测试，已经被接受或拒绝，行不通的分析应该已经被剔除。定期的团队会议（即使你不得不强迫家人和邻居加入临时团队）应该已经以令人信服的方式将分析和新发现联系起来。

在进入最后的综合分析阶段时，我们需要把逻辑树上每一个枝杈和小枝上的单个研究结果绘制成一幅完整的图表。大多数人都是视觉学习者，所以用图片或图形的形式来表示你的每一个发现通常是很有用的，它们可以突出你从工作中获得的见解。在可能的情况下，最强大的视觉化手段是将每个图形以枝杈的形式呈现在修改后的逻辑树中。图7.1

就是这样一个例子，它呈现的是我们第 1 章介绍的两大家居建材公司之战。

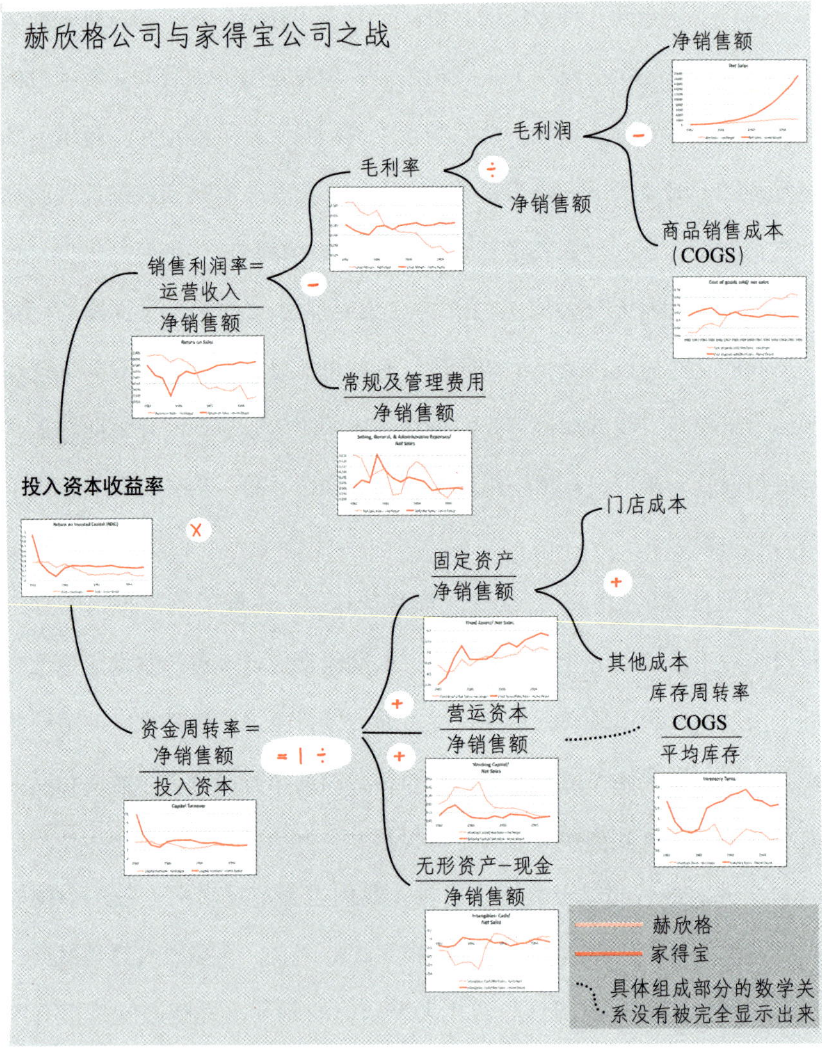

图 7.1　投入资本收益率分析

这种对结果的可视化处理阐明了整个问题，可以产生很多想法，把对不同枝杈的分析结合在一起。我们可以看到，在收入、成本和资产生产率方面，各个枝杈的整体情况开始显现出来。从相对的销售增长曲线来看，我们知道家得宝公司远远超过赫欣格公司。通过对销售价格数据、采购成本、物流费用、管理费用、商店设计和库存周转率的研究，我们可以更全面地了解是什么推动了不同的收入增长结果：更低的价格推动了销售额的增长；销售额，再加上更好的门店设计和物流系统，提高了资产生产率和库存周转率，降低了公司每一环节的单位成本。图 7.1 的综合分析阐述的就是直观的商业竞争模式。

我们鼓励大家根据综合分析结果绘制图表。关于如何根据我们从麦肯锡公司学到的方法绘制图表，目前有一些很不错的入门书籍，比如基尼·泽拉兹尼所著的《用图表说话》和科尔·努斯鲍默·纳福利克所著的《用数据讲故事》。[①] 作为纽约市的一名年轻顾问，罗伯特把自己的分析结果拿给基尼·泽拉兹尼看，结果基尼看了之后说："罗伯特，你想表达什么意思？这些图表并不完全支持你刚刚告诉我的结论，所以我们还是撇开它们吧。我对你关于客户市场份额下降的观点很感兴趣，但是你并没有这方面的图表。我们可以将其绘制成图表，以此来支持你的观点。"尽管基尼的态度以肯定鼓励为主，但有时也会让人感到很受伤。不过这却成了咨询顾问的新兵训练营，他们可以学习如何综合研究结

① Gene Zelazny, Say *It with Charts: The Executive's Guide to Visual Communications* (McGraw-Hill, 2001) , and Cole Nussbaumer Knaflic, *Storytelling with Data: A Data Visualization Guide for Business Professionals* (Wiley, 2015) .

果，并用图表支持分析结果。

与其他步骤一样，良好的团队工作流程在这里也很重要。我们通常会将整个团队聚集在一起进行综合讨论，并让每个成员向整个团队展示自己的分析和结果。这相当于为压力测试备选假设提供另一道检查关卡,并为从简单的“情境—观察—解决问题”的问题总结过渡到更完整、更有说服力的论据打下基础。

这一阶段通常会产生有洞察力的见解，而这种见解在之前的枝杈分析中并不明显。在第 8 章关于必和必拓公司采矿的例子中，针对单一矿床的可行性分析吸收了整个团队的智慧，因为综合分析表明，附近其他矿床蕴含着巨大的潜在价值，并且随着开发第一个矿床所需的交通基础设施的建设而被挖掘出来。

从即时答案到金字塔结构

当我们从定义问题的早期阶段过渡到制订工作计划和完成问题分析时，我们的推理能力得到增强。图 7.2 显示了这种变化。

在早期阶段，我们使用精心设计的结构来分析数据，这是一个从推理到含义的过程。我们使用“情境—观察—解决问题”的结构来假设一个即时答案，并根据我们的工作计划和团队工作流程，通过我们的分析不断地对其进行压力测试。正如我们第 3 章讨论的，这些即时答案对这个过程至关重要：总结情况可以让我们更新对问题的最佳理解；观察或复杂的情况会让问题变得更紧张，让我们知道哪些方面不起作用，为解决问题集思广益；解决问题可以让我们深刻理解解决方案，并最终解决问题。

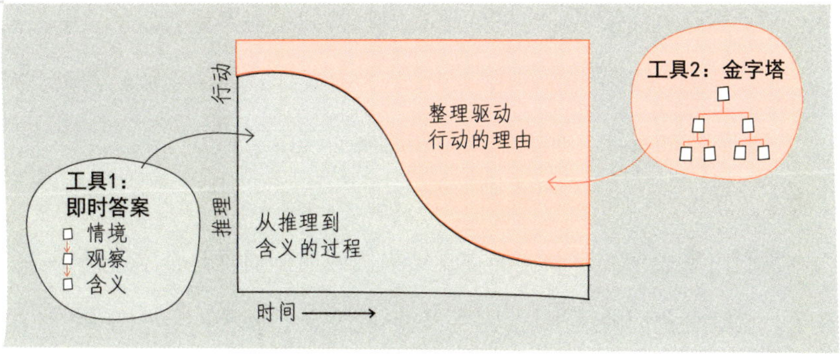

图 7.2 推理模式的发展

当工作计划开始实施、关键路径分析开始产生结果时，我们的推理模式就从理解转变为整理原因以驱动行动。我们从简单地陈述分析含义，开始转向研究这些结果如何才能激发变革计划。七步问题解决法总是以基于证据的行动为导向，旨在回答“我们应该做什么以及如何做”的问题。

讲述令人信服的故事

一旦你把自己的综合分析结果融入一系列经过压力测试、令人信服的图表，就可以进入最后一步：与观众进行有效沟通，阐明观点。

首先需要回到问题定义工作表并提醒自己以下这些问题。

- 我们要解决什么问题？问题是如何演变的？
- 我们的决策者（有时可能是你自己）预先设定的成功的关键标准是什么？在你的阐述中明确体现这些内容是很重要的。
- 你尊重决策者设定的问题界限吗？如果答案是否定的——你的理由可能很充分，比如与创造力有关，或者决定放松约束，开创新的可能，那么你需要在此阐明理由。

我们用来表示故事结构的视觉结构按照惯例通常是金字塔结构——实际上它就是我们的逻辑树之一，只不过改变了形状（参见图 7.3）。这是记者和咨询顾问必须学习掌握的标准组织结构。我们的麦肯锡公司前同事芭芭拉·明托在解决问题的相关著作中将其发扬光大。[①] 这幅图清楚地展示了数据、访谈和分析是如何支持我们论点中的每一个要素的。

金字塔的最高层是我们对问题做的导语或概括陈述。毫无疑问，你最新的“情境—观察—解决问题”的阐述通常是最好的概括陈述。根据观众的不同，你可以改变这三个陈述元素的顺序。正如我们将在下面展示的，有时候，最好是谨慎地引导观众一步步从情境到观察再到解决问题，这些都是你建议的行动。但在大多数情况下，我们的偏见让我们首先回答“我应当怎么办”这一问题，然后总结支持行动的情境和关键观察结果。

接下来，利用从综合分析阶段获得的见解，开始填写支撑最高层

① Barbara Minto, *The Pyramid Principle*, 3rd ed.（Prentice Hall, 2009）.

答案的论据。有很多不同的方法可以做到这一点，这取决于你的答案的性质和听众的特点。图 7.4 显示了我们经常使用的两个结构。

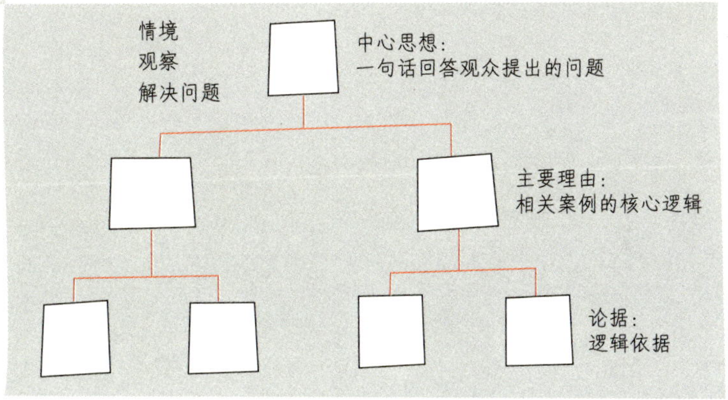

图 7.3　基本的金字塔结构

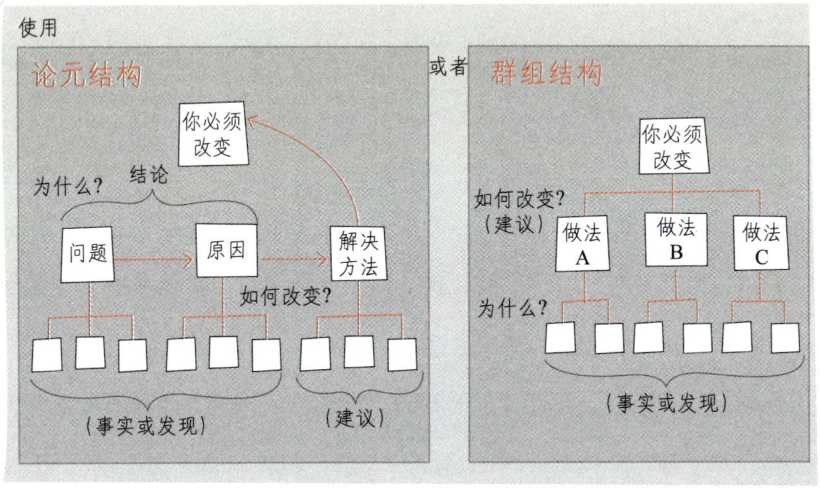

图 7.4　组织论据

正如你可能已经认识到的那样，我们第 3 章介绍的用于生成答案的基本演绎逻辑（从一般原则到个别案例）和归纳逻辑（从个别观察到一般结论）方法都支持这两个结构（参见图 7.5）。你可以在同一逻辑树中使用归纳和演绎结构。

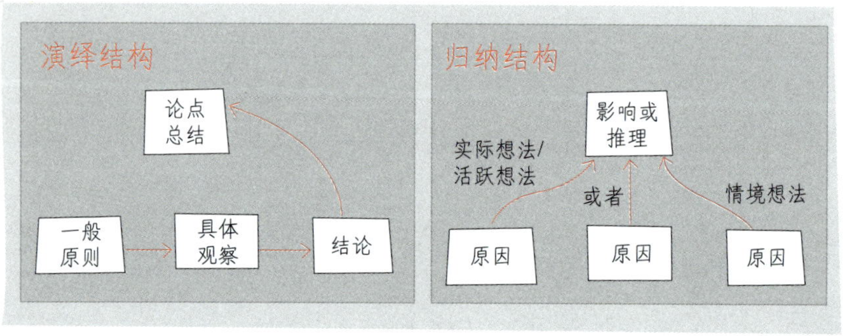

图 7.5　论证类型

你的金字塔结构中没有对归纳推理或演绎推理的普遍偏好，尽管明托认为经常引用演绎论证会让人觉得费力或迂腐。

在本节的最后，让我们看一看图 7.6 关于家居建材公司之战的完整描述。该图将我们最初分析阶段的证据一直到最后综合分析阶段的证据汇集到一起，然后阐明自己的观点：赫欣格公司需要迅速改变其商业模式，以应对家得宝公司的竞争威胁。

在这里，你可以在一页纸上看到完整的分析报告：最顶层是中心思想和行动号召（由我们简洁的情境—观察—解决问题结构提供），下面用三个主要论据支撑中心思想，然后用论据和数据提供证据，证明需要

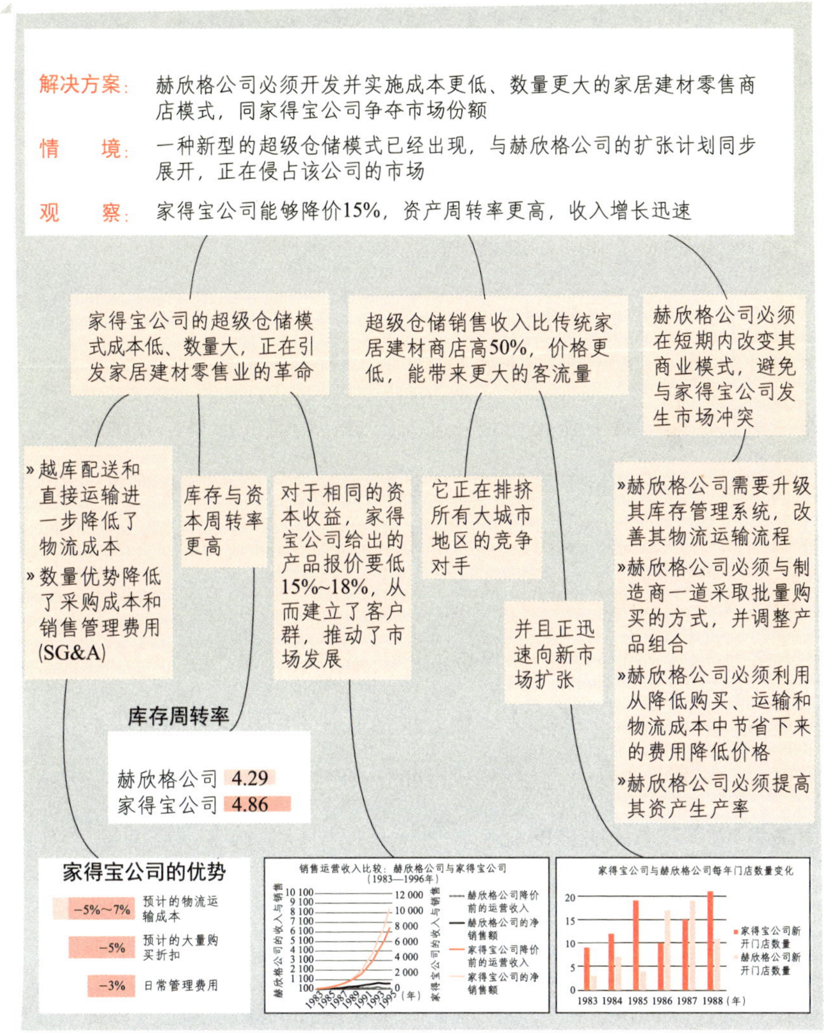

图 7.6 有关赫欣格公司的分析报告草图

采取行动，并提出变革措施。在接下来的总结报告中，我们采用故事的形式呈现全部演示内容。我们通常把一张纸分成 9 个方框，每一部分用草图或漫画表示，故事线贯穿每个方框的顶部。这就是科尔·努斯鲍默·纳福利克所说的发展和检查叙事的水平逻辑。[①] 人类是善于讲故事的生物，而不是讲逻辑的机器人。在撰写分析报告时一定要切记这一点。

如何与难相处的听众打交道

几年前，罗伯特和查尔斯同位于一个偏远岛屿上的一家炼油厂合作，这家炼油厂属于澳大利亚一家大公司。当时的形势比较困难，当地的管理层对外国老板干涉他们的生意感到不满，因而拒绝改变。我们的咨询团队全力以赴，采用我们在本书中介绍的解决问题的方法，最终拿出解决方案，如图 7.7 所示。

正如你看到的，我们建议炼油厂大幅削减成本，成为一个保持适度增长的利基经营者。虽然这一基于对竞争对手的比较分析得出的结论十分正确，却不是当地管理层想要听到的。在这种情况下，合理的做法是使用决策树结构来证明你的观点，而不是使用传统的金字塔结构，图 7.8 呈现的就是这样一个例子。

有了决策树的最终阐述结构，你就可以为树中的每一个表示肯定或否定的枝杈提供证据，慢慢地让决策者向你的结论靠拢。你证明了答案，而不是直接发号施令。在 Oilco 炼油厂的案例中，我们的团队小心

① Cole Nussbaumer Knaflic, *Storytelling with Data* (Wiley, 2015) , 181.

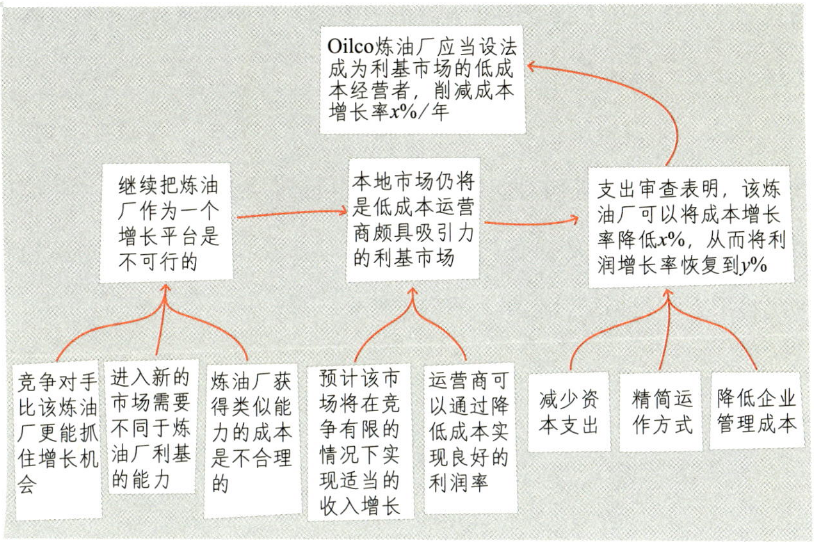

图 7.7 炼油厂的问题综述

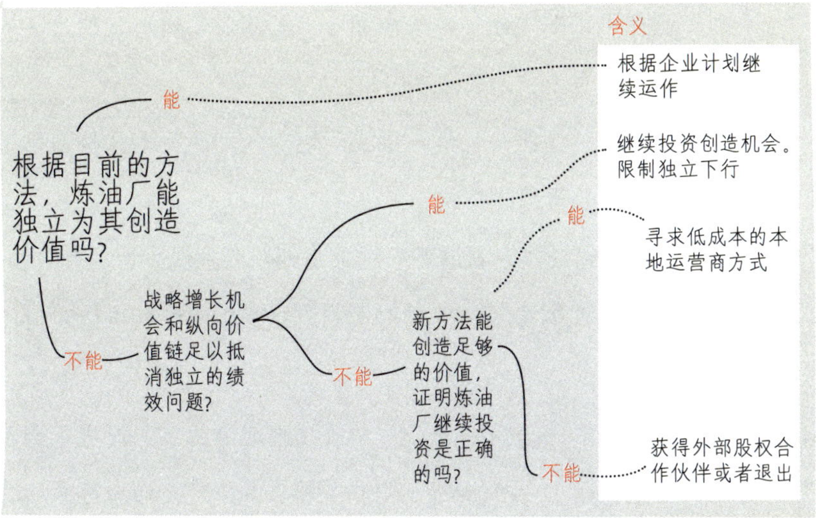

图 7.8 Oilco 炼油厂的决策树论证结构

翼翼地逐层披露令人信服的竞争对手的数据，帮助当地管理层最终接受了难以接受的结论。

总之，妥善解决问题的最后阶段就是综合分析，明确提出观点，然后重新审视自己最初对问题的定义，并回答决策者的提问："我应该做什么？"回答要坚定而有说服力，促使对方采取行动。金字塔结构有助于将论点和论据结合起来，有效地阐明问题。

第 7 章重点回顾

- 综合分析可以将所有的独立分析工作整合在一起，经常会产生你在复杂的分析过程中没有注意到的新见解。
- 为了避免可怕的阐述焦虑症，你可以利用逻辑树形式的金字塔结构组织具有说服力的阐述报告。
- 随时更新的"情境—观察—解决问题"的即时答案结构通常是阐述报告中心思想的开端。
- 尝试几种叙事结构，看看哪一种最清晰、最具说服力。有时候，逐步揭示答案的决策树格式对于难以接受的结论和难以对付的听众是有用的。
- 使用故事的形式来规划幻灯片，让线索成为故事的论据（而不是无聊的标题）。交叉参照幻灯片来检查水平逻辑和连贯性。

练习

1. 为第1章提到的罗伯特的太阳能电池板问题制作一个叙事金字塔结构。
2. 任意选取报纸中的一篇优秀报道，按照金字塔结构进行分析。
3. 研究一下林肯的葛底斯堡演说，或者马克·安东尼在莎士比亚的戏剧《尤利乌斯·恺撒》中的演讲，分析一下他们使用了哪种叙事结构让演讲如此扣人心弦。

第8章

如何解决历时长且不确定性高的问题？

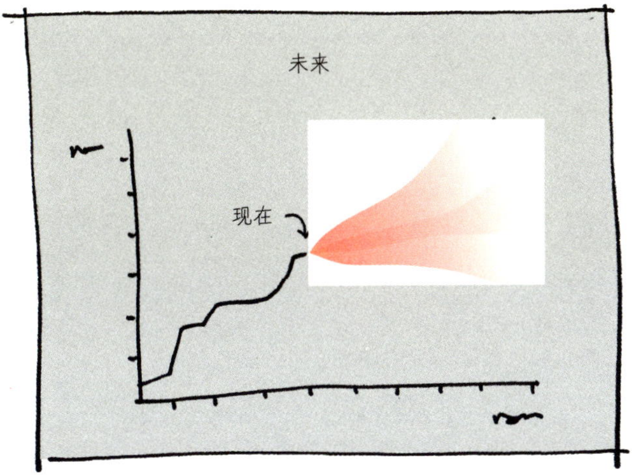

作为问题解决者，在面对高度不确定因素时，我们会尝试不同的策略，小心翼翼地冒险，在仓促行事之前寻找学习的机会，尽可能规避风险，并采取措施增强能力，培养对未来的适应能力。我们知道，在面对历时长且不确定的问题时，系统地研究一系列潜在策略是非常有用的。

正如我们看到的，七步问题解决法非常有效，也非常灵活，能够解决广泛的个人、工作和社会问题。迄今为止的许多例子显示出中低等程度的不确定性，其中的错误成本相对较低，且历时相对较短。但是，有一类问题的时间周期很长，非常复杂，不确定因素较多，并且错误的后果很严重。我们前几章讨论过的保护太平洋三文鱼的案例就是一个典型的例子。保护三文鱼的最终结果取决于很多变量，包括气候变化等固有的不确定因素。物种保护的成功需要几十年而不是几个月的时间，而不良后果会在人类收入和生态系统损失中得到广泛的体现。我们相信，七步问题解决模型（尤其是重视迭代方法）有助于解决复杂的、极不确定的问题。但我们还要增加一些解决问题的工具，用以处理难度更大、历时更长的问题，其中包括第 6 章介绍的一些分析工具。

这一章我们将介绍不确定性的等级及其对解决问题的影响，提供解决问题的工具包，通过不断升级的操作来应对不同等级的不确定性。我们在一些案例中采用这些方法，通过这些案例来演示这些工具。相关案例包括对资源的长期资本投资、职业规划、判断储蓄是否存在超支风险，以及确立包含一系列计划的策略。

不确定性的等级

理解和评估不确定性的方法有很多，包括采用统计学的方法对可变性和条件概率进行分析。以前，我们没有办法描述不确定性的等级，无法对其做出反应，因而也没法进行精准预测——这可能会存在风险，低估不确定性的范围。我们在麦肯锡公司的几位前同事采用了一种五级模式评估不确定因素，从而解决了这一问题。[①] 他们使用新的语言专门指代不确定性行动，比如现在广泛使用的“博弈性行动”和“无悔行动”。在这个模式中，不确定性的等级范围从 1 到 5 分为五个等级，其中 1 级表示能够合理地预测未来，5 级表示完全未知（参见图 8.1）。

- 1 级不确定性，如简单的预测和短期预测，在前面的章节中我们讨论过，可以通过良好的团队工作流程加以解决。当不确定性的等级上升到 2、3、4 级时，情况就要复杂得多。

① Hugh Courtney et al., “Strategy Under Uncertainty,” *McKinsey Quarterly*, 2000.

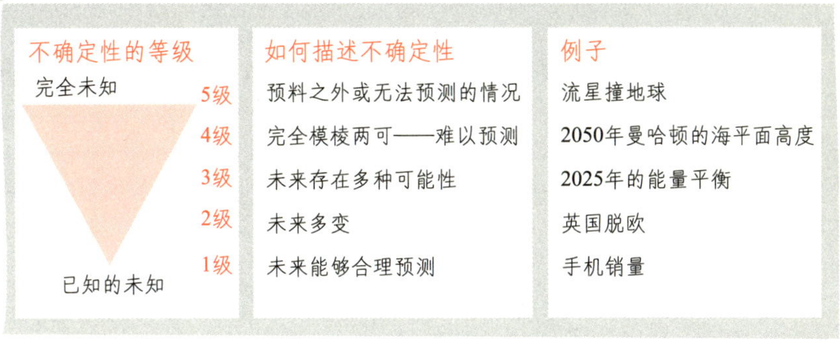

图 8.1 不确定性的等级划分

- 2 级指的是在立法变革或技术变革之后可能出现的另一种未来，在这种情况下，从谁赢谁输的角度来看，结果将是二元的。英国的脱欧决定就是这样一个例子。另一个例子是，汽车保险公司应如何为自动驾驶汽车上路做好准备，因为采用自动驾驶汽车的时间框架尚不确定，汽车制造商在提供保险方面的角色也不明确。这两个例子都可能在 5 年至 10 年内消除其不确定性。
- 3 级指的是未来存在多种可能性，但不清楚哪一种可能性更大。化石燃料在未来 15 年的能源结构中所占比例就是这样一个例子。具体比例可能与今天的情况类似，但也可能逐渐减少，与今天差别很大。另一个经常被讨论的话题是，随着人工智能、机器学习和机器人技术的进步，未来我们会有什么样的工作。在 10~20 年的时间框架内，这一点将变得更加清晰。
- 4 级描述的是完全模棱两可的情况，不可能想象出所有潜在的结果，也不可能确切地预测未来的结果。你可以把2050年曼哈顿的海平面高度问题归为这一类，尽管一些气候科学家会有不同的观点。在新版的《不确定性管理》一书中，作者休·考特尼给出早期生物技术投资的例子，这种投资的不确定性等级就是4级。[①]

- 5级指的是事情几乎绝对不确定，用当前的知识和技术无法预测，有时也被称为“完全未知”。

与5级相比，1级到4级的不确定性被形象地称为“已知的未知”。我们不会对这些不确定性等级进行生搬硬套。相反，我们会利用它们认识并量化不确定性的等级和类型，然后通过管理我们控制的杠杆，想方设法得到我们期望的结果。下一步，也是更困难的一步，是确定采取什么行动来处理特定级别的不确定性。

当深入这个主题时，我们一定要记住一点：对于具有战略眼光的问题解决者来说，不确定性可能是一件好事！对冲基金投资者以及其他方面聪明的投资者希望市场波动——只要他们善于分析问题。如果解决问题的方法正确，你就可以获得满意的回报，并在别人苦苦挣扎的时候避免自己遭受损失。

① Hugh Courtney, “A Fresh Look at Strategy Under Uncertainty: An Interview,” *McKinsey Quarterly*, December 2008.

处理不确定性的逻辑树

当面临第 2 级到第 4 级的不确定性时，你可以采取的行动包括购买时间（你也可以称其为什么都不做，等待更多的信息）、采取“无悔行动”，直至“下大赌注”（参见图 8.2）。你通常会看到下面列出的与不确定性等级相关的行动。

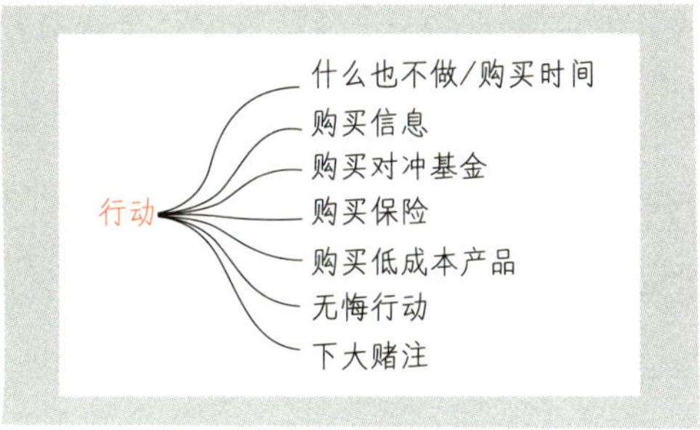

图 8.2　如何应对不确定性

数据来源：Albert Madansky, “Uncertainty”, in Systems Analysis and Policy lanning, edited by Edward S. Quade and Wayne I. Boucher (American Elsevier Publishing, 1968) ; and Hugh Courtney, Jane Kirkland, and S. Patrick Viguerie, “Strategy Under Uncertainty”, McKinsey Quarterly, June 2000。

- 购买信息：这可能涉及数据收集和对潜在过程的分析，以澄清不确定性的来源和主要参与者的动机。[①] 第 3 级和第 4 级不确

① *Uncertainty*, Chapter 5 by Albert Madansky in Systems Analysis, Quade and Boucher, RAND Corporation, 1968.

定性的信息可能是对未来遥远事件的建模，而不是对可观测事物的信息收集。想要获得完美的信息可能会付出高昂的代价，此时因为代价太高无法获取更多信息。①

- 对冲：对冲是一种处理不确定性的方法，涉及合理的成本变动或投资，以应对不利事件。化石燃料公司投资可再生能源就是这样一个例子。其他对冲的例子包括，在预计降雨量将随着气候变化而减少的地区购买用水权。有时这可能涉及期权、期货合约或其他金融工具——尽管很少有金融对冲机制像许多难题要求的那样持久。
- 低成本战略选择：我们处理不确定性的另一种方式，是通过一系列投资组合来获得低成本的战略选择，或者在赛马比赛中押注多匹赛马，从而获得低成本战略选择。大型金融机构正在向金融技术初创公司投资相对较少的股权，以便它们能够首先理解挑战现有参与者的创新，然后对其加以利用。我们在第 2 章有关报纸与新媒体竞争的例子中，看到在颠覆性技术的时代信息收集的重要性。这些通常都是低成本的选择，而且常常涉及对竞争技术的押注。IBM（国际商业机器公司）失去个人电脑（PC）业务的原因在于，它未能行使其在关键供应商那里持有的低成本选择权。“早些时候，IBM 有财力持有英特尔和微软

① James C. Morgan and Joan O’ C. Hamilton, *Applied Wisdom: Bad News Is Good News and Other Insights That Can Help Any Anyone Be a Better Manager*（Chandler Jordan Publishing, November 2016）.

公司的大量股份，而它也的确在 1982 年对英特尔进行了投资，获得了英特尔 20% 的股份和另外 10% 的认股权证。但颇具讽刺意味的是，IBM 在 1986 年和 1987 年以 6.25 亿美元的价格出售了这些股份。10 年后，这 20% 的股份价值 250 亿美元。至于微软公司，IBM 在 1986 年年中，曾有机会以低于 3 亿美元的价格收购微软 30% 的股份。到 1996 年年底，这 3 亿美元的投资价值已达到 330 亿美元。”① 这还只是财务上的投资损失，学习价值上的损失是无法估量的。

- 购买保险：全球变暖的威胁有时被认为是一个有关保险的问题。据估计，每年的保险费必须超过全球 GDP 的 1%，才能保持因二氧化碳产生的温室效应导致气温升高的增长水平低于 2 摄氏度。到目前为止，保险费用还没有达到这一水平，但是已经取得一些进展，签署了一些国际协议。同时也推出一系列针对不确定情况的保险产品，它们被称为“猫债券”或巨灾债券，为台风或飓风等灾难性事件投保。
- 无悔行动：当你适应了不确定性的等级，或者能够通过渐进学习跻身竞争空间时，无悔行动就开始发挥作用了。这通常涉及无论结果如何都需要进行的能力建设。
- 下大赌注：当你对别人尚不知晓的结果有一定的信心时，你就会豪赌一把。《大空头》这本书以及据此拍摄的电影，描述了

① Adam Brandenberger and Barry Nalebuff, *Co-Opetition* (Currency Doubleday, 1996), 156.

在美国做空次级抵押贷款信用违约互换的投资。这是一个典型的例子，体现了在不确定性一直很高的情况下下大赌注的行动。[①]书中重点提到的投资者认为抵押贷款证券定价有误，于是他们在其他人还没有准备好时就下了大赌注。当然，如果不确定性以使资产投资陷入困境的方式自行消除，下大赌注也可能失败。例如，10 年前西班牙太阳能投资的高额上网电价看上去好得令人难以置信。在这个案例中，有关东道国政府行为的假设被证明是错误的。当不确定性等级达到或超过 2 级时，大多数决策者都会试图推迟做出不可逆转的承诺。在没有竞争的情况下，这是可行的。但如果存在先买权，就比较困难了。正如休·考特尼指出的，下大赌注只适合部分人——其商业模式能够产生大量现金，并且债务较低。正如我们的一些前同事最近出版的一本书阐明的那样，下大赌注可以塑造获胜策略。[②]

当我们能够估计不确定性的参数时，数学可以帮助我们计算合理的赌注是多少，并预测不同选择的价值。我们可以通过实验和抽样来估计条件概率，可以使用联合概率预测决策涉及的复杂风险。所有这些都需要概率思维，这是罗伯特的一位统计学同事使用的一个术语。在她看

---

① Michael Lewis, The Big Short (W. W. Norton, March 2010).

② Chris Bradley, Martin Hirt, and Sven Smit, *Strategy Beyond the Hockey Stick: People, Probabilities, and Big Moves to Beat the Odds* (Wiley, 2018).

来，决策时的固有偏见使我们在缺乏系统知识和深厚的数学知识的情况下，在这方面做得相当差。她称人类是“不凭直觉的统计学家”。① 正如我们在第 5 章中看到的，我们可以通过良好的工作流程和团队规范来克服这些偏见。

周期长且不确定性高的案例

现在我们已经掌握了评估不确定性等级的框架和一些处理危险情况的行动，下面让我们研究一下一系列个人、企业和社会层面的案例，看看有关不确定性的策略是如何组合在一起的。我们涉及的案例如下。

1. 二三十年后的工作性质和范围都不确定，届时如何做出教育和职业选择。自动化的影响和人工智能的发展将对工作产生积极和消极的影响。一些预测将被证明是正确的，而另一些则大错特错。现在该如何通过教育投资和职业决策避免高成本的错误，并把握好机会实现自己的职业目标呢？牛津大学的年轻研究人员鼓励我们解决这个问题。职业选择的不确定性等级达到了 3 级，甚至 4 级。
2. 如何规划未来：我的存款够我使用一生吗？这是我们作为个体

① Professor Sally Cripps, Professor of Statistics, University of Sydney.

面临的最大不确定性事件之一，是一个相对较新的问题，因为过去人们通常在 65 岁退休，预期寿命为 72 岁。现在他们通常 60 岁退休，能活到 85 岁甚至更长寿。概率评估是解决 2 级不确定性问题的关键。

3. 如何利用增长期权进行真正的长期投资。像基础设施这样周期较长的投资特别需要注意不确定性和发展机会的作用。我们采用不确定性等级为 3 级的资源公司投资实例来说明如何使用这些方法。罗伯特现在可以回顾一下，看看过去二十多年来的发展情况。

4. 如何采用阶梯战略方法创建新业务。当你开始在快速变化的环境中建立新业务时，你需要采取循序渐进的方法，同时需要购买信息以减少不确定因素，并构建新的能力以降低风险。查尔斯和罗伯特与麦肯锡公司的同事们共同开发了这种方法。[①] 事实证明，这种方法对大型企业和初创企业很有价值，其不确定性等级为 2 级。

5. 如何在极不确定的环境下构建复杂的策略组合。在高度不确定的环境下，人们通常需要选择多条通往长期目标的路径，并随着形势的发展调整权衡各种策略。查尔斯在摩尔基金会管理大笔捐赠款时使用了这些策略，经常采用竞争策略保护太平洋三

① Mehrdad Baghai, Stephen C. Coley, and David White with Charles Conn and Robert McLean, "Staircases to Growth," *McKinsey Quarterly* 4 (November 1996).

文鱼。这些问题的不确定性等级主要是 3 级和 4 级。

下面让我们逐个分析这些案例。

案例分析：

应该如何选择职业？

随着自动化和人工智能在工作中的作用不断扩大，与 25 年或 50 年前相比，人们对劳动力市场的预测存在许多不确定性。[①] 比较肯定的预测主要围绕着 10 年前不存在的非常规的认知工作——你可能看过世界经济论坛列出的一些新职业：应用程序开发人员、社交媒体经理人、自动驾驶汽车工程师、云计算专家、大数据分析师、可持续发展经理、YouTube（视频网站）内容创作者、无人机操作员、千禧一代专家。10 年后，这份清单会再次发生变化。

那么，面对不断变化的劳动力市场，年轻人在选择职业时应该如何准确定位呢？首先，我们构建一棵逻辑树，用以捕捉经济劳动力前景（参见图 8.3）。逻辑树清楚地表明，非常规认知工作的就业份额正在增长，非常规体力工作也是如此，而常规认知和常规体力工作的就业份额正在萎缩。

① McKinsey Executive Briefing. Technology, Jobs, and the Future of Work. www.mckinsey.com/global-themes/employment-and-growth/technology-jobs-and-the-future-of-work.

职业类型划分		技能	目前工作名称	△在就业市场所占份额	工资
非常规	认知	解决问题的能力 创造与设计的能力 系统思维能力 抽象思维能力 合作能力	管理行业 专业行业 研究领域	较大 正在增长 +9.2%	高
非常规	体力	计划能力 考虑问题的能力 执行能力	服务业 建筑业	一般 正在增长 +16.1%	中等
常规	认知	分析能力 知识运用能力	后勤部门 管理部门 一些专业部门	一般 正在萎缩 −11%	中下
常规	体力	可靠稳健 沟通能力 技术	制造业	一般 正在萎缩 −11%	低

图 8.3 当前劳动力市场的相关数据

数据来源：St. Louis Fed, Jobs Involving Routine Tasks Aren't Growing（2016）;Jaimovich & Siu, The Trend Is the Cycle: Job Polarization + Jobless Recoveries。

你可以根据自己的能力、兴趣和风险承受能力指导自己的教育和职业选择。自由职业者劳务服务平台 WorkMarket 的联合创始人兼总裁杰夫·沃尔德提出这样的问题：“你对什么感兴趣？你的兴趣是否体现出需要哪些技能？”[①] 为了回答这些问题，我们首先需要填写一个简单的图。图中的每一水平栏代表的是你最终可能会就业的某个大致的领域或部门。图中还有四个垂直栏：第一栏是当前对该领域的经济预测，第二栏是你对自己的能力、兴趣和冒险能力的个人评估。第一栏可以使用经济预测完成并更新。

对于每一个潜在的领域、工作范围或就业部门，你在第二、第三和第四栏中填上对自己实力、兴趣和风险承受水平的评估，可以选择低、中或高进行分级排序。图 8.4 显示的是我们研究团队中某成员填好的矩阵图。

部门或技能领域	对该领域的经济预测（时间范围和误差）	能力水平（高、中、低）	兴趣水平（高、中、低）	冒险能力（高、中、低）
艺术/设计	中	高	高	低
商业/金融	中	低	低	低
医疗/公共事业	高	低	低	低
数学/科学	高	低	低	低
社会科学	低	高	中	低
人事/人际关系	中	中	中	低
贸易/技术	低	低	低	低

图 8.4 职业选择

① “The Digital Future of Work”, McKinsey Global Institute, July 2017, https://www.mckinsey.com/featured-insights/future-of-work/the-digital-future-of-work-what-skills-will-be-needed.

这些信息是如何帮助你做出决定的呢？你可以首先排除或修剪掉那些你的实力或能力较低、兴趣较低的部门，从最有希望的部门开始，也就是你最感兴趣、能力最高的部门，利用逻辑树指导下一步的行动。我们确定了三种潜在的策略或行动。

- 下大赌注，冒着较大风险下注。
- 采取无悔行动，在某个安全领域接受基本的教育或培训，保护自己免遭风险。
- 采取对冲行动，在两个或两个以上的领域或职位的教育或培训上投入时间和精力。

在这些策略中，你可以看到两条大致的路径：一条是创业，另一条是教育。在面对高能力、高兴趣、高风险承受能力和高经济机会时，创业可能会呼唤你的名字。然而，更有可能的是，你所有的参数等级并不完全一致。在这种情况下，你可能需要采取无悔行动，获得基本的教育，或者选择对冲行动，在两个领域下注，如主修两个领域，或者一边工作一边继续接受教育。

图 8.5 呈现的就是这些战略选择。

在进行教育或职业选择，做出适合自己的兴趣、技能和风险承受能力的决策时，人们可以使用图 8.5 中所示的逻辑树、表格和一系列行动逻辑树，它们非常方便，而且可以反复使用。

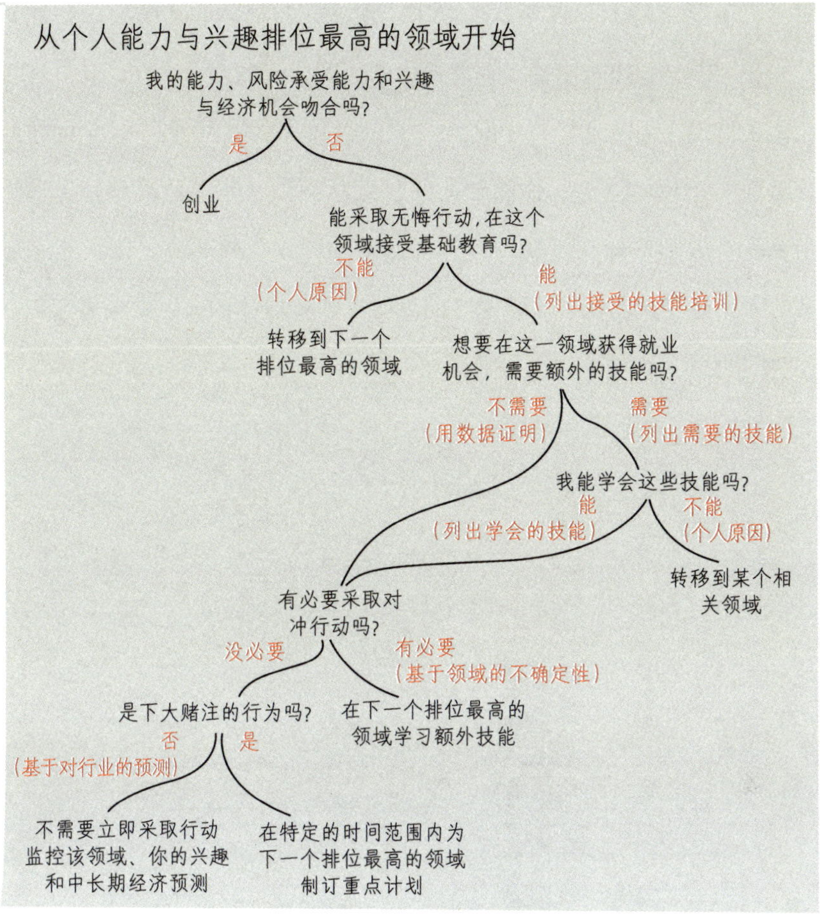

图 8.5 现在开始采取行动……

案例分析：

我的退休储蓄够用吗？

在人生规划的另一端，我们也发现了不确定性。过去，退休储蓄通常只需要维持 10~15 年就可以了。现在，对退休收入的要求往往延长到 25~35 年，因为出现了提前退休的情况，人的寿命也在延长。许多退休人员现在面临这样一个问题："我的退休储蓄够用吗？"这个问题的答案取决于你的寿命、你能创造的收入总额以及你的风险偏好（参见图 8.6）。人类寿命在延长，但传统储蓄的回报仍然不高，因而越来越多的人面临着人尚在、储蓄用光的风险。即将退休的人经常会思考如下这些问题：

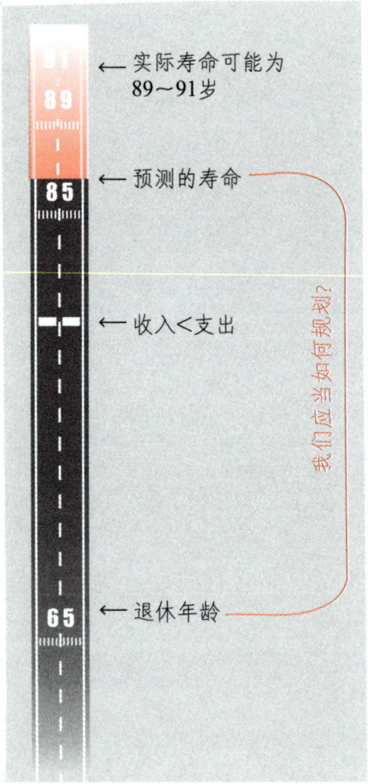

图 8.6 寿命与储蓄

- 我该如何应对这种不确定性呢？
- 现在是否需要采取行动降低这种风险？
- 是否存在可以推迟到以后某个时间点的决定？
- 我是否需要寻求我的理财规划师或会计师之外的其他人的建议？

我们承认这不是你每天都想要处理的问题，但是有一种简单而全面的方法，需要你预估一下自己的寿命，算上实际偏差，并在投资策略中考虑你的风险偏好。

我们从第一次计算开始来解决这个问题。为了弄清楚你自己是否面临风险，你可以大致计算一下你的退休储蓄能维持多久，根据目标收入的年数来衡量，并将其与你的预期寿命进行比较。这种方法很简单，用你的退休储蓄除以你的目标退休收入减去支出，同时根据全部固定收益养老金进行调整，得到的结果就是你退休之后的余生岁月。[①] 这种启发式方法是弄清楚个人情况的一个很好的出发点，却不能提供全部的答案。为什么？因为很显然，不是每个人都能达到平均预期寿命，而且每个人的风险承受能力不同。此外，个人储蓄可能投资于不同的资产，收益多少不一，并且或多或少都会有波动。为了解释这些因素，我们需要

① 个人资产和储蓄是发达国家退休收入的重要组成部分。除了养老金，在允许个人持有资产方面，政府的做法大相径庭。有些国家要求将资产纳入养老金计算；也有一些国家，如澳大利亚，允许将其保留在养老金计算之外。所以，你的计算会因你居住的地方适用的规则而有所不同。

比启发式更进一步，需要进一步分析。

大致思考一下自己的寿命

让我们进一步研究你的寿命轨迹。如果你现年 35 岁，身体健康，你的预期寿命是 80 岁，但是等你活到 60 岁时，平均预期寿命增加到 82.8 岁。[①]

在 60 岁时，有 50% 的机会：

- 男性寿命超过 85 岁。
- 女性寿命超过 88 岁。
- 夫妻中至少有一人的寿命超过 91 岁。[②]

计划通常是为夫妻做的，其中的相关因素是后去世伴侣的死亡年龄。这是另一种情况，其中的联合概率是相关的计算，你可以在网上找到与这个联合寿命有关的问题的表格。在这种情况下，夫妻二人中的一个活到 90 岁以上的可能性是 50%——这是一个 30 年的规划过程，几乎与 22 岁开始、60 岁结束的工作生涯一样长！具有讽刺意味的是，人们往往会低估自己的寿命，最大误差是低估四年。[③] 如果你的祖父母现在都 90 多岁了，那么你的预期寿命会增加；如果你的生活方式比较健康，

① www.helpage.org/global-agewatch

② Australian Bureau of Statistics.

③ International Longevity Council UK, 2015.

那么你的预期寿命会增加；如果你生活的城市环境质量很高，可以减少呼吸、心血管疾病和其他疾病，那么你的预期寿命又会增加。如果你的寿命之路具有所有这些优点，那么你需要为活得更长做好规划。

考虑一下自己的风险承受能力

退休账户投资回报的波动会带来收入的不确定性。对于如何处理这种不确定性，不同的人会有不同的风险承受能力。如果你认为自己的寿命会很长，而且你对耗尽存款的风险承受能力很低，那么你可以考虑购买一份涵盖一生的年金保险，并调整自己的预算，做到收支平衡。购买年金保险是应对不确定性的一种典型保单。有了年金保险，你一辈子都有储蓄，可以安心地过日子。虽然回报较低，但可以换取这种确定性。另一方面，如果你的预期寿命很长，并且具有很高的风险承受能力，那么你应该考虑持有成长型投资组合，而不是所谓的平衡型基金。

决定采取什么行动

你可以采取的行动如图 8.7 的决策树所示。

这里有一个令人惊讶的结论需要解释一下，它与寿命和复利计算有关。我们所认识的大多数理财规划师都会向即将退休的客户推荐平衡型基金，该基金可以提供一种针对股市波动的安全措施，提供稳定的当前收入，主要针对的是投资期限为 10~20 年的投资者。但如果 60 岁时的投资期限是 25 年，甚至是 35 年该怎么办？图 8.8 有助于说明为什么投资期限和复利的作用如此重要。

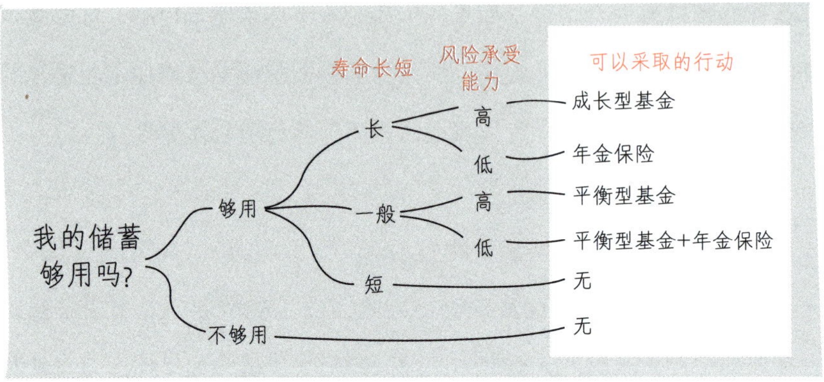

图 8.7　现在决定采取什么行动……

预期寿命	85岁	95岁
平衡型基金（40%的股票，60%的普通股）加权收益率7.73%	64万美元	135万美元
成长型基金（60%的股票，40%的普通股）加权收益率9.0%	86万美元	204万美元

图 8.8　60 岁时投资 10 万美元

数据来源：Thomas Kenny, thebalance.com, June 23, 2017, for long-term returns（1928–2013）on stocks of 11.5% p.a. and T bonds 5.21% p.a。

成长型基金的回报率在 25 年间增长 34%，如果投资期限为 35 年，则增长 51%。但你必须对退休后收入的年度变化有一定的承受能力。关键是，我们发现了一种不同的方式来思考退休储蓄是否充足的问题，尽管这种方式可能让人觉得有违直觉。并且，如果某 60 岁的退休人员所处的环境发生了变化，比如需要提前获得收入，那么这种解决问题的方式可以让他们改变基金类型。相反，你不太可能在 80 多岁时更换平衡型基金，因为你的余生所剩不多。

我们在此得出的结论是，如果你预计自己或伴侣会很长寿，那么很多理财规划师都不会建议你在退休时考虑投资成长型基金。当我们加上风险承受能力这一条时，出现了一种不同于购买年金保险对冲的策略。类似预期寿命和复利增长这样的启发式方法可以让我们有多种方法解决实际问题。此外，许多人还需要提高储蓄率，以延长收入使用年限。这应该与资产配置一起解决，以避免人尚在、钱用光的局面出现。

案例分析：

如何进行周期确实很长的投资

像桥梁、矿山、道路和基础设施这样的投资历时很长，其未来运作环境充满不确定因素，我们必须未雨绸缪，应对一系列可能的结果。这通常需要灵活处理未来增长期权的价值。今天的决策可能会有助于其发展，也可能会阻碍其发展（这是另一种形式的条件概率）。我们选择以一个真实的案例来说明如何解决这些问题，即澳大利亚矿业巨头必和必拓公司过去是如何对一家矿业企业进行长期投资的。

矿业资源公司试图寻找或得到成本曲线较低（我们第 3 章介绍过成本曲线这种工具，当时使用的是气候变化减排成本曲线）、质量较高和寿命较长的矿藏。这说起来容易做起来难。必和必拓这样的低成本供应商，希望无论年景好坏都能出售自己的产品。而且，它通常不得不像过去一个世纪那样，为实际价格的下跌做好计划。罗伯特率领一个团队，为必和必拓公司收购一项重要的矿业资产提供咨询。这项资产成本低，等级高，使用寿命超过 50 年。处理历时长、相关不确定性因素高的问题，解决方法具有两大特点：一是需要确定与矿山价值驱动因素相关的关键不确定因素，如价格和产量；二是需要根据情况为各种可能建模。

评估发展期权的价值

罗伯特的团队为必和必拓公司开发了一种典型的估值逻辑树，估算现有矿山的净现金流，并根据资本成本折现。[①] 你会发现，这棵树类似于我们前几章为皮卡装备公司和赫欣格公司开发的投入资本收益率逻辑树。计算很简单，可以在 Excel 和其他软件工具中找到在线净现值电子表格。资本成本是基于项目的风险状况、必和必拓的融资成本以及对不断下降的资源的终值所做的假设。

罗伯特团队用于分析的逻辑树有一个额外分支，我们称为“发展期权的价值”（参见图 8.9）。我们之所以添加它，是因为我们围绕现有资产和未来增长或发展期权来分解问题。在这个例子中，发展期权之所以如此重要，是因为它们可以以相对较低的执行价格“赚钱”。为什么会这样？因为它们能够利用现有矿山的铁路和港口的基础设施。在不确定的情况下评估长期资产的价值时，一定要考虑当前的行动会让未

① Tim Koller, Marc Goedhart, and David Wessels, Valuation: *Measuring and Managing the Value of Companies*, 5th ed.（Wiley, 2010）.

来的项目变得更容易还是更困难——有时候发展期权比当前的决策更有价值。

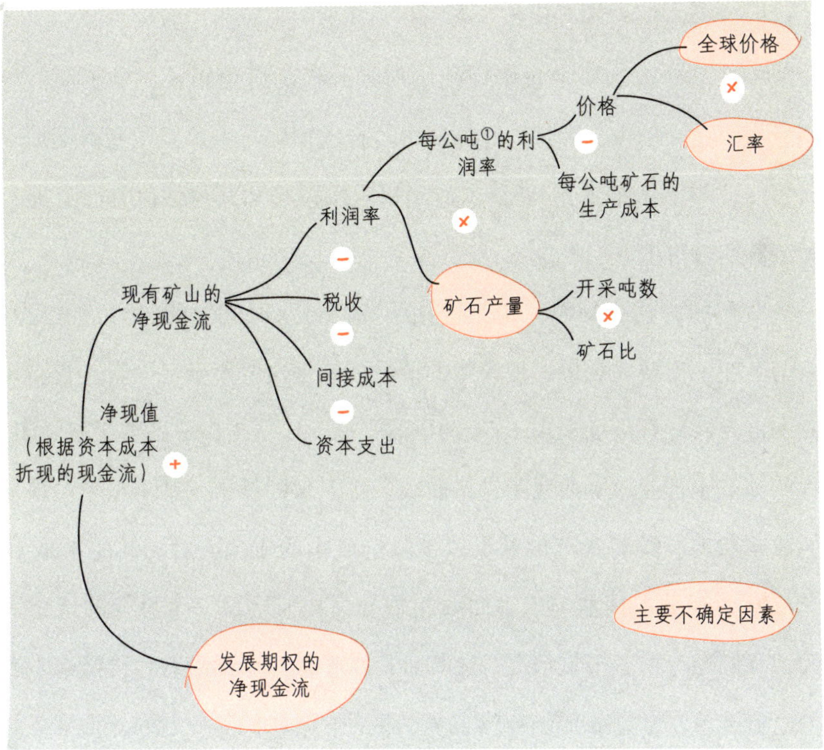

图 8.9 必和必拓公司的价值

在这个案例中，要估算净现值，必须处理四个主要的不确定因素：全球矿产价格、澳元兑美元的汇率、矿石产量以及发展期权的价值。矿

① 1 公吨 =1 吨。——编者注

石产量的变化范围比其他因素要小得多，因此在分析中很少受到重视。未来结果的可能范围使其不确定性等级处于 3 级水平。

对主要不确定因素进行前景分析

在商品预测和资源投资中使用前景分析的历史很长，早于罗伯特领导的研究。如今，大规模计算使得运行大型蒙特卡罗模拟变得更加容易，而且能使用布莱克–斯科尔斯期权定价模型和其他估值方法更准确地测算期权价值。

我们的方法更简单。资产竞拍给我们带来时间上的压力，但我们有信心在不需要大规模模拟模型的情况下处理这些不确定因素。我们研究了世界铁矿石市场未来 10 年的供需平衡，以便得出一系列价格预测。这些都基于行业成本曲线（供给曲线）在未来的样子，基于当前和预期的成本状况、即将投产的储量以及降低成本的机会。对该商品未来 10 年的一系列需求预估与成本曲线相重叠，从而形成一个可能的价格区间。我们还考虑了极端情况，比如价格水平低两个标准差和价格水平高两个标准差，这些情况有 95% 的置信区间。[①] 我们对一系列外汇汇率假设进行重叠比较，因为 10 年后金融对冲是不可能的。如此一来，我们就能为价格、产量和汇率假设编制一个净现值计算矩阵（参见图 8.10）。

收益图呈现了我们的分析结果，可以让我们与客户讨论他们对假设

① 对于我们不知道的事件，我们的置信区间往往太低，M. H. Bazerman and D. A. Moore, *Judgment in Managerial Decision Making*（Wiley, 1986）；对于不确定性等级为 3 级和 4 级的情况来说，这可能是个大问题。

的看法，特别是对我们最终做出的最佳预测的看法。重要的是，图中内容可以让我们思考这样一种可能性，即可能发生十分糟糕的灾难——价格暴跌，实际汇率大幅上升。同时出现这两种情况被认为极不可能，但并非完全不可能。这里的灾难性后果是有关联合概率的又一个例子——价格暴跌和汇率极端不利的可能性有多大？如果二者发生的概率各为10%，那么这两个事件的联合概率只有1%。我们所说的富矿事件也是如此。这种情况下，价格高于均值两个标准差，汇率具有很强的竞争力。

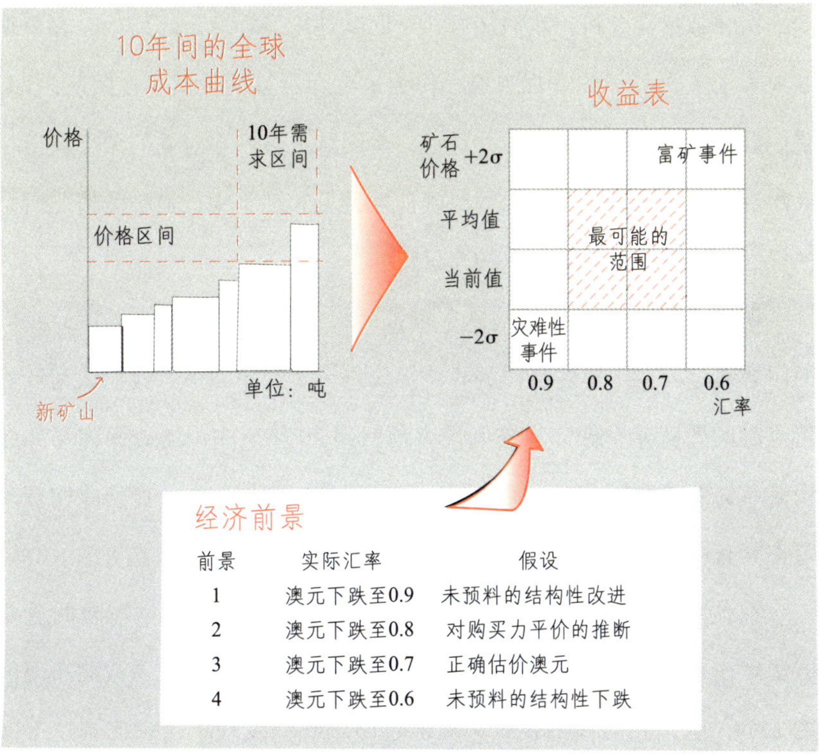

图 8.10 必和必拓公司矿山的价值前景分析

你可能会说，为什么只研究未来10年能持续50年以上的资产？我们认为，在情况不确定且现金流紧张的环境下，这是一种保守的估值方法。我们将第10年之后的现金流折现，以此预估最终价值，其资本成本（20%）远高于前10年的10%。最终我们极力建议采取收购行动，因为无论在什么情况下，初始资产购买的净现值都高于收购价格。

我们已经详细讨论了如何妥善解决问题中存在的偏见。大规模投资（比如收购公司或大型资产）可能都存在偏见，尤其是确认性偏见。人们在拍卖现场很兴奋，想要赢得竞标。除了使用前景分析、合理的问题结构和敏感性分析，我们还有一个团队环境，在这个环境中，客户真诚地寻求来自外部的客观观点，作为董事会决策的依据。在团队内部，我们群策群力，精心分析，并且让一名团队成员站在对立的角度提出相反的观点。这些都是我们为解决确认性偏见和现实中最糟糕的情况所做的努力，与我们第4章提出的建议类似。

回顾是企业用来评估其资本投资效果的一种工具。20年后，我们的团队通过公共渠道对当初的收购提议进行了简单回顾，我们认为罗伯特当时的团队非常保守。我们没有预料到20年后中国的资源市场如此繁荣。资源繁荣极大地改变了大宗商品的价格和成交量，使得收购行动带来具有巨大价值的发展期权，因而产生近乎暴利的结果。

在这种情况下，未来发展期权的价值是克服不确定性风险的重要方法。在必和必拓公司的案例中，当时人们估计发展期权占收购净现值的22%，这是相当高的比例，但通过回顾我们发现，这一比例过于保守（参见图8.11）。事后看来，我们估计创造出的价值比必和必拓公司收购的核心矿业资产的价值高出数十亿美元。

图 8.11 发展期权

案例分析：

利用阶梯战略方法创建新业务

确立公司战略的方法有很多，主要取决于行业动态和公司特点。

迈克尔·波特的五力模型或麦肯锡公司的“结构—行为—绩效模型”通过研究行业动态来评估项目。[①]迪克西特和奈尔伯夫侧重于绘制竞争博弈演化图[②]，就像我们第6章给出的澳大利亚联邦科学与工业研究组织的例子。我们在这里介绍的策略被称为“增长阶梯”（在一些出版物中被称为“远景”），其目的是确定行动步骤，使成功的公司能够在不确定的环境中创建新业务，并强调学习、购买期权和构建能力。

当年，查尔斯、罗伯特和麦肯锡公司的同事们试图为一个能源客户实现新的业务增长目标时，第一次提出“阶梯”和“远景”策略。[③]我们收集了一些案例，都与公司如何在短短十多年创建有价值的新业务有关，然后画出它们采取的行动，包括进入市场、在不熟悉的领域雇用技术人员、进行收购等，画得就像楼梯的台阶一样。我们分析了它们按照什么顺序、采取哪些行动步骤来构建能力，增加资产和减少不确定性因素。阶梯战略方法可以直观地表述为：

- 从预期结果逆向思考，考虑一下成功所需的能力、资产和业务学习。
- 采取循序渐进的策略，结合不确定性等级，随着不确定性的减少而增加投入。
- 及时构建阶梯渐进步骤，获取知识，构建能力。

---

① M. E. Porter, *Competitive Advantage: Creating and Sustaining Superior Performance* (New York: Free Press, 1998) .

② Avinash Dixit and Barry Nalebuff, *Thinking Strategically* (Norton, 1991) .

③ 我们澳大利亚办事处的同事大卫·怀特和梅尔达德·巴格海是《增长炼金术》一书的合著者，他们是这项工作的重要合作伙伴。

举例来说，我们最喜欢的阶梯战略的例子与强生公司有关。该公司在短短十多年的时间创建了全球隐形眼镜业务。一开始公司采取的是一系列的小步骤，然后是更大和更广泛的行动。图 8.12 呈现的是阶梯战略以及相关的功能平台。

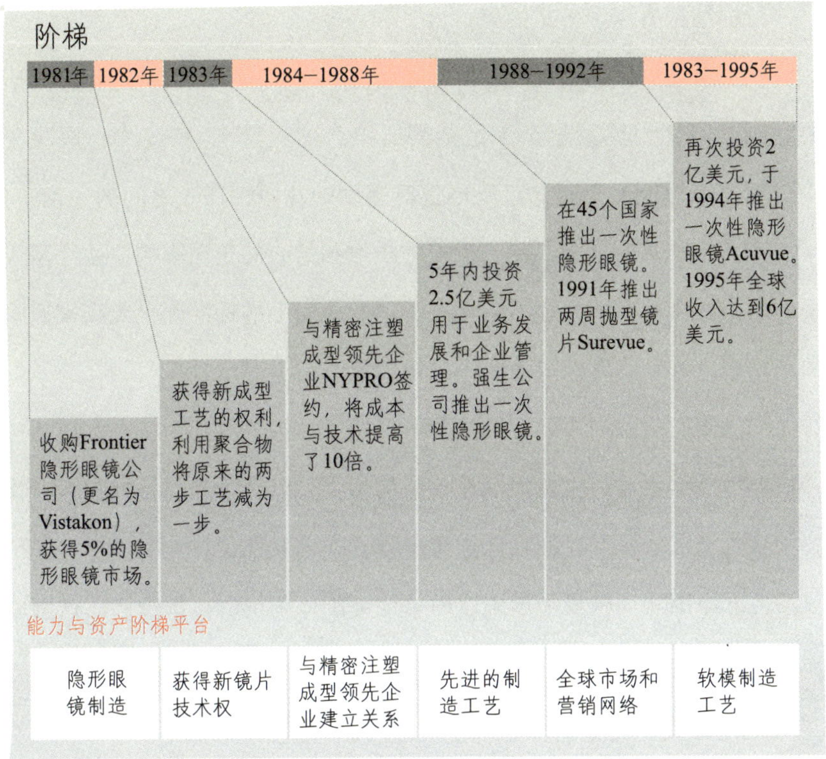

图 8.12　强生公司隐形眼镜业务

数据来源：Mehrdad Baghai, Stephen Coley, and David White, The Alchemy of Growth (Perseus, 1999)。

事后我们可以清楚地看到强生公司采取的阶梯战略，但如何从头开始打造这样的战略呢？如何处理其中有关成功策略和竞争对手行动的不确定性因素呢？下面我们讨论一下阶梯结构，分析一个构建阶梯战略的例子，以此简要介绍一下这种方法。

阶梯结构

阶梯结构有三个考虑因素。

（1）跨度：从起点到下一阶梯平台有一定距离，或者从起点开始所要达到的新能力比较复杂（包括需要整合的程度）。跨度大小取决于接受新技能的能力与建立市场地位对速度的竞争性需求之间的平衡。

（2）推动力：早期成功对组织的学习和信心的正面影响，通常基于小的动作。在规模回报率不断提高、涉及事实上的标准确立或赢家通吃的市场中，推动力已经成为一个关键因素。

（3）灵活性：在不确定的情况下保持灵活性具有几个特点，包括选择能够为后续活动产生最大期权价值的步骤，以及预先准备好在赛马比赛中多头下注，正如我们在保护太平洋三文鱼案例中讨论的那样。保持灵活性的原因之一是避免产生以后可能会陷入困境的沉没资产。这可以通过承包和外包等可变成本结构来实现。

阶梯结构将这三个因素放在一起综合考虑，选择阶梯步骤并对它们进行排序（参见图8.13）。团队必须展开讨论，权衡大小步骤、期权行动与重点投入（后者可能更利于阻止竞争对手），以及行动速度——因为速度能够带来推动力，但可能很难与现有业务融为一体。角色扮演和竞争对手分配等常用技术，丰富了团队对将要采取的阶梯步骤计划的讨论。谷歌公司投资了数百家新企业，它采用的就是这种方法，在它感兴趣的领域投入许多小型和中型赌注，通常是多头下注。相比之下，一家初创企业可能只有一两种选择，只有一条通往市场的道路，即可用风险投资所必需的重点投入。

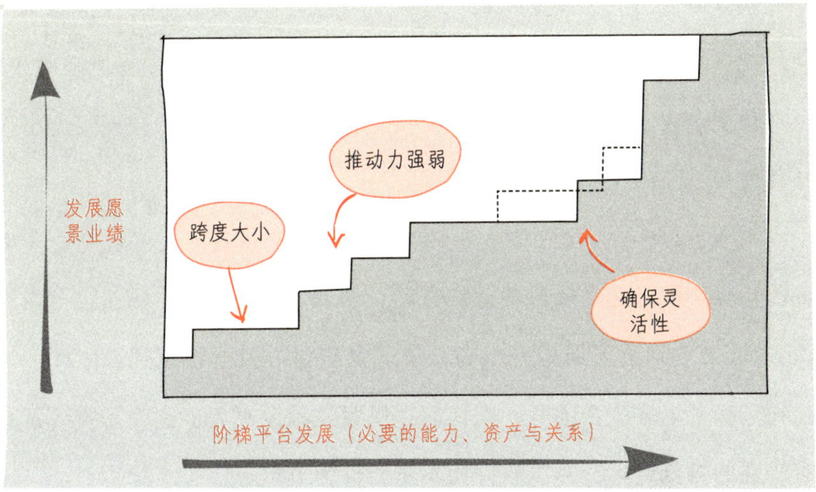

图 8.13　阶梯结构：三个关键驱动因素

建设中的阶梯战略：以Ripper公司为例

初创企业可以使用阶梯战略确定自己的业务目标，并通过学习步骤和能力构建显示实现目标所需的战略路径。这种先逆向后前向的工作思路的价值在于，它可以就需要以什么顺序构建什么能力达成一致。其目的与七步问题解决法中的即时答案和迭代方法相符，为的是在接下来的 12~18 个月就阶梯战略的具体步骤达成一致，进行评估，然后在得到市场新信息和能力变化轨迹之后，制订未来 12~18 个月的行动计划，最后对最终目标或行动时机进行修改，以反映市场和竞争现实。这种方法易于开发，便于调整，效果明显，能够有效地解决问题。

我们在第 6 章中讨论了 Ripper 公司的鲨鱼侦测算法。该公司总部设在澳大利亚，由国际冲浪救生组织主席凯文·韦尔登和第一个进入太空的澳大利亚人保罗·斯库利·鲍尔共同创立，其目标是成为全球率先使用无人机从事紧急救援服务的公司，目前它正努力打造在海滩救生、洪水救援、灾害评估、森林火灾侦察和反应方面的能力。国家安全事件和其他自然灾害也属于其业务范围。

对于 Ripper 公司来说，它最初的阶梯战略步骤与大多数新企业面临的步骤相似，都是从付费客户开始，寻求提升运营能力的途径（参见图 8.14）。它对人们所处的生态系统以及竞争方式进行预判。因此，该公司选择了以客户为中心，向他们提供紧急救援服务，这就需要公司具有较强的操作能力，并以软件而不是硬件为重点。

Ripper 公司将自己视为早期客户、监管机构、硬件供应商、软件和数据分析生态系统中的一员，从而走上了与主要监管机构合作的道路，以解决安全和性能问题，比如超视距（BVLOS）飞行和夜间飞行。为了完成在海滩上的救生任务，公司与机器学习专家合作，开发了世界上第一个鲨鱼探测仪算法，该软件可以区分人、海豚和鲨鱼之间的无人机数据流。我们在第 6 章中呈现过一张图。

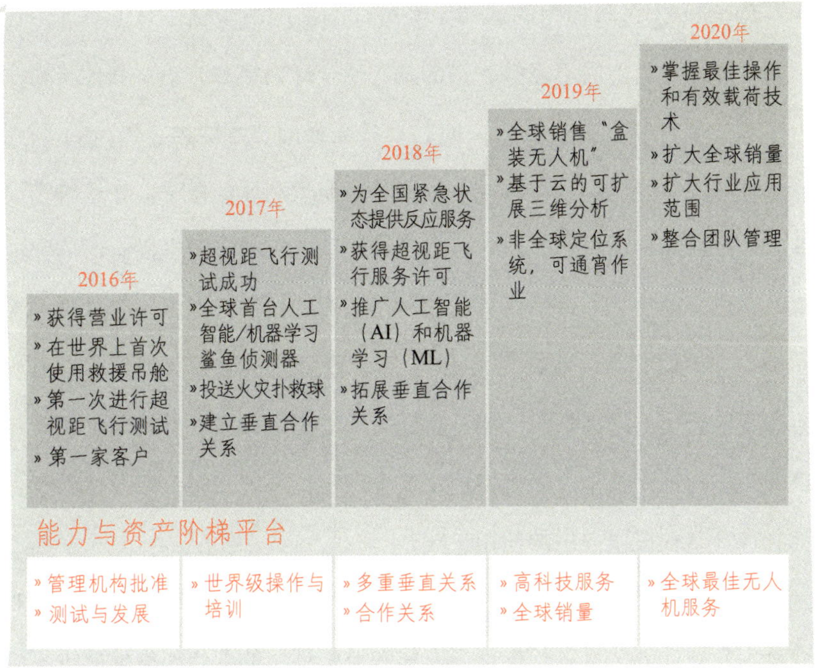

图 8.14 Ripper 公司的阶梯战略

Ripper 公司的阶梯图展示了它在几年时间里打下的基础和构建的能力，以及它计划在 2020 年实现目标的主要举措。面对目前入行壁垒较低的领域，它致力于树立声誉，把自己打造成值得信任的公司，能够承担更艰巨的任务。这要求它继续构建与飞行操作、有效载荷和数据分析相关的能力。目前，它正对相关垂直市场的机遇做出反应，比如矿山面临的尾矿库风险、遭受洪水或火灾破坏的公用事业企业的资产检查，以及控制杂草的农用无人机。其不确定性等级为 2 级或 3 级，因为对无人机使用的监管可能会鼓励或抑制市场潜力。

Ripper 公司阶梯图的远端是经过仔细斟酌的步骤——正如你可能预期的那样，目前尚不完整，目的是实现全球销售和分销。其他步骤是为了深化云计算和分析技术，使它具备较强的技术能力。Ripper 公司团队现在经常受邀到其他国家，复制其在澳大利亚的做法。在这种情况下，如果在当地没有合作伙伴，那么该团队既没有资源也没有时间完成这一工作。办法之一是效仿其他软件供应商的做法，提供一套软件和操作经验（他们称为“盒装无人机”）用于紧急救援服务。国际客户有机会参观该公司的培训学院，测试不同应用的有效载荷，并接受创新产品培训，如超视距技术、激光雷达、非全球定位系统飞行，以及机器学习算法在紧急救援服务中的使用。

通过对阶梯战略步骤的规模和范围的积极讨论，阶梯图能够直观地呈现发展计划，可以根据市场发展和监管环境的变化相应地减少不确定因素，这样企业就不会操之过急。同时，企业也会增加灵活性：当出现新信息时（例如出台关于超视距飞行或夜间飞行的规定）可以重新绘制阶梯图。同样，在国际销售方面的早期成功可能会加速产品在全球的上市，就像我们在第 6 章中描述的未来海滩那样。

案例分析：

运用长期战略组合——以保护太平洋三文鱼为例

需要解决的历时最长、最不确定的问题是社会层面和环境领域的问题。我们介绍过的保护太平洋三文鱼案例就是这方面一个很好的例子——查尔斯为此付出了十几年的努力。这个问题实际上涉及大面积海域（涉及四个国家和整个北太平洋），时间跨度几十年，并影响到整个生态系统（太平洋三文鱼处于该生态系统顶端，属于基本物种）和大量人员——无论是在生活方面还是文化方面。这是一个非常重要的问题！

我们前几章介绍的工具在这里完全适用，并且该团队在这个为期 15 年的项目中频繁地重复使用它们。但其他一些工具，特别是与运用战略组合有关的工具，对于解决这种规模的问题也很重要。下面让我们分析一下。

变化理论图

对于比较复杂、历时多年的问题，关键是要掌握全面的变化理论（TOC）——能直观体现社会层面或环境领域巨大变化的战略图。在查尔斯研究太平洋三文鱼的团队中，变化理论图就是第 3 章介绍的逻辑树的变体。

如图 8.15 所示，这张图总结了该团队在北太平洋海域保护三文鱼和三文鱼生态系统功能的总体策略，其中包括：（1）保护栖息地的完整性；（2）消除开放式网圈养殖的威胁；（3）减轻孵化繁殖的影响；（4）确保可持续性渔业管理。这些高级战略在 15 年的时间里为近 100 个组织提供了 300 多笔捐款，其中很多细节需要处理。

策略组合图

团队管理和表述大型投资组合策略的方法之一是将它们直观地呈

现到矩阵图中，该矩阵图既体现投资阶段，也体现期望水平，用增量或转换性变化来表示（参见图 8.16）。

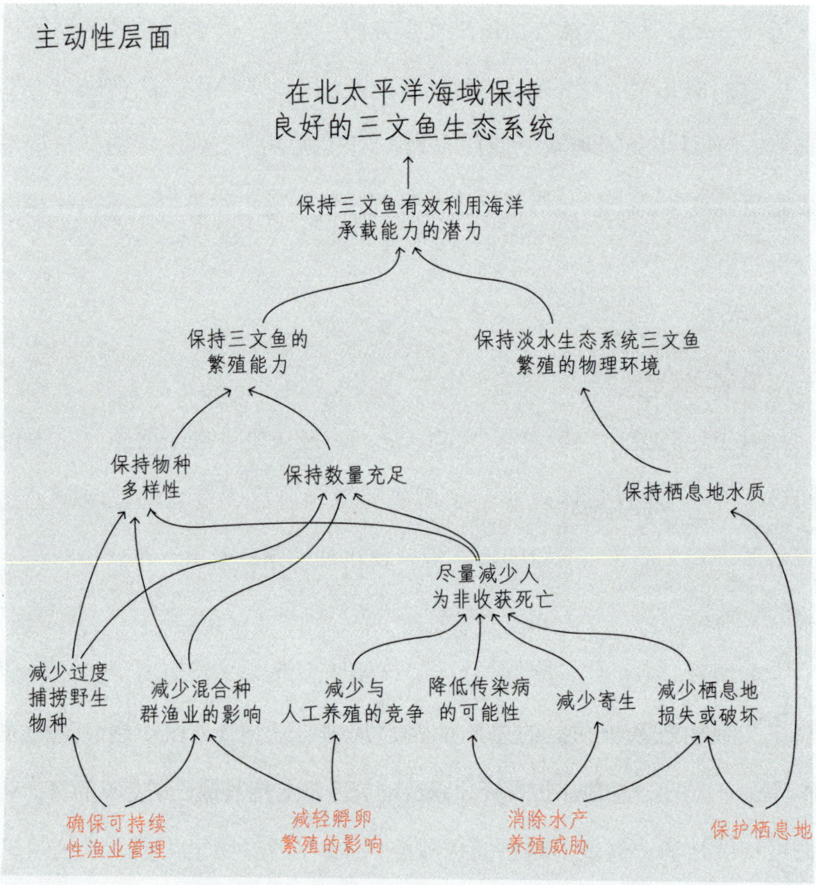

图 8.15　变化理论：以太平洋三文鱼为例

该团队希望平衡其在太平洋三文鱼生态系统的投资，这些投资涉及变革的各个合理阶段。

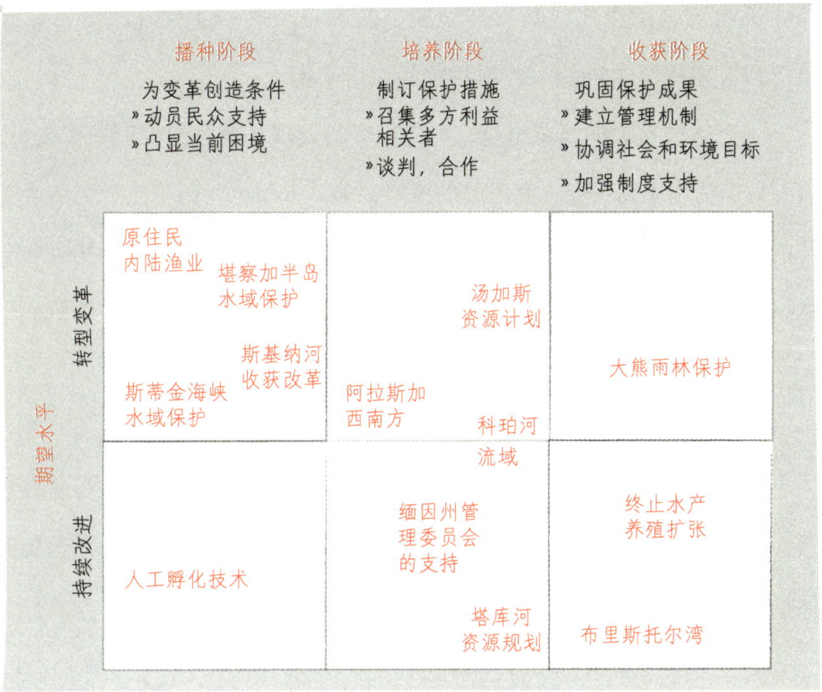

图 8.16　三文鱼案例中的策略组合

1. 播种：这些策略旨在为变革创造初步条件，包括增进政府管理机构之间理解的一些基础科学投资、基于土地规划和原住民所有权的早期栖息地保护投资，以及动员民众支持其他长期变革的努力。
2. 培养：这些策略指的是利益集团愿意共同努力，为生态系统和经济用户寻找问题解决方案，主要包括对多方利益相关者谈判的投资，目的是改变旧有的资源获取机制。
3. 收获：这些投资是为了巩固保护成果，对新的保护领域（主要以资源管理过程为主）加强制度支持。

该团队希望在那些具有转型期望的项目（这些项目既昂贵又有风险）和旨在持续改进的重要项目之间取得平衡。

通过这种直观的复杂组合，可以很容易发现基金会的价值是否失衡，这一方面适用于高投资、高风险的策略，另一方面也适用于能产生增量变化的合理工作方法。这种图表非常有效，可以权衡个别策略之于其他策略的风险，并将整体风险与回报情况传达给基金会的受托人和高级决策者。

管理区域战略和局部战略

面对如此复杂的问题，每个区域战略或局部战略都需要对其进行逻辑分解、优先级划分和策略映射。举个具体的例子，查尔斯研究的太平洋三文鱼区域战略之一针对的是不列颠哥伦比亚省北部，以斯基纳河流域为中心。

在欧洲渔民到来之前，斯基纳河流域长期以来就有可持续发展的当地渔业。欧洲人来了以后，这里就成了争斗之地，不同类型的渔民抢夺市场份额，联邦和地方渔业管理机构之间也存在冲突。最近几十年，冲突导致三文鱼数量下降，资源使用者经济困难。联邦政府制定了一项以科学为基础的三文鱼渔业管理政策，但未能实施。随着三文鱼数量减少、对渔民捕捞三文鱼的限制，以及环保组织对管理者持续施压，冲突不断加剧。没有人喜欢这种状况，却难以找到渐进的变革之路。

在这种复杂的情况下，很多方面遭到破坏，但是利益相关方拒绝和解。为此，有必要制订一个几乎所有相关方都能同意的改革计划。这有助于冲突各方了解他们的共同愿望，从而通过协作解决问题。图 8.17 呈现的是相关各方为斯基纳河流域制订的改革计划。

起点 → 终点

	传统的、存在争议的混合物种渔业	野生三文鱼政策下的社区生态系统管理
外在认识	在与其他利益方和生态系统发生最小冲突的情况下，实现商业收益最大化	设定合理的收获水平，实现长期鱼类和生态系统的弹性和可持续性
决策	自上而下官方影响渠道少，非正式影响渠道多	多个利益相关者的共识+长期可持续发展的科学
所用科学	一般：非同行评议的丰度模型和少量监测点，与野生三文鱼政策不一致	关于保护单位、子群体、目标和时机的完整图表，包括多点实时监测和遗传数据
分配	不可预测的、潜藏危险的商业竞争制度；原住民和其他人群认为自己是二等公民；无法控制休闲渔业扩张	某种形式的与原住民的分享制度，休闲渔业与商业渔业平等
经济方面	非常脆弱，几乎不能满足商业可变成本；食源渔业不足	为商业、原住民和休闲渔业经营者提供充足保障
产品	低价值产品	当地加工的高价值品牌商品
装备和捕捞地点	主要选择有限的位置、时机和装备，捕获大多在海上或河口	最佳位置，最佳选择，成本优化
实施情况	一般	更全面的系统，比如底栖鱼类渔业
感受	“你争我夺”	共同努力，确保资源的长期可持续性和盈余的公平分配

图 8.17 制订改革计划：以斯基纳河流域为例

虽然这一计划没有立即带来和解，但它确实帮助各方达成了一项协议，即对斯基纳河流域的情况展开独立的系统研究（ISRP）。ISRP的研究结果有助于产生更有效、更科学的管理计划，有助于在多个利益相关者之间针对管理展开对话，从而改善当前状况。

对于查尔斯为其工作的基金会团队及其在斯基纳河流域的盟友来说，用可视化图呈现改革策略组合是很有用的，其中有些是相互竞争的（即某些可能会成功，但不会都成功），有些是相互支持的。图 8.18 呈现的就是这种情况。

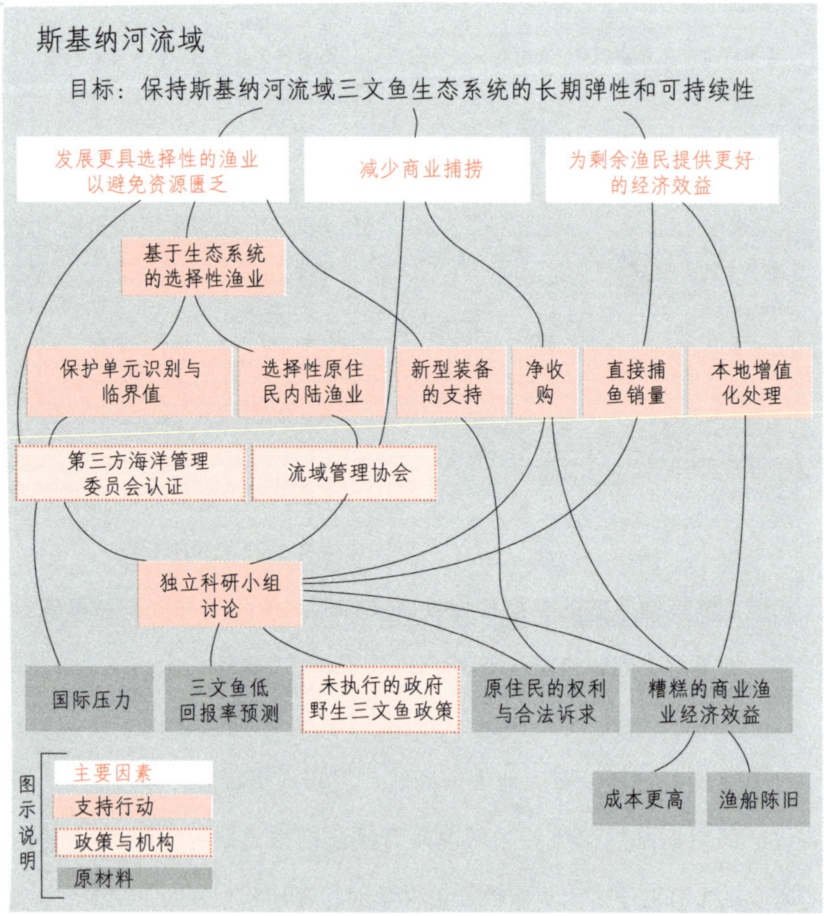

图 8.18　制定区域层面的战略

正如你看到的，这幅图采用分解逻辑树的方法，分析了斯基纳河流域改革的主要方面，但同时也显示了驱动变革的重要因素，比如不同的支持行动、政策和机构。对于复杂的社会问题，开发详细的战略图是很有帮助的，有助于在多个层面上解决问题。博弈论逻辑树在这里也很有用。

不确定性仍是解决问题的最大障碍之一，但是有一种方法可以帮助我们解决历时长久、错综复杂的问题：确定不确定性，然后反复进行分析，最终决定采取哪些行动来解决不确定性。不确定性与概率有关，其中既有主观因素，也有客观因素，能够影响你的选择，影响你进行合理投注、购买保险和对冲，影响你采取无悔行动。

第 8 章重点回顾

- 大多数复杂问题都具有不确定性的特点。
- 了解不确定性的类型和程度以及你的风险承受程度是在不确定性下解决问题的第一步。
- 在处理不确定性和风险时可以将一系列行动融入战略规划：购买信息，收购低成本期权，购买保险，采取无悔行动，增强能力和知识。
- 在不确定的环境中，战略行动带来的或阻止的长期期权的价值，可能是你需要考虑的一个关键因素。

- 阶梯战略可以帮助企业逐步进入新的、充满不确定因素的市场，处理好阶梯平台之间的跨度，保持灵活性，增加推动力，并构建新能力、创造新资产。
- 真正长期的、应对不确定因素的战略需要一个整体的变化理论图和一个战略组合矩阵，用以直观地呈现并管理各种策略。

练习

1. 将你所在的企业或非营利组织面临的长期问题置于表示不确定性等级的5级模式中。
2. 对于每个等级，你采用什么样的方法来降低不确定性?
3. 以一个有关个人的长期问题为例，制订你解决该问题的计划。
4. 对于你正在制订的增长计划，规划好未来五年的阶梯战略。
5. 对于你感兴趣的某个长期社会问题，提出变化理论和策略组合。

第 9 章

棘手的抗解问题

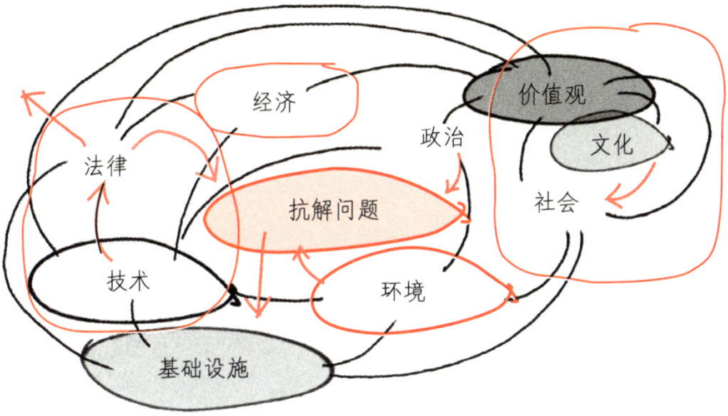

“抗解问题”这一词语被用来描述这样一类问题：它们似乎公然违背问题的定义和解决方案，因为它们几乎是无解的。[①]这些问题通常起因复杂，利益相关者的价值观存在重大分歧，后果难以预料，或者要想解决问题，需要从根本上改变行为。恐怖主义、环境恶化和贫困往往被视为抗解问题的例子。抗解问题千差万别，难以轻易解决。但我们相信，即使是这些最困难的问题的解决，也能从七步问题解决法中得到启发。作为公民，我们不得不想办法来帮助我们理解和评估政客和政策制定者提出的解决方案。

在这一章中，我们将探讨诸多被称为“抗解问题”的问题。这些问题通常出现在社会层面，有的甚至是全球性问题。我们将重点分析肥胖和公共水域过度捕捞这两个案例体现出的“抗解难度”。

① Horst W. J. Rittel and Melvin M. Webber, “Planning Problems Are Wicked Problems”, Polity (1973).

抗解问题之一：肥胖

肥胖是一种全球性的现象，要解决它需要消耗巨大的经济、社会和个人成本。麦肯锡全球研究院估计，肥胖产生的社会负担与吸烟、武装暴力和恐怖主义相似（2 万亿美元）。正如研究人员所说："肥胖是一个复杂的系统性问题，没有单一或简单的解决方案。全球对于如何解决这一日益严重的问题存在分歧，这进而凸显了对潜在解决方案进行综合评估的必要性。"[①] 肥胖有几十种诱因，其复杂性和相互依赖性构成了抗解问题的所有要素。[②] 其中涉及遗传、环境、行为、文化、社会、收入和教育等多个方面。应当如何解决这一问题？

麦肯锡全球研究院报告让我们看到，麦肯锡研究团队解决肥胖问题的方法，在某种程度上与本书描述的方法类似：确定问题的范围和解决办法的制约因素，按照熟悉的需求/供应情况分解问题，利用众所周知的公共卫生原则对干预方案进行全面分析，最后得出综合分析结果，提出行动纲领。我们将更详细地探讨这些解决问题的元素，阐明如何通过七步问题解决法来解决棘手的问题。

① Richard Dobbs et al., *Overcoming Obesity: An Initial Economic Analysis*, McKinsey Global Institute（November 2014）.

② Bryony Butland et al., *Foresight:Tackling Obesities: Future Choices – Project Report*, 2nd ed.（UK Government Office for Science, 2007）.

定义问题

麦肯锡全球研究院报告列出的问题维度如下。

- 据估计，超重和肥胖人群占英国成年人口的 30%，而且这一比例还在上升。
- 据估计，肥胖给英国 2012 年一年带来经济负担为 730 亿美元，仅次于吸烟造成的 900 亿美元。
- 与超重或肥胖有关的疾病的直接医疗费用每年花费英国政府 60 亿美元。
- 医疗费用随着体重指数的增加而增加：肥胖群体的医疗费用比体重正常的人高 58%~86%。

麦肯锡全球研究院在定义问题时假定英国政府是决策者，它在这个过程中咨询了政府机构、临床医生和研究人员。解决这个问题几乎不受什么限制。它将监管性干预措施纳入考虑范围，比如对高糖饮料和公共卫生项目征税。主要要求是，判断这些措施是否具有成本效益，是否产生效果，以及是否能保证干预措施的实施。考虑到英国国民健康保险制度（NHS）在英国作为全民医疗服务提供者的角色，所以该报告将医疗保健投资者排除在外。2014 年，麦肯锡全球研究院提出一个目标，要在五年内让 20% 的超重和肥胖人群恢复到正常体重水平——这一目标相当高。

分解问题

第 3 章举例说明了分解社会问题的几种方法。我们可以从发病率与严重程度、行为与临床角度，甚至是财务与非财务方面来分解问题。麦肯锡全球研究院选择围绕需求和供应来分解这个问题。它采用成本曲线，类似于我们在前面分析气候变化案例中使用的减少二氧化碳排放的方法。这种问题分解视角的价值在于，它将成本和影响大小按降序排列在列表上。

分析问题

麦肯锡全球研究院团队将干预措施分为 18 组，如高热量食物和饮料的可获得性、体重管理计划、分量控制和公共健康教育。该团队共研究了 74 项干预措施。对于每一项干预措施，该团队都以每个伤残调整寿命年（DALY）消耗的美元为单位估算成本和影响。DALY 是世界卫生组织衡量疾病影响的一个指标。该团队选择了 44 种被认为非常经济有效的干预措施，辅以证据评估，认为可以在 5 年内实现使肥胖人口降低 20% 的目标。英国实施这些干预措施的成本估计为 400 亿美元。图 9.1 呈现的是麦肯锡全球研究院的成本曲线。

该图显示的成本曲线从几个方面帮助了政策制定者，其中最重要的是设定优先级。在通常情况下，在处理那些分歧更大、成本更高的计划之前，你会首先实施成本低、影响大的计划，尤其是那些被认为能小有成效的计划。在图 9.1 中，左侧最宽的那些柱形图就属于此类计划。随着时间的推移，由于收集了关于成本和影响的信息，计划的次序将在成本曲线上发生变化，使之成为决策者的一种动态工具。正如我们下面关于步行能力的解释，干预措施的成本效益是可以改变的。例如，如果较高的房产价值能够降低城市重新设计的净成本，使之适合步行和骑自行车（通过房产税提供资金），那么积极的运动出行将更容易实施。

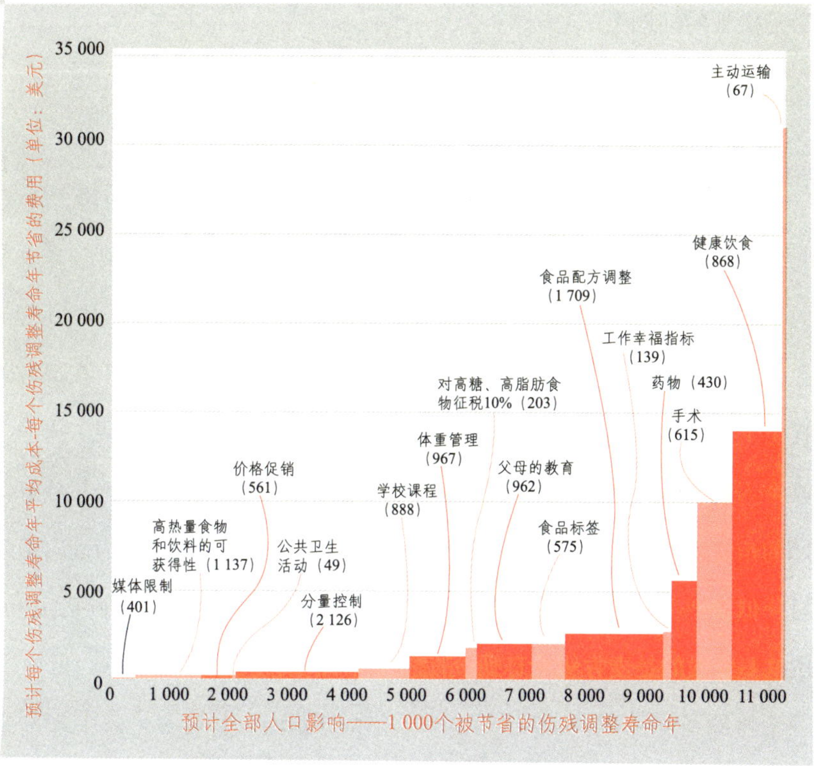

图 9.1　英国肥胖问题干预措施的成本曲线

我们希望在成本曲线底部看到一些成本为负的干预措施，这意味着这样做是值得的，就像我们在碳减排曲线上看到的那样。麦肯锡全球研究院的分析指出，与正常体重的人相比，肥胖者每年的健康成本更高，为 750~1 100 美元。

在这些费用主要由国家卫生系统承担的情况下，个人激励措施对储蓄的影响会减弱。尽管如此，那些能够改善就业机会和延长寿命的人，可能会毫不犹豫地选择投资减肥和健身项目。我们很快就会再回到激励措施的问题上。

综合分析，提出行动纲领

麦肯锡全球研究院团队声称，其目的是扭转肥胖趋势，降低个人和社会成本。在有多个参与者和利益方的某竞争领域，提出具有较高成本效益的干预措施需要敏锐的眼光，而且在大多数情况下需要有力的证据。在分析了一系列成本与影响方面的选择之后，麦肯锡全球研究院在报告中提出了行动纲领，敦促决策机构立即采取一系列干预措施，不要一味等待某个不太可能的济世良方。麦肯锡全球研究院的报告强调指出，从分解问题的角度来看，政府干预优于其他类型的行动。改变人类的行为确实很棘手，但我们在这里看到了严谨和务实的结合，这与我们在本书中所阐述的方法是一致的，该方法对简单的问题和棘手的问题都很有用。

关于肥胖问题的更多思考

在这本书中，我们自始至终都在强调分析和行动之间的迭代。像肥胖这样的抗解问题证明了迭代的必要性。当麦肯锡全球研究院报告的下一个迭代出现时，我们看到了包含额外干预措施的机会，特别是行为干预。下面的 5 点建议是我们进一步思考、分析和与该领域专家访谈总结出的 5 个方面。之所以选择它们，是因为在解决问题的过程中，我们寻求的是整体分析、改变行为的激励措施和影响较大的举措。

1. 将收入和教育作为政策变量纳入肥胖问题。在美国，罗伯特·伍德·约翰逊基金会最近的一份分析报告指出，有证据表明成人肥胖率“趋于平缓”。这一好消息受到下面这一调查结果的影响，即“与其他成年人相比，未受过大学教育、收入低于 1.5 万美元的成年人的肥胖率高出 30% 左右”。① 这些发现与第 6 章基于美国城市的回归分析得出的结论相似。在第 6 章中，收入、教育、步行能力和舒适度解释了美国 68 个城市人口中 82% 的肥胖差异。这些研究结果表明，要从整体上考虑问题，把收入、教育、预防和治疗项目联系起来。
2. 更多地激励个人行动。一段时间以来，寿险公司增加了与肥胖相关的保单成本。为什么健康保险公司不愿意与个人分享节省下来的肥胖成本呢？我们正在考虑一种激励性的偿付方式，根据减肥程度，将节省下来的成本的一半分给个人。保险公司可以邀请那些被认为适合大幅减重的参与者，与每一位能在 12 个月内将体重指数恢复到可接受范围并保持 12 个月的人达成

① State of Obesity: *Better Policies for a Healthier America*. Trust for America's Health and Robert Wood Johnson Foundation. August, 2017.

协议。在启动激励计划之前，可以在焦点小组中对一揽子激励措施进行测试。公司老板也可以支持这一想法：一些日本老板为鼓励员工使用公共交通，会为员工提供代金券和补贴；而美国老板通常提供停车位，以此激励员工。两国的许多老板都为健身房会员提供补贴。

3. 社交网络能成为缓解肥胖的关键吗？美国一项大规模的肥胖研究表明，在 32 年的时间里，肥胖率从 23% 上升到 31%。结论是戏剧性的："肥胖可能以一种可量化和可识别的模式在社交网络中蔓延，这取决于社交关系的性质。"① 研究者发现，如果一个人变胖，那么其配偶变胖的可能性要高 37%，兄弟姐妹变胖的可能性要高 40%，朋友变胖的可能性要高 57%。他们根据这种关联性提出："医疗和公共卫生干预措施可能比最初设想的更具成本效益，因为一个人的健康改善可能影响到其他人。"这一观点能否导致伟大的计划——通过社交网络缓解肥胖问题？还有谁比英国行为洞察小组（即所谓"智囊团"）更适合参与进来呢？该小组应该从哪里入手呢？就像一个人变胖会影响其他人一样，作为配偶、朋友或兄弟姐妹的他 / 她也可以起到表率作用，承诺恢复到正常体重，从而得到支持。我们现在对社交网络的了解比 10 年前要多得多，用这些知识来

① Nicholas A. Christakis and James H. Fowler, "The Spread of Obesity in a Large Social Network over 32 Years," *New England Journal of Medicine* 2007, no. 357 (2007): 370–379.

解决肥胖问题似乎是一个明智的研究途径。

4. 支持具有广泛影响力的项目，如减少孕妇怀孕期和儿童早期体重的增加。怀孕期间体重过度增加的后果就像30多年来的连锁反应：英国40%怀孕期间超重或肥胖的孕妇，她们的孩子出生时和6岁时肥胖的风险增加了33%①；40%的超重儿童在青春期继续超重，75%~80%的肥胖青少年将变成肥胖的成年人。②肥胖在一生中累积的影响是巨大的。目前有人正在进行研究，探讨针对孕妇的干预措施是否能减少怀孕期间（6~20周）的体重增加。如果这能在随机对照试验中得到证实，那么我们还有另一个颇具影响的机会，而且可能是低成本的干预措施。世界卫生组织儿童早期肥胖症委员会成员路易斯·鲍尔教授引用了一篇针对17项研究的综述，在这些研究中，零到两岁期间体重迅速增加的婴儿，他们日后超重或肥胖的可能性几乎是正常婴儿的4倍。她建议采取具体的策略，向婴儿父母提供营养建议，在出生的12个月内提倡母乳喂养，每月去看一次医生以监测体重增加情况。③解决儿童肥胖问题及其连锁反应的简单、直接的行动可能会产生巨大的影响。

① H. T. Tie, et al., "Risk of Childhood Overweight or Obesity Associated with Excessive Weight Gain During Pregnancy: A Meta-Analysis," *Archives of Gynecology and Obstetrics* 289, no. 2 (2014): 247–257.

② US data source provided by Professor Desiree Silva, the ORIGINS project at Joondalup Health Campus, Western Australia.

③ Submission 10 to Senate Select Enquiry into the Obesity Epidemic in Australia, July 2018.

5. 积极的运动出行。像纽约或东京这样的城市是适宜步行的典型。我们决定研究美国 68 个城市的步行能力：在解释肥胖差异方面，步行能力是一个具有统计学意义的变量。两者之间的关系是，步行能力提高 10%，肥胖就会减少 0.3%。对英国来说，其影响类似于对高糖、高脂肪产品征收 10% 的税收。尽管在麦肯锡全球研究院的报告中，它处于高成本效益干预措施的边缘，但如果将更高的房产税纳入其中，它有可能提高成本效益比率。例如，在美国排名前 30 位的大都市，“适合步行的城市区域每平方英尺的租金比适合开车的郊区要高出 74%”。① 这表明，未来的房产税可能有助于为向适宜步行的城市转型提供资金。这并不是一个不可能实现的目标：日本人平均每天步行的距离是美国人的两倍。

超重和肥胖人口给世界各地的决策者提出了许多问题。虽然起因可能多种多样——涉及文化、行为、社会经济和生物学等方面，但这并不意味着肥胖问题应该被称为棘手问题，应该被搁置一边。我们倾向于采取相反的方法：设定宏伟目标，并在社会层面采取多种干预策略，采取合理解决问题的方法。我们对肥胖问题的研究让我们更有信心找到解决方案，而不是像我们的团队最初讨论这个棘手问题时那样束手无策。我们还不能说这一问题已经得到解决，但这项研究表明，战胜肥胖大有

① Walk Economy, *The Place Report* (2016) , 7.

希望，其方法有理有据，而且相对于这种流行病给社会带来的经济负担，其成本也是合理的。

过度捕捞：典型的抗解问题

环境退化是最普遍的抗解问题之一。1968 年，加勒特·哈丁写了一篇著名的文章《公地悲剧》。[①] 这篇文章影响了许多人，他们认为所谓公共资源，如公共土地、水资源或渔业资源，要么需要政府干预，要么应该私人拥有，这样才能避免过度使用。诺贝尔经济学奖得主埃莉诺·奥斯特罗姆指出，有办法解决共同资源问题，其中一些办法是资源使用者之间的长期安排，体现了通过规范进行社区管理的要素，以及通过某种收获权模仿私有制的要素。[②] 让我们来看一个渔业改革的例子，它运用聪明的方法解决问题，取得了更好的结果。

问题定义

我们在这里想重点分析的是美国西海岸的底栖鱼渔业，它的作业区位于加利福尼亚州海岸，是美加边境和美墨边境绵延 200 海里的庞大渔业的一部分。一段时间以来，该区域渔业一直在下降，从 1987 年价值 1.1 亿美元的获量下降到 2003 年的只有 3 500 万美元。2001 年，一位

① Garrett Hardin, "The Tragedy of the Commons," *Science* (December 13, 1968) .
② Elinor Ostrom, *Governing the Commons* (Cambridge University Press, 1990) .

联邦法官命令太平洋渔业管理委员会（PFMC）调查拖网捕鱼（也就是横扫海底的捕鱼作业）对海洋栖息地的影响。调查结果证实，拖网捕鱼对栖息地和物种多样性产生了严重的负面影响。所有参与者都认为，在这份报告发布后，联邦监管即将出台，尽管大多数政府对渔具类型和捕鱼途径的干预在减缓资源减少方面收效甚微。加利福尼亚州沿海渔业具有共同资源问题的所有典型因素：捕鱼者过多，捕捞能力过强，缺乏鱼类繁殖的安全区，渔具破坏了海底繁殖环境，鱼类数量下降，渔民的经济收入日益困难，等等。

传统解决方案

虽然太平洋渔业管理委员会在报告中已经指出这一问题，但减少海底拖网作业负面影响的措施难以实施。有些地方采取三种策略，但收效甚微：关闭拖网作业区，通过回购许可证减少拖网作业，改变渔具以降低对物种和副渔获物的影响。图 9.2 呈现的是单独采用某一策略的典型后果或结果。

有些事情必须改变。传统的自上而下的管理方法收效甚微，而剩余渔业参与者的经济状况也很脆弱，而且在不断恶化。此时该轮到查克·库克和大自然保护协会（TNC）上场了。查克·库克是大自然保护协会的一名资深工作人员，现在担任高级渔业顾问。他在加州渔业重建工作中发挥了重要作用。[①]

① 查克·库克和查尔斯·康恩之间的口头交流，2017 年 8 月至 10 月。

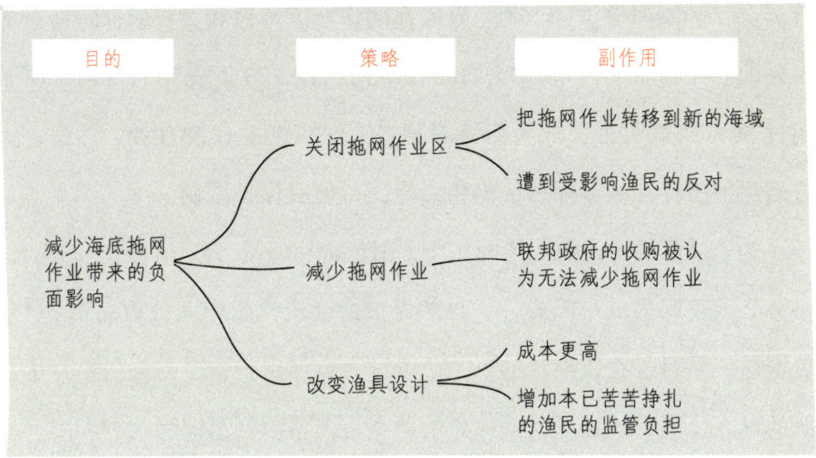

图 9.2　针对过度捕捞的传统解决方案

早些时候，他和查尔斯共同参与过保护太平洋中部的巴尔米拉环礁工作。查克在与当地社区、政府和合作伙伴合作方面有着丰富的经验，他善于寻找共同点，为可持续捕捞问题找到可行的解决方案。他从海洋环境中的土地保护地役权和市场交易中找到一条潜在的解决途径。

重建的新方法

从 2004 年开始，大自然保护协会与渔民密切合作，找到一个更好的解决方案。[①] 查克在会见 22 个拖网作业许可证的拥有者时表示，大自然保护协会有意购买拖网作业许可证，条件是他们支持建立一个 380

① Mark Tercek and Jonathan Adams, *Nature's Fortune* (Island Press, 2015) .

万英亩[①]的海洋保护区，禁止海底拖网作业。渔民和大自然保护协会的谈判取得了进展，2006 年大自然保护协会以 700 万美元的价格购买了超过 50% 的许可证，成为西海岸第二大底栖渔业权持有者。然后，大自然保护协会开始将许可证出租给渔民，但有保护限制。

为了鼓励渔民使用比拖网作业（用鱼钩和渔网）破坏性更小的渔具，协会必须克服另一个障碍。大自然保护协会资深工作人员迈克尔·贝尔负责这一项目。在该项目的第二阶段，大自然保护协会与渔民签订了自愿的私人协议，规定了允许捕鱼的地点，严格限制可捕捞物种和副渔获物量，并按地区限制渔具种类。与个体间高度竞争的捕鱼相反，合作捕鱼成为加利福尼亚州中部海岸的常态，从而改善了这种渔业的经济状况和生态环境。2011 年，美国国家海洋渔业服务中心引入完全捕捞份额和个人可转让配额制度。捕捞份额将按物种分配的总渔获量分配给每个许可证持有人，对目标渔获物和副渔获物都有限制。这是重建沿海底栖鱼渔业的最后一个关键因素。

这一创新的养护渔业协议被比作土地地役权，以许可和配额的形式赋予有限的财产权，这些许可和配额可以在使用中根据条件进行买卖。这些协议是太平洋渔业管理委员会、渔民和大自然保护协会相互达成的协议，以与可持续捕捞、鱼类资源科学以及自然资源保护主义者、科学家、渔民和政府之间的合作方法有关的原则为基础，其中包含了埃莉诺·奥斯特罗姆在分析管理共同资源（CPR）的成功做法时引用的许多内容。

① 1 英亩 ≈ 4 046.86 平方米。——编者注

莫罗贝案例研究

为了应对这些变化，莫罗贝成立了一个社区配额基金（CQF）。莫罗贝是加利福尼亚州的一个地方港，是当地一个非营利性组织，其董事会成员包括渔业社区、莫罗贝市、科学家和经济学家。[①] 大自然保护协会已经将其大部分许可证和捕捞权卖给了这个机构和加利福尼亚州中部海岸的其他类似机构。这些机构将这些许可证和捕捞权作为社区资产出租给个体渔民。该结构如图 9.3 所示。

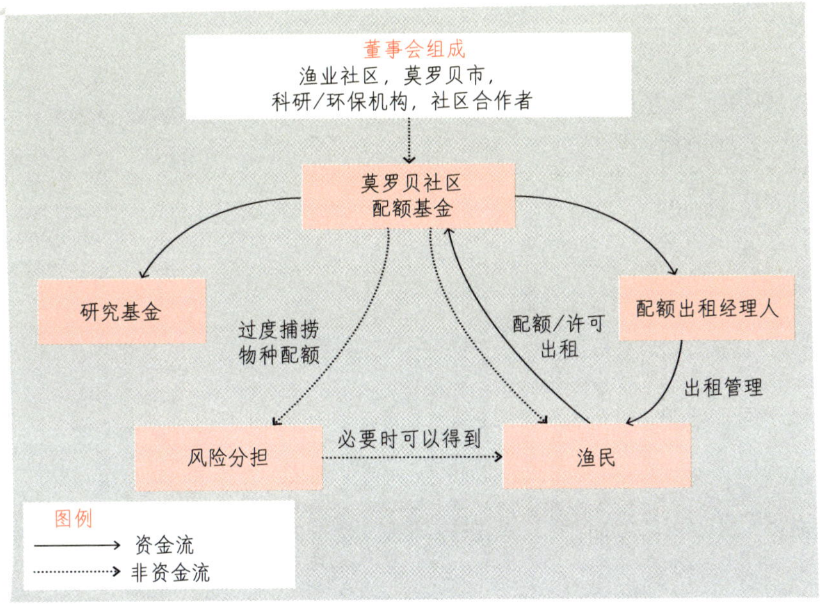

图 9.3　社区渔业所有权

① Morro Bay Commercial Fisheries. *2015 Economic Impact Report Working Waterfront Edition.*

莫罗贝是加利福尼亚州中部海岸参与太平洋底栖鱼渔业活动的四个主要地点之一。1995 年，莫罗贝的捕鱼量为 1 000 万美元，但 2003 年下降到 200 万美元，这反映了鱼类资源的损失。根据上述新办法，该基金的市值在 2010 年和 2014 年分别回升至 400 万美元和 830 万美元。这些改善在一定程度上是由于鱼类数量回升，但也源于配额渔业中每磅[①]价格的上涨。在配额渔业中，捕鱼量会随着时间的推移被分散，渔民可以进入价值更高的市场。图 9.4 呈现的是某种渔业的濒死体验。到目前为止，通过集体行动将监管和市场解决方案结合起来已经能够解决这个问题了。

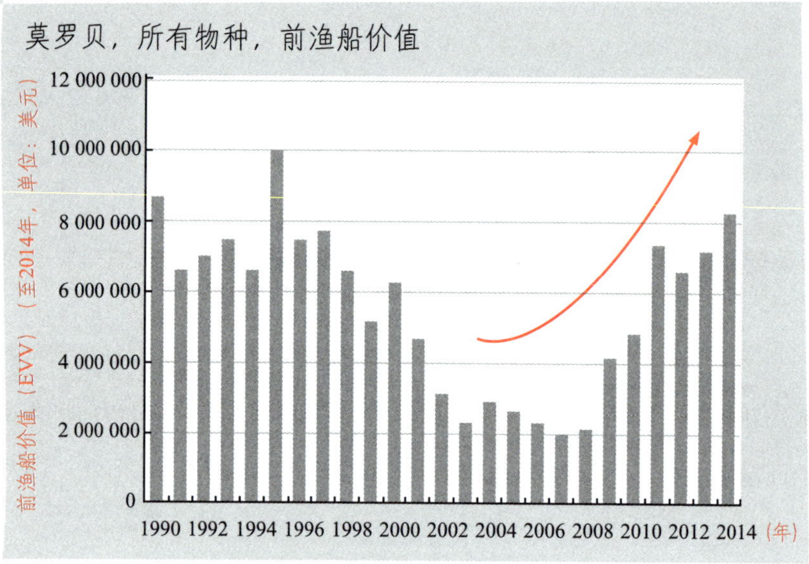

图 9.4　莫罗贝捕捞价值

① 1 磅≈0.45 千克。—— 编者注

根据《莫罗贝 2015 年商业渔业经济影响报告》，“莫罗贝渔业已经成功地从一个依赖于拖网作业和大量登陆作业的大型船队，转变为一个拥有多种物种和装备类型的小型船队。这一点可以从 2007 年 25 年来的最低利润增长中得到证明。2015 年是过去 20 年里增长最强劲的一年”。[①] 除了这些经济措施，还有一个因素是物种多样性和诸如鳕鱼这样的特殊物种的重新出现，这些因素预示着渔业在未来会很好地维持下去。商业捕鱼业为莫罗贝的渔民、码头工人和海产品加工提供了 195 个工作岗位。此外，这里的旅游业每年吸引 200 万游客，其中许多人来到莫罗贝，参观繁忙的码头，购买或享用新鲜的海产品。

过度捕捞问题可能已经在加利福尼亚州海岸的莫罗贝和其他港口得到解决，但它仍然是世界范围内的一个大难题。共同解决方案和集体行动的例子鼓励人们不要再觉得这个问题难以解决。2016 年，大自然保护协会及其旗下组织 NatureVest 在塞舌尔群岛组织了一项创新的债务换自然计划，打造了一个 9 890 万英亩的海洋保护区，面积相当于德国领土。我们在加利福尼亚州、塞舌尔群岛和其他集体行动环境中看到的是问题的定义、问题的分解和分析，它们带来了比传统监管干预更有效的新解决方案。外部因素是抗解问题的主要特征之一，可以通过系统的问题解决方法形成的创新机制对其进行内化和中和。

① Morro Bay Commercial Fisheries. *2015 Economic Impact Report Working Waterfront Edition.*

总结

我们已经分析了一些抗解问题，提出了一些创新解决方案。解决方案的范围很广，包括放宽对解决方案可能包括哪些内容的假设，准备修改激励措施以内化外部因素，以及采用不同方法分解问题以重新认识干预措施等。与以往相比这些问题更加困难，起因更加繁杂，需要解决的社会问题也更困难。但是它们和第 1 章相对简单的问题一样，也能得到系统的解决。

是否有一些抗解问题是我们无法解决的？抗解问题的某些极端层面给我们带来了特殊的挑战，但我们不认为这会使它们超出问题解决的范围。下面是一些例子。

- 当问题因干预措施而发生改变时。社会问题，比如解决福利金问题，往往具有这种性质：干预可能导致依赖性，破坏积极行为。此时需要使用我们在第 8 章中使用过的变化理论，来绘制可能是负面的反馈循环图，并寻求正确的激励措施。
- 当问题不存在唯一正确的答案时。例如，在判断核电是否在某个国家的能源结构中发挥作用时，我们承认，鉴于观点存在严重分歧，问题可能没有正确答案。如果是这样的话，我们会在相对正确的答案或在某些情况下不是最坏的结果之间权衡。我们可以用查尔斯优序图的更复杂版本来解决这些问题，以决定在哪座城市生活，或者使用博弈论来实现极小化极大解决方案，使所涉及的最大损失最小化。

- 当价值观在其中扮演重要角色时。在美国有关枪支管制的问题中，价值观在关于这个问题的辩论中发挥着重要作用。有时这看起来很棘手。尽管如此，最可能达成共识的地方，是能够很好地解决因拥有枪支而导致意外和他杀的根源问题，以及通过相对简单的干预措施（心理健康和犯罪记录背景调查、等候时间、堵住销售漏洞）解决其中一些起因的可能性。死刑监管可能也是一个类似的问题：在死刑判决错误率较高的情况下，价值观可以发挥沟通作用。我们发现，让持有不同价值观的群体参与问题分解和事实收集，可以建立达成共识的桥梁。
- 当真正的问题嵌套在其他更突出的问题之中时。无家可归就是一个例子，现在世界上许多城市都存在这个问题。解决无家可归问题的组织很少将庇护所视为核心问题，尽管这一问题必须得到解决。除了提供住所，这些组织的努力还针对潜在的社会、经济和心理健康问题以及如何解决这些问题。例如，很大一部分寻求庇护的妇女与家庭暴力有关。这种主要是男性行为的根本原因很难被理解和解决，却是长期解决方案的关键。我们相信，我们在肥胖问题上采取的方法和工具以及符合成本效益的解决办法，同样适用于解决无家可归问题。

对抗解问题的研究让我们坚信，我们可以使用七步问题解决法妥善解决最具挑战性的问题，我们没有理由把问题看得过于困难而搁置一边。为了成为知情的公民和选民，我们需要主动发挥创造力，解决这些最棘手的社会问题。

第 9 章重点回顾

- 有些问题特别困难，因为它们是复杂系统的一部分，原因繁杂，利益相关者众多，涉及外部因素，并需要做出艰难的行为改变来产生影响。在过去 40 年的政策文献中，这些问题被标记为“抗解问题”，包括恐怖主义、气候变化、无家可归和肥胖等。
- 虽然这些问题难以解决，但我们相信，同样的七步问题解决法可以让我们更深入地了解解决方案。
- 通常情况下，对这些最困难问题的影响来自系统方法，而不是局部解决方案。我们需要内化外部因素，需要采用新方法分解问题。

练习

1. 列出所有你能想到的复杂问题——结构错综复杂，因素众多，起因繁杂。

2. 构建一棵逻辑树，用以理解无家可归的原因。选定其中一个分枝，看看你是否能想出办法内化其外部因素。

3. 为西方国家的恐怖主义驱动因素构建一棵逻辑树。你能想出新方法、找到新的解决途径吗?

第10章

成为优秀的问题解决者

我们在本书开篇概述了各行各业都需要创造性解决问题的能力。解决问题一度被视为科学、工程和管理咨询等少数专业领域内的工作。随着21世纪社会的加速发展变化，它不再是一种局限于有限领域的技能，而是在企业、非营利组织和政府部门中个人和团队的期望。公司在招聘员工时会根据他们表现出的分析和思考能力，评估他们创造性解决问题的能力，并因其能够带领团队灵活、快速地应对不断变化的情况而提拔他们。可以说，21世纪是解决问题的世纪。

我们认为，优秀的问题解决者不是天生的，而是培养出来的。在本书中，我们详细研究了解决复杂问题所需的条件，目的是帮助你成为自信且具有创造力的问题解决者，让你感到自己有能力使用这些技术解决任何问题。我们阐述的七步问题解决法提供了一种方法，你可以用它解决你面临的业务、个人或社会问题。我们讨论的30个案例涵盖了你在工作和生活中可能遇到的各种问题，希望它们能揭开解决复杂问题的神秘面纱。

缜密解决问题的七步法不需要高等数学或逻辑方面的学位。想要解决复杂问题，需要以下条件：能够转化成尖锐假设的合理问题；定义问题、分解问题的逻辑方法；能够节省时间的严格优先级划分；能够培养创造力、克服偏见的合理的团队工作流程；从启发式方法开始，然后转向强大分析工具的有效分析方法；最后一点是综合分析研究结果，清楚地阐述问题，提出行动方案。我们相信，通过实践不断积累经验，你能够采用新的、灵活的方式分解问题，学会从表象中剥离根源，能够采用正确的方法有效地解决问题。之所以有这种信心，是因为我们在工作中已经看到，有人在短时间内就从优秀的毕业生变成了优秀的问题解决者。

在本书最后一章，我们想给大家一些鼓励和建议。它们是对七步问题解决法的高度凝练——我们在与团队讨论这种方法时，对此感受颇深。我们觉得总共有 10 点需要记住。

1. 提前花时间去真正理解问题。在很多情况下，最初提出的问题并不是合适的问题。在匆忙进行分析之前，花时间与相关决策者仔细研究这一问题，了解问题范畴（为了最大限度提高创造力，通常有必要对问题进行测试），把握所需的准确程度，进行时间分配，了解影响问题的其他因素。在理解问题的过程中，准备随时修改对问题的陈述，利用即时答案反复对其进行改进。记住，我们的最终目的是激发变革行动。
2. 一定要从问题陈述开始。无须等待庞大的数据集或复杂的计算机模型。准备一张大纸和一支铅笔，或者最好准备一块白板，针对问题画出一棵逻辑树。如果此时你对数据进行深入研究，那么你的思维可能会发生变化，从简单的组件结构转向更复杂的假设。但实际上在这个阶段，你只是在分析哪些内容是真实的，目的是支持某个假设。

3. 试着修剪逻辑树上的枝杈。我们经常在便利贴上写下组件或分枝，然后进行调整，直到它们在逻辑分组中产生意义为止。你可以把这看作从已有的最具体的已知事物出发，通过反推来解决这个难题。尝试一个或多个分割框架，看看哪个能产生最深刻的见解，然后列出你选择的分解所遵循的主要关系，最好使用数学方法，或者穷尽使用各种可能的方法。

4. 尽可能地利用团队。团队能为解决问题带来巨大的优势，因为团队在思维和经验方面具有多样性，可以丰富加深创造力，减少产生确认性偏见和其他顽固偏见的机会。如果你是独自一人在解决问题，设法组建一个由同事、朋友、家人和邻居组成的团队。我们创建了由知识渊博的人组成的虚拟团队，以测试我们的思维和假设，尤其是那些涉及深层领域专业知识的案例。这让我们比自己在单打独斗时变得更聪明，也让解决问题变得更有趣。尝试一些技巧，比如通过团队投票克服权威偏见，通过红队/蓝队比赛了解其他观点，通过模拟试验提出对立观点。

5. 精心准备，制订合理的工作计划。合理的工作计划需要提前花时间准备，但是会在后期节省很多精力。大刀阔斧地修剪逻辑树，重点放在你能移动的重要影响因素上。要非常精确地知道某个特定的结果应该是什么样子的，它质疑什么假设，谁来做以及什么时候做完。使用只持续 2~3 周的短期计划，这样你就不会沉湎于自己最初的想法。利用甘特学习计划保证工作顺利开展。

6. 采用综合统计数据、启发式方法和经验法则进行分析，以了解数据和解决方案空间。在深入研究大型数据集、机器学习、蒙特卡罗模拟，或其他强大的分析工具之前，我们认为当务之急是分析数据，掌握其本质，理解关键关系的意义和方向，并评估你是否想了解驱动因素、制订干预计划或者预测情况的发展。当然，你也可以进行复杂的分析，不过我们的经验是，即时答案（由合理的逻辑和简单的启发式方法支持）往往足以解决许多问题，从而让你可以解决更困难的问题。

7. 如果有必要，一定要大胆使用强大的分析工具。有时候，复杂问题确实需要高级的分析工具，比如设定大城市中的公交线路，利用医学图像检测疾病，或者为某家全球性公司优化生产设施，等等。你在统计学或运筹学课程中遇到的大多数工具现在都可以通过简单、强大且直观的软件包轻易得到。你还可以选择将重大问题外包给专业团队，这些团队由众包机器学习实践者组成，它们会分析数据，并预测适度的激励措施和偶尔的报酬。如果你的目标涉及其他参与者——他们的行为会随着你的行动而改变，特别是当该问题历时较长、不确定因素较多的时候，那么你应当在博弈论模型、风险管理行动、战略阶梯和长期变化理论方面投入一些精力。

8. 就像分析问题那样，把同样的精力放在综合分析和问题阐述上。当你完成一项有效分析，揭示对问题的深刻见解之后，你自然可以宣布问题已经得到解决。但是，在商业、非营利组织或政治活动中，你要解决的大多数问题都需要说服某些人采取不同的行动。这就是问题很少在你找到答案的那一刻被解决的原因。你必须有说服力，这样才能说服强大的利益相关者按照你的计划采取行动。记住，人类是视觉学习者，最喜欢听故事。

9. 把七步问题解决法当作手风琴去对待。我们经常将七步问题解决法视为一个迭代过程，而且我们一直在强调，可以根据问题的具体情况对这七个步骤进行压缩或扩展，因此从某种程度上来说，七步问题解决法就像一把手风琴。我们可以使用即时答案来激励团队和决策者，根据问题需要来分析问题。

10. 不要被面对的任何问题吓倒。如果你花时间掌握了七步问题解决法，我们相信你可以解决自己遇到的任何个人、工作或社会问题，甚至包括那些抗解问题。之所以这样说，不是因为我们高傲自大，而是因为只要掌握了系统解决问题的方法，你就会找到几乎所有重大问题的解决之道。这就是为什么当你精于此道时，你会觉得七步问题解决法无所不能。

我们发现，生活中的问题（无论是个人、工作还是社会问题）没有变得越来越容易。大多数机构没有足够的投入，无法创造性地解决问题，无法找到合理的解决方案，无法弥合分歧。现在我们的机会来了，希望你能尽自己的一分力，解决我们面对的世纪难题。

附录

实验用空白工作图

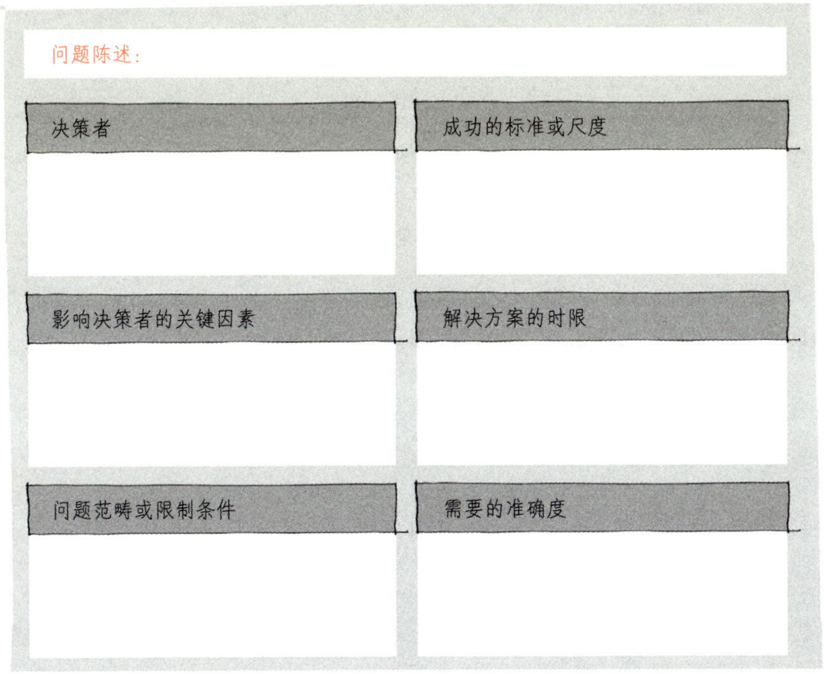

问题定义

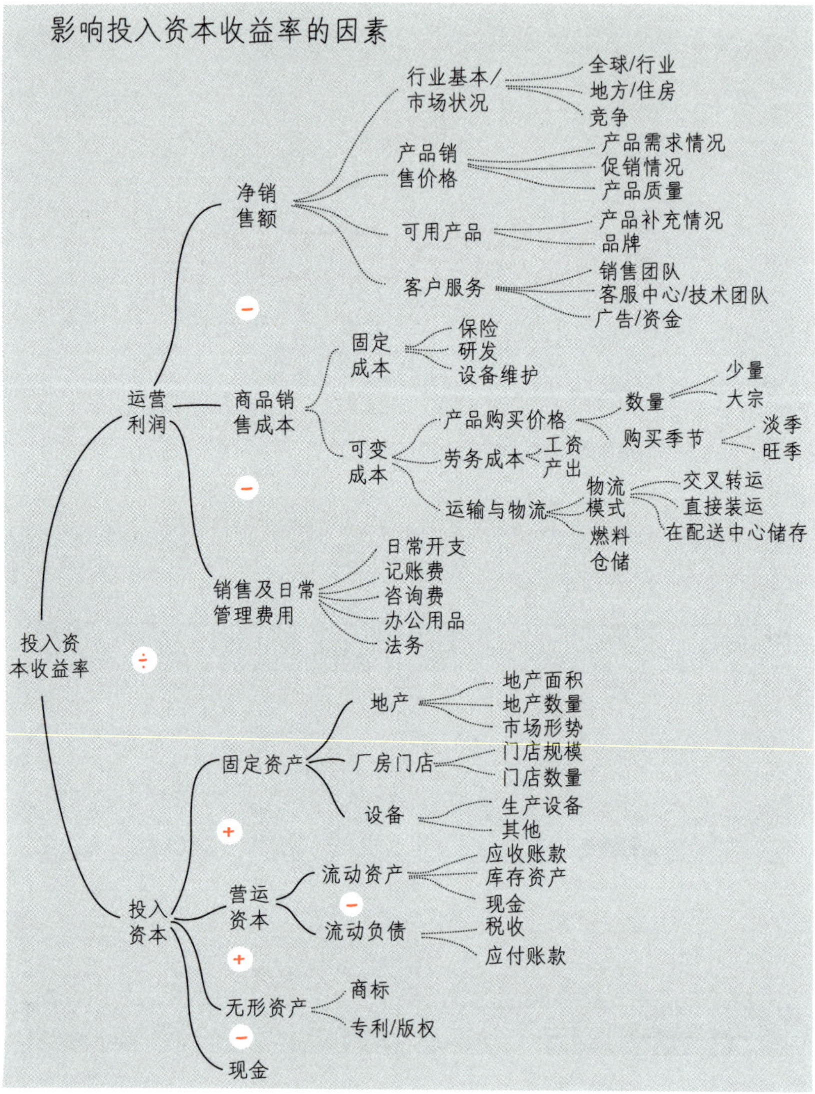

影响投入资本收益率的因素（以零售企业为例，可以根据实际情况加以改动）

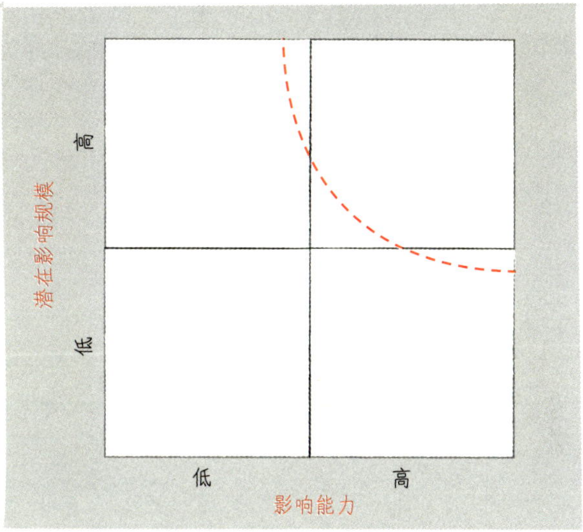

优先级划分

问题	假设	分析	数据来源	责任与时限	最终结果

工作计划

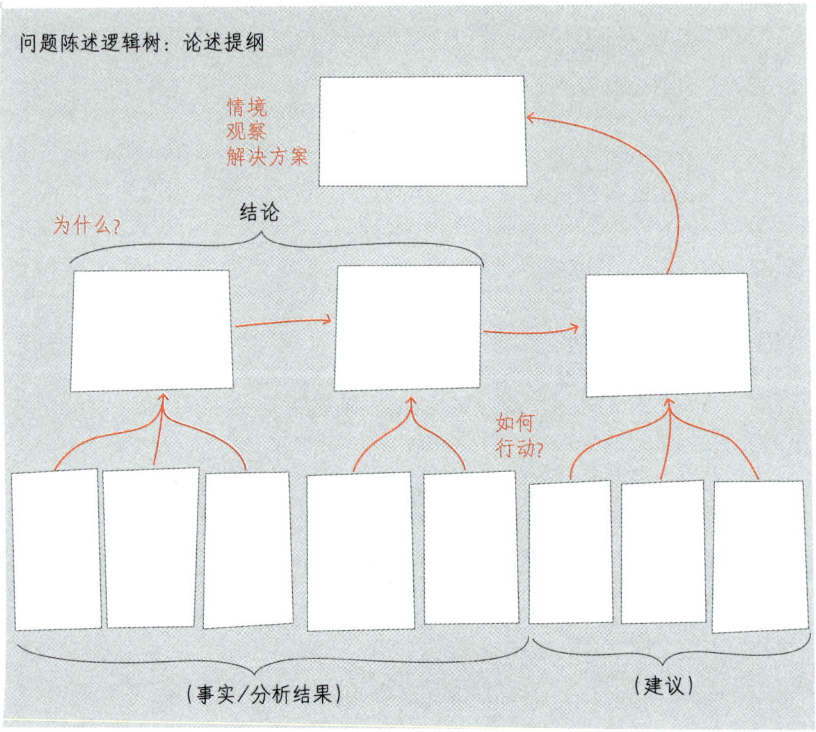

问题陈述逻辑树

致谢

30多年来，我们一直与各行各业致力于解决问题的同人进行交流，从而获益匪浅。创造性解决问题最需要具有批判精神的朋友，我们有幸认识很多这样的朋友。我们所记可能不全，所以对于我们不小心遗漏的、未能在此表示感谢的朋友，我们提前说声抱歉。

我们先从麦肯锡公司的同事开始，他们一直是改进问题解决方法的中坚力量，其中包括我们关系亲密的同事戴维·怀特、约翰·斯塔基和梅尔达德·巴格海，也包括罗恩·法梅尔、戴维·巴尔金、克莱姆·多尔蒂、黛安·格雷迪、戴维·考特、尼克·勒葛罗夫、安德鲁·内文、戴维·拉夫什、埃文·索恩利、凯特·哈滨、杰里米·刘和格雷格·里德（1992年格雷格与查尔斯共同编写了公司内部培训文件“缜密解决问题的七个简单步骤”）。罗伯特还要感谢在自己职业生涯初期让他受益匪浅的同事，包括罗德里克·卡内基爵士、弗雷德·希尔默、唐·沃特斯、罗伯特·沃特曼、伊恩·谢泼德和查尔斯·肖。特别感谢里克·柯克兰，他自始至终指导我们写作本书，为我们提供了巨大的帮助。我们还要特别感谢多米尼克·巴顿，他是查尔斯在罗德学院的同学，现在是麦肯锡公司的荣誉总裁。

我们和罗德奖学金获得者、牛津大学研究生研究团队度过了一个美好的夏天，包括分析思想家和杰出的插画家杰斯·格林尼（杰斯绘制了本书的全部示意图）、布罗迪·福伊、波格丹·尼泽维奇、阿什利·奥尔、威廉·拉思耶、蒂姆·鲁德纳和埃文·索尔塔斯。我们还从扎纳力·切尔斯基、琳达·爱哥特、纳迪亚·费戈罗、麦克斯·哈里斯、迈克尔·兰姆和迈尔斯·安特雷纳等人那里得到过针对特定案例研究的帮助。特别感谢罗德信托基金主席约翰·胡德爵士对本书的鼓励。

查尔斯还想感谢他在波士顿咨询集团的早期同事，包括史蒂夫·冈比、加里·雷纳、史蒂夫·卡普兰和托马斯·莱顿，他们都是非常有洞察力的问题解决者。还要感谢巴塔哥尼亚公司的创始人及其高级团队，他们是我们所知道的最大胆的环境和商业问题解决者。

罗伯特和查尔斯都很幸运，能把这些解决问题的方法应用到环境保护工作中。我们要感谢戈登和贝蒂·摩尔基金会的同事和受让人，包括艾琳·李、伊万·汤普森、迈克尔·韦伯斯特、皮克·沃克、莫林·吉斯、希瑟·赖特、格雷格·诺克斯、格雷格·泰勒、布鲁斯、茱莉亚和亚伦·希尔、马克·比尔、杰克·斯坦福教授、杰夫·弗米伦、斯宾塞·毕比和圭多·拉尔。特别感谢那些与我们在大自然保护协会的许多复杂项目上合作过的人，他们是环境问题的杰出解决者，包括查克·库克、南希·麦金农、马克·特切克、比尔·金、迈克尔·鲁克和里奇·吉尔摩。

本书得益于许多读者和专家的密切关注，包括耶鲁大学教授巴里·奈尔伯夫，西澳大利亚大学的丹·洛瓦洛、大卫·拉文、斯蒂芬·罗伯茨教授，悉尼大学教授莎莉·克里普斯、阿肖克·亚历山大、保罗·史高丽·鲍尔博士、乔恩·爱尔兰、奈杰尔·普尔、卡梅隆·康恩，历史正义与和解研究所的蒂莫西·雷贝克博士，以及两位匿名评论者。

我们从罗伯特的妻子保拉·麦克莱恩那里得到了编辑方面的专业帮助。她本身就是一名编辑，整个夏天她都待在我们团队在牛津大学的办公室里，阅读所有章节的草稿，不断提醒我们要更详细地解释逻辑关系，写作时要表达清晰，不要使用商业术语，行文要流畅，从而提升了本书的质量。罗伯特的女儿维吉尼亚·格兰特也是一名编辑，她承担了投稿前编辑手稿的任务。感谢她在百忙之中帮助我们，并极大地改进了本书的内容。我们没有聘请出版经纪人，而是听从澳大利亚一家大型出版社前执行主编玛吉·西尔的建议。

十分感谢约翰威立国际出版公司的比尔·法伦，他对本书充满信心，并且相信我们这两位首次合著者。很荣幸能与该出版社编辑团队的贾亚拉克什米·E.泽瓦坎迪、迈克尔·亨顿和理查德·萨姆森等人合作出版此书。

卡米拉·博格和保拉·麦克莱恩帮助我们一起度过了漫长的夜晚和周末，同我们一起研究、写作和编辑。谨以此书献给两位贤内助。